智慧城市综合防卫装备保障研究

刘铁林　马石飞　付久长　张晓良　杨丽丽　著

北京理工大学出版社
BEIJING INSTITUTE OF TECHNOLOGY PRESS

版权专有　侵权必究

图书在版编目（CIP）数据

智慧城市综合防卫装备保障研究 / 刘铁林等著. --北京：北京理工大学出版社，2022.4
ISBN 978-7-5763-1272-0

Ⅰ. ①智… Ⅱ. ①刘… Ⅲ. ①现代化城市–军事装备–装备保障–研究 Ⅳ. ①E145.6

中国版本图书馆 CIP 数据核字（2022）第 070125 号

出版发行 /	北京理工大学出版社有限责任公司	
社　　址 /	北京市海淀区中关村南大街 5 号	
邮　　编 /	100081	
电　　话 /	（010）68914775（总编室）	
	（010）82562903（教材售后服务热线）	
	（010）68944723（其他图书服务热线）	
网　　址 /	http://www.bitpress.com.cn	
经　　销 /	全国各地新华书店	
印　　刷 /	保定市中画美凯印刷有限公司	
开　　本 /	710 毫米×1000 毫米　1/16	
印　　张 /	20	责任编辑 / 多海鹏
字　　数 /	205 千字	文案编辑 / 辛丽莉
版　　次 /	2022 年 4 月第 1 版　2022 年 4 月第 1 次印刷	责任校对 / 刘亚男
定　　价 /	68.00 元	责任印制 / 施胜娟

图书出现印装质量问题，请拨打售后服务热线，本社负责调换

前　言

时处百年未有之大变局，中外安全形势发生了剧烈变化。城市作为政治、经济、文化的聚集区域和军事资源的重要输出源头，面临遭受强敌混合打击的巨大风险，城市综合防卫任务不容忽视。作为城市综合防卫任务不可或缺的重要一环，装备保障是保持城市防卫装备体系完好的基础支撑，迫切需要解决城市战场环境下装备广域分布状态难以感知、保障行动难以精准实施等诸多问题。伴随着人工智能、大数据以及信息网络等先进技术取得突破性进展，智慧城市建设遍地开花，惠及千家万户的智慧应用层出不穷。如何利用智慧城市的建设成果，提高城市防卫装备保障的效能，就成为当前迫切需要解决的关键性问题。

本书针对未来智慧城市战场条件下城市综合防卫任务，利用系统理论、自组织理论等，从装备保障活动的角度，围绕利用智慧城市的发展成果创新城市综合防卫装备保障模式这一主题展开研究，探索地提出了与未来陆军部队遂行城市综合防卫任务相适应的一体化、自适应装备保障模式，并就如何实现该装备保障模式提出了方法举措。本书主要有以下几方面内容：

（1）厘清了城市综合防卫任务及其装备保障模式相关的基本问题。本书围绕智慧城市、城市综合防卫装备保障模式等进行了概念界定，综合研判了城市面临的安全威胁，梳理并总结了城市综合防卫任务的特点，明晰了陆军遂行城市综合防卫任务的具体内容，为开展城市综合防卫装备保障模式研究提供了前提条件。

（2）分析了城市综合防卫任务对装备保障的需求。本书总结了城市综合防卫任务部队装备保障的现状，系统分析了任务部队装备保障自身存在的优势与劣势和外部环境带来的机遇与挑战，得出了基于SWOT分析法的城市综合防卫装备保障发展策略。

（3）提出了适应智慧城市战场的一体化、自适应装备保障模式。本书着眼确保城市综合防卫任务顺利实施，确立了装备保障模式的创新目标和指导原则，论述了智慧城市给城市综合防卫装备保障提供的支撑作用，确立了一体化、自适应装备保障模式，并从活动视角阐释了该装备保障模式的内涵。

（4）给出了一体化、自适应装备保障模式的实现途径。本书从利用智慧城市建设成果和高新技术提高装备保障态势感知、辅助决策以及无人智能化能力水平，建立、健全智慧城市作战法规体系等方面，提出了实现一体化、自适应装备保障模式的举措。

因编者水平有限，书中难免有疏漏之处，还望广大读者批评指正！

编　者

目 录

第1章 绪论 ·· 1

  1.1 研究背景 ·· 2

  1.2 相关概念 ·· 6

    1.2.1 智慧城市 ··· 6

    1.2.2 城市综合防卫 ·· 8

    1.2.3 装备保障 ··· 10

    1.2.4 智慧城市综合防卫装备保障 ··· 10

  1.3 国内外研究现状 ·· 12

    1.3.1 国内研究现状 ·· 12

    1.3.2 国外研究现状 ·· 17

  1.4 研究目的与意义 ·· 24

  1.5 研究思路与内容 ·· 27

    1.5.1 研究思路 ··· 27

    1.5.2 研究内容 ··· 28

第2章 智慧城市发展情况 ·· 31

  2.1 建设智慧城市的重要意义 ·· 34

    2.1.1 促进城市管理的高效运作 ·· 36

2.1.2 促进信息技术的快速发展 …………………………………… 37
2.1.3 促进城市产业的优化升级 …………………………………… 37
2.1.4 促进城市民生问题的改善 …………………………………… 38
2.1.5 促进城市经济的绿色发展 …………………………………… 38
2.1.6 促进实现城市可持续发展 …………………………………… 39
2.1.7 促进我国综合竞争力的提高 ………………………………… 40
2.2 智慧城市的典型特征 …………………………………………………… 41
2.2.1 全面感知 ……………………………………………………… 42
2.2.2 广泛互联 ……………………………………………………… 42
2.2.3 智能决策 ……………………………………………………… 43
2.2.4 互动协作 ……………………………………………………… 43
2.3 智慧城市的体系框架 …………………………………………………… 45
2.3.1 组成部分 ……………………………………………………… 46
2.3.2 层次结构 ……………………………………………………… 49
2.3.3 技术体系 ……………………………………………………… 52
2.3.4 标准规范体系 ………………………………………………… 53
2.4 智慧城市建设的关键条件 ……………………………………………… 57
2.4.1 物联化全面改造的创新型智能管线 ………………………… 57
2.4.2 打破数据孤岛的城市感知网 ………………………………… 59
2.4.3 承载高频多维高精时空数据的 CIM 平台 ………………… 61
2.5 国内外智慧城市建设进展 ……………………………………………… 64
2.5.1 国外智慧城市发展情况 ……………………………………… 64
2.5.2 国内智慧城市发展情况 ……………………………………… 73
2.5.3 当前智慧城市研究的热点 …………………………………… 78

2.5.4　我国智慧城市建设中的问题 ………………………… 93
2.6　未来智慧城市发展的主要趋势 ………………………………… 95
　　2.6.1　智慧城市承载了人们对美好生活的向往 …………… 95
　　2.6.2　智慧城市的内涵将从信息通信跨界融合多个领域 … 96
　　2.6.3　智慧城市的顶层设计回归城市巨系统理念 ………… 97
　　2.6.4　城市新型基础设施将是物网融合型的信息基础
　　　　　设施 ……………………………………………………… 98
　　2.6.5　数字孪生城市是未来10年智慧城市的主要工作
　　　　　内容 ……………………………………………………… 98
　　2.6.6　数据产权立法将加快智慧城市进程 ………………… 99
　　2.6.7　城市大脑从1.0时代走向3.0时代 ………………… 100
　　2.6.8　第五代移动通信技术（5G）推动智慧城市走向
　　　　　纵深领域 ……………………………………………… 101

第3章　智慧城市综合防卫任务分析 ……………………………… 103

3.1　城市综合防卫的地位与作用 ………………………………… 106
　　3.1.1　城市已成为未来主要战场 …………………………… 106
　　3.1.2　城市作战是重要的作战样式 ………………………… 107
　　3.1.3　城市安危将影响战争胜败 …………………………… 109
3.2　城市综合防卫的基本任务 …………………………………… 111
　　3.2.1　城市防卫的任务和目标 ……………………………… 111
　　3.2.2　未来面临的城市进攻作战特点 ……………………… 117
　　3.2.3　城市可能面临的威胁行动 …………………………… 128
　　3.2.4　城市防卫作战战场环境特点分析 …………………… 130

3

3.3 城市综合防卫任务的特点 ·············· 145
3.3.1 敌方攻击破坏手段多样，政治影响大 ·············· 145
3.3.2 重要目标点多、面广，防卫任务繁重 ·············· 146
3.3.3 作战力量多元、行动多样，指挥协同复杂 ·············· 147
3.3.4 民众心理防卫任务复杂艰巨 ·············· 148
3.3.5 城市地形复杂，利于防御 ·············· 149
3.3.6 有可供依托的群众，便于发挥人民战争的优势 ····· 150
3.3.7 城市资源丰富，利于转化为战争潜力 ·············· 151

3.4 智慧城市背景对综合防卫任务的影响 ·············· 152
3.4.1 作战行动受城市多域环境制约 ·············· 152
3.4.2 无人力量和智能装备运用广泛 ·············· 153
3.4.3 公共设施的控制与利用依托于军地联合 ·············· 154
3.4.4 胜负因素由夺地歼敌向夺取战争控制权转变 ·············· 154

3.5 智慧城市综合防卫任务的发展趋势 ·············· 156
3.5.1 武器装备向无人、智能、集群化发展 ·············· 156
3.5.2 作战力量由集团编成向分队编组发展 ·············· 157
3.5.3 作战样式由高强对抗向有限冲突发展 ·············· 158
3.5.4 作战手段由平面单一向多域融合发展 ·············· 159
3.5.5 基本战法由火力打击向信火一体发展 ·············· 160
3.5.6 侦察感知向实时感知、全域自主发展 ·············· 160
3.5.7 指挥控制向人机协同、智慧决策发展 ·············· 161
3.5.8 打击手段向精确智能、高效毁伤发展 ·············· 162
3.5.9 后装保障向无人化、智能化发展 ·············· 163

3.6 智慧城市综合防卫作战应重点关注的问题 ·············· 165

3.6.1　注重政治影响，精选打击目标 ································· 165
　　3.6.2　注重攻防兼备，控制资源消耗 ································· 165
　　3.6.3　注重多域协同，发挥联合效能 ································· 166
　　3.6.4　注重无人智能，保障机动作战 ································· 167
　　3.6.5　注重因敌保障，善用城市资源 ································· 167

第4章　智慧城市综合防卫装备保障需求分析 ····················· 169

4.1　智慧城市综合防卫装备保障的现状 ································· 172
　　4.1.1　装备保障力量体系建设方面 ··································· 172
　　4.1.2　装备战场态势感知能力方面 ··································· 173
　　4.1.3　装备保障指挥决策能力方面 ··································· 174
　　4.1.4　装备保障资源供应能力方面 ··································· 175
　　4.1.5　装备战场抢救抢修能力方面 ··································· 176
4.2　智慧城市综合防卫装备保障面临的挑战 ··························· 178
　　4.2.1　装备保障状态感知难 ··· 178
　　4.2.2　装备保障指挥调控难 ··· 179
　　4.2.3　装备保障资源供应难 ··· 179
　　4.2.4　装备保障快速修复难 ··· 180
4.3　智慧城市建设为装备保障提供的支撑 ······························ 181
　　4.3.1　智慧城市的物联网设备促使装备保障战场感知
　　　　　　全面化 ·· 181
　　4.3.2　智慧城市的智慧管理技术助力装备保障指挥决策
　　　　　　智能化 ·· 182

        4.3.3　智慧城市的智能交通、智慧物流推进物资供应
　　　　　　精准化 ·· 182
        4.3.4　智慧城市的通信环境有效支撑装备抢修实现
　　　　　　远程化 ·· 183
    4.4　基于SWOT的城市综合防卫装备保障模式需求描述 ··· 184
        4.4.1　SWOT模型简介 ·· 184
        4.4.2　城市综合防卫装备保障模式的发展策略 ············· 185

第5章　智慧城市综合防卫装备保障模式设计的基本依据 ······ 191

    5.1　智慧城市综合防卫装备保障模式设计的基本依据 ······ 194
        5.1.1　城市综合防卫装备保障模式设计的目标 ············· 194
        5.1.2　城市综合防卫装备保障模式设计的指导原则 ······· 195
        5.1.3　城市综合防卫装备保障模式设计的基本要求 ······· 198
    5.2　智慧城市综合防卫装备保障模式的提出 ···················· 201
    5.3　智慧城市综合防卫一体化自适应装备保障模式
　　　内涵解析 ··· 204
        5.3.1　"主动+被动"的装备状态感知 ························ 205
        5.3.2　"人智+机智"的装备保障指挥控制 ·················· 206
        5.3.3　"自给+订单"的装备供应保障 ························ 207
        5.3.4　"前端+后台"的装备维修保障 ························ 208

第6章　推进实现智慧城市条件下新型装备保障模式的举措 ······ 211

    6.1　利用智能传感系统提升装备保障态势感知效能 ··········· 214
        6.1.1　延伸城市传感网实时动态监测武器装备健康
　　　　　　数据 ·· 214

6.1.2　依靠智慧监控网无死角监视武器装备外在状态……215

　　6.1.3　依托城市基础通信网络高效快捷传输装备信息……216

　　6.1.4　定制城市"智慧大屏"专属图层多维呈现装备

　　　　　态势……………………………………………………217

6.2　借助大数据与云计算系统提高装备保障辅助决策

　　　能力水平……………………………………………………218

　　6.2.1　装备保障需求智能预测……………………………219

　　6.2.2　装备保障方案自动生成、评估和优化……………220

　　6.2.3　装备保障调控人机协同……………………………221

6.3　依托高新技术提高无人智能化装备保障能力……………222

　　6.3.1　发展无人智能化诊断力量…………………………223

　　6.3.2　发展无人智能化修复力量…………………………223

　　6.3.3　发展无人智能化供应力量…………………………225

6.4　健全完善法律法规确保装备保障有法可依………………227

　　6.4.1　健全智慧城市军地联合共建保障设施顶层综合性

　　　　　法规……………………………………………………227

　　6.4.2　健全智慧城市防卫作战装备保障专项法规………228

　　6.4.3　健全智慧城市防卫作战军民一体化装备保障行动

　　　　　法规……………………………………………………229

第7章　总结与展望……………………………………………231

7.1　主要工作总结………………………………………………234

7.2　主要创新点…………………………………………………235

7.3　研究展望……………………………………………………236

参考文献 ………………………………………………… 237

附录一　现代城市作战教训 ………………………………… 248

附录二　《美国陆军大城市作战准备分析》 ……………… 282

第1章

绪　论

第1章 绪 论

1.1 研究背景

城市作为国家人口密集、能源密集、交通汇集、商业聚集的中心,历来是军事家们攻击或保卫的重要地区。纵观近年来爆发的战争冲突,城市都是遭受攻击的重点。夺取或保卫具有决定意义的城市,能够鼓舞士气,产生心理优势,甚至瓦解对方作战意志,摧毁其战争潜力,进而严重影响甚至决定战争进程。在冷热兵器时代,城市人口聚集、粮草丰富,夺取了城市就能掌握主动权。在机械化时代,城市作战的地位和作用更大,通过夺取或保卫城市通常能够达成战役甚至战争目的。在信息化时代,城市不仅是国家政治、经济、军事、交通、能源和商业中心,更是科技文化和信息中心,因此夺取或保卫城市就能有效控制战场上的物质、能量和信息,达成战役目的,决定战争结果。在未来与信息化强敌爆发的军事冲突中,城市不但面临严峻的精确打击、空天突袭及特种破袭等传统安全威胁,同时也面临恐怖袭击、群体性事件、骚乱暴动、事故灾难等非传统安全威胁。城市作战是现代战争的主要形式之一,但城市街巷纵横,建筑物高大、坚固、密集,地下工程设施复杂,作战条件恶劣。在不远的将来,城市的安危得失将成为战争胜败的重要标志。如何完成城市综合防卫任务,进而确保区域乃至国家的安全稳定,成为军队面临的重大课题。

当前，得益于大数据、人工智能、网络信息等新兴技术的迅猛发展，世界各国竞相启动了智慧城市建设。我国智慧城市建设发端于2010年，然后住建部在2013—2015年确定了三批共290个智慧城市试点（表1-1），基本覆盖了全国各个省级区划。截至2019年，我国累计超过700个城市被纳入智慧城市建设与规划，数量占全球总量的一半以上。2020年，全国两会将以信息网络为基础的"新基建"写入《政府工作报告》，智慧城市作为新基建最大的新兴技术应用场景集合，再次成为数字经济赋能的关注焦点。未来城市综合防卫任务将在智慧城市条件背景下组织实施，因此，本书将研究对象锁定于智慧城市。

表1-1 住建部确定的智慧城市试点

公布时间	试点批次	试点数量/个
2013年1月	第一批国家智慧城市试点	90
2013年8月	第二批国家智慧城市试点	103
2015年4月	第三批国家智慧城市试点	97

在未来智慧城市条件下组织城市综合防卫，将运用军地各方力量密切协同、联合实施一系列防卫性、综合性军事行动，以应对多维空间、多种形式的安全威胁。从军队装备保障现状看，还未有效利用智慧城市的建设成果，破解城市防卫作战复杂环境条件下装备态势难以感知，城市战场态势节奏转换快，决策效率跟不上，城市地上和地下地形交通条件复杂，武器装备分布点多且面广，装备保障力量体系难以适应等难题。如何充分

利用智慧城市建设的成果，发挥智慧城市技术、信息和基础设施的优势，为作战行动提供精确、实时、高效的装备保障，促进整体防卫水平的提升，是着眼未来城市综合防卫必须解决的关键问题。

1.2 相关概念

厘清概念是开展研究的前提，只有对相关概念有了清晰的界定，研究工作才能做到有的放矢，言之有物。通过对《中国人民解放军军语》等权威工具书，以及相关领域的教材、图书和学术文章进行研究和梳理，本书对城市综合防卫装备保障模式所涉及的城市综合防卫、装备保障等相关概念进行了分析界定，以期为研究工作提供逻辑起点。

1.2.1 智慧城市

智慧城市是以新一代信息技术迅猛发展为背景提出的，以城市高效管理、更好服务民生为实现目标，运用数据、信息和智慧化手段，将物联网与智能化数字城市进行结合的新产物。从城市运行角度来说，智慧城市以信息技术为支撑，强调运用数据、信息和智慧化手段，以高效管理和保障民生为目标，是物联网与智能化数字城市相结合的产物。从城市发展角度来说，智慧城市是经济、社会发展的新模式和城市发展的新阶段。从系统论角度来说，智慧城市是以新技术为支撑的物理系统与社会系统相融合的复杂系统。经过多年的发展，智慧城市的定义也越加明晰。

第1章 绪　论

寻根溯源，2009年在智慧地球的基础上最早提出智慧城市的IBM公司认为：智慧城市是充分利用信息通信技术（ICT）让城市变得更加聪明，协助政府更加有效率地运用资源，为公民和企业创造更好的环境，实现城市发展的持续繁荣。

国际电信联盟秘书长哈马德·图埃认为，每个国家的城市都将会因为信息通信技术的应用而变得更加美好。国家信息化专家咨询委员会副主任、中国工程院副院长邬贺铨认为，智慧城市就是一个网络城市，物联网是智慧城市的重要标志。致公党中央常务副主席、国际欧亚科学院院士王钦敏提出，智慧城市是充分利用信息化相关技术，通过监测、分析、整合以及智能响应的方式，综合各职能部门，整合优化现有资源，提供更好的服务、绿色环境、和谐社会，保证城市的可持续发展，为企业及大众建立一个良好的工作、生活和休闲的环境。它包括城市智能交通系统、城市指挥中心、能源管理系统、公共安全、环境保护等。两院院士、武汉大学教授李德仁给出形象的说法：数字城市+物联网=智慧城市。杨正洪在著作中提出，智慧城市是以物联网、大数据、云计算等新一代技术为支撑，将关乎城市运行的关键系统整合到统一的平台上，将智慧的理念植入其中，优化利用城市资源，从而更好地理解和管理城市运行。

国家发改委等八部委在发改高技〔2014〕1770号文件中明确提出了智慧城市的概念："智慧城市是运用物联网、云计算、大数据、空间地理信息集成等新一代信息技术，促进城市规划、建设、管理和服务智慧化的新理念和新模式。"

综合以上观点，智慧城市是城市发展的高端形态，其本质是以物联网为基础，利用传感器技术和先进信息技术对城市进行实时、全面、透彻的感知，以大数据和云计算等关键技术进行数据信息的融合处理，推进城市智慧管理和决策，开展智慧交通、智慧政务、智慧医疗、智慧环保、智慧能源、智慧物流、智慧金融等多种业务的协同运作，为城市居民提供便利的出行条件、一站式的公共服务，以及宜居、舒适、可持续的生活环境，为政府提供便利、智能的政务服务平台，为企业实体提供安全、便捷、低耗高效的生产环境。

1.2.2 城市综合防卫

"城市"是规模大于乡村，人口比乡村集中，以非农业活动和非农业人口为主的聚落。中国通常把设市建制的地方称作城市，人口数量一般在 10 万以上。城市人口和生产力集中，大多是某个区域的工业、商业、交通运输业及文化教育、信息、行政的中心。

"综合"有两层含义：① 把分析过的事物或现象的各个属性和部分联合成一个统一的整体；② 不同类别的事物组合在一起。显然，用于综合防卫时应取第二层意思。

"防卫"在《中国人民解放军军语》中的解释：① 防守和保卫国家、某一区域或某个目标的作战行动；② 保护人员自身安全的行为。本书所指的城市综合防卫应取第一层意思。防卫不能简单理解为作战样式或作战类型，而应围绕重要目标和地区，针对强敌、恐怖分子、极端宗教组织、民族分裂势力等各种对手，为防范各种战争和非战争威胁，由包括军队、武警、民兵、预备役、公安、应急救援等多元化力量，相互配合实施的以"护"为主的包含信息作战、防空抗击、机动防卫和应急救援、反恐平暴等一系列作战或非战争军事行动或活动。2017年编制的《战区联合作战筹划指南》中将防卫作战的内容明确为如下四项：① 实施陆上机动防御作战；② 实施重要目标地面防卫；③ 实施边海防管控；④ 实施陆上作战部队防护。在本质属性上，防卫既不是作战类型，也不是作战样式，更多的是作战行动或活动。在作战目的上，防卫作战以护为主，主要是防范、遏制和粉碎空中多样袭击、边海渗透袭扰、信息网络攻击、特种作战袭击、恐怖破坏活动、重大群体事件和自然灾害及疫情等威胁，确保城市核心地带及其周边地区安全稳定，确保边海防安全稳定。在战场空间上，防卫作战围绕重点目标和地区进行，这些目标和地区既可位于攻防双方的作战前沿，也可位于战役、战略纵深。在作战对象上，防卫作战的对手通常是拥有信息化武器装备的来犯强敌，有时也可能是恐怖分子、民族分裂势力、极端宗教组织以及暴乱分子等。在作战力量上，防卫作战既可由临时进驻的野战部队实施，也可由当地驻防部队（如省军区、警备区或卫戍区）实施，并可得到较大规模的武装警察部队、民兵和预备役部队的配合和支援。在作战样式上，主要是以信息作战、防空抗击、机动防卫、防护救援为作战样式，还包括应对暴力恐怖破坏的反恐、平暴行动，以及应对重大群体性事件的维护社会稳定行动等非战争军事行动。

1.2.3 装备保障

"装备保障"在《中国人民解放军军语》中的解释：军队在装备调配、维修、经费等方面为满足作战及其他任务的需要而组织实施的保障。其在《中国军事百科全书》中的定义：为满足部队遂行各种任务的需要，对装备采取的一系列保证性措施以及进行的相应活动的统称。

综合以上观点、概念，城市综合防卫装备保障就是为满足遂行城市综合防卫任务的需要，对参战诸军各兵种的通用和专用装备提供的装备调配、维修、经费等方面的保障。从活动的视角来看，装备保障主要涉及装备保障指挥、装备保障管理和相关业务性活动，参照作战行动的 OODA（观察、判断、决策和行动）循环，装备保障活动包括装备保障态势感知（武器装备内在健康状态的感知和外在态势的感知）、装备保障决策指挥以及装备保障的供应和维修行动等核心环节。

1.2.4 智慧城市综合防卫装备保障

智慧城市综合防卫装备保障的任务主体是军队和地方的装备保障机构；客体是执行任务的各类武器装备；活动的核心目标是确保武器装备持续发挥作战效能，以满足陆军部队遂行智慧城市综合防卫任务的需要；活动的具体内容包括与保障任务相关的感知、决策和供应及维修等。

综合前文内容可得出，智慧城市综合防卫装备保障就是为满足遂行智慧城市综合防卫任务，通过多种方法和手段统筹运用各类保障资源，对参战力量实施的一系列供应、维修等装备保障活动。

1.3 国内外研究现状

1.3.1 国内研究现状

国内研究主要从分析智慧城市综合防卫任务的特点及对装备保障提出的要求入手，总结了智慧城市综合防卫装备保障的特点和面临的难点，提出了搞好智慧城市综合防卫装备保障的方式、方法以及对策措施。

1. 关于城市综合防卫装备保障的特点和难点

研究普遍认为，智慧城市综合防卫任务具有安全威胁因素增多、各类情况突发、任务环境复杂、战场空间多维、防卫目标点多且面广、参战力量多元、指挥协同复杂、行动模式多样等显著特点。综合王林东、马苏峰、邱玉杰、韩建军等人在学位论文中的观点，在城市战场中遂行综合防卫装备保障任务，无论是在作战行动中还是在非战争军事行动中，都面临战场态势变化快、保障行动应急要求高、装备保障高效指挥难、保障物资筹措与供应难度大、维修抢救任务重等难点。

王林东等在文献中指出，环境复杂的城市和地区散布着为数众多的重要目标，在面对强敌来自不同方向、不同类型、不同维度的攻击时，难以对参与防卫任务的多元力量何时、何地将迸发何种装备保障需求进行精准把控。马苏峰等在文献中也指出，城市综合防卫突发的各类行动、瞬息万变的战场态势给及时掌握、迅捷响应装备保障需求提出了更高的要求。邱玉杰等在文献中指出，装备保障以及情报信息在复杂电磁环境影响下也存在识别、传输和处理的困难，导致装备保障组织困难。

阎小杰在文献中指出，参战力量多元导致协同关系和联通渠道十分复杂，在城市街道纵横、空间割裂的情况下尤甚，使装备保障指挥难以做到协调、高效。韩建军在文献中指出，在城市综合防卫任务中，强敌必将利用先进的电磁侦察和干扰设备，对军队实施猛烈的电磁攻击，故战时通信指挥很难始终保持畅通，这进一步增加了保障组织的难度。邱玉杰等在文献中还指出，在城市综合防卫任务中，部队既可能遂行反空袭、反空（机）降、反袭扰渗透等作战任务，也可能遂行反恐维稳、应急救援等非军事行动任务，任务种类多样，转换频繁。在任务过程中，多种安全威胁并存，行动多样式、多方向并存，行动装备和保障力量多元化，其装备保障指挥既要组织自身保障力量，又要协调上级、友邻部队和民间保障力量，指挥协调关系复杂。

韩建军在文献中指出，在激烈的战斗中会造成大量的装备战损和弹药消耗，造成供应保障和维修保障任务异常艰巨。刘进忠等在文献中指出，参与城市综合防卫任务的部队武器装备种类型号多样，造成与强敌对抗时消耗巨大，需要具有较大规模种类的保障物资储备来满足装备供应保障需求。张文宝等人在文献中指出，城市综合防卫任务中复杂的战场、软硬兼具的毁伤、高技术装备的使用和新型武器的威胁，使装备维修面临更加繁重的任务。

2. 关于城市综合防卫装备保障的方式与方法

为确保城市综合防卫装备保障任务的顺利完成，学者们提出了诸多方式与方法：王林东等人在文献中提出了动静结合使用基地保障力量，点线互补使用区域保障力量，聚焦重点使用预备保障力量，一体融合使用地方支前力量等装备保障力量运用方法。总结马苏峰和单超美等人在文献中的观点，在进行城市综合防卫任务中，应综合采取伴随保障、辐射保障、机动保障等装备保障方法，解决各种装备保障力量互不隶属、通联困难、军地装备共用、保障渠道各异造成的困难。童建伟等人在文献中指出，要改变当前"工厂生产—仓库层层中转—供应部队"的供应保障模式，采取按建制自行保障、按区域联合保障、伴随支援保障和社会化保障相结合的方法实施高效的装备物资供应。卢建学等人在文献中提出，要采取"综合化编群、专业化编队"的模块化编组方式，建立功能齐全、结构合理的装备保障组织；通过实施"区域化、网点式"力量配置增强保障部署的弹性和韧性；将大部分力量充实到一线，少部分力量作为机动力量，实现对部队随时、随地的保障。

某战区陆军提出，在城市综合防卫任务中要以战区基地、联保兵站保障力量为依托，以地方动员支前力量为补充，以综合补给、运输投送、装备修救为保障重点，采取"定点辐射、机动连线，模块伴随、直达末端"的装备保障方式，高效组织装备保障行动，确保城市综合防卫目标的达成。要综合运用多种装备保障力量，构建战区力量定点支援保障，群属力量分区辐射保障，队属力量一线伴随保障的点面结合、机动互补、紧密衔接的三级装备保障网络。具体采用的装备保障方法有三种：① 逐级保障与越级保障相结合。在任务部队按建制参与综合防卫行动时，按照保障区域实施逐级保障；在任务部队多、隶属关系复杂时，打破建制序列和指挥层次，对重要方向、重点部队实施就近、直达的越级保障。② 自我保障与支援保障相结合。在不影响部队行动的前提下，尽可能多地携带弹药、易损器材和备件，并利用城市地区资源优势筹措实施自我保障；同时，根据综合防卫行动和保障需求，依托上级力量和群属力量实施就近支援保障。③ 平面保障与立体保障相结合。综合运用地面、空中、地下的各种保障手段，实现远距离、全纵深、立体式综合保障，达到保障需求实时感知、保障资源可视掌握、保障物资精确配送、保障行动全域可控的目标，对部队实施全天候、全方位、全纵深的立体保障。

3. 关于城市综合防卫装备保障的对策措施

在加强装备保障准备、建设一体化的装备保障体系方面，马苏峰等人在文献中提出，应该整体筹划装备保障体系的构建，综合运用创新技术和地方资源，突出核心防卫区进行超前建设。张仁新等人在文献中提出，可利用城市及周边地区战争潜力巨大、国防资源丰富的优势，进行大规模动员和组建扩编，实施"军民一体化"保障。按照功能完备的原则，抽组各级保障力量；围绕增强保障弹性，按照"靠近部署、突出重点、预先设置、利于安全"的原则优化器材存储布局。王林东等人在文献中提出,应当通过整合军队和地方的保障力量和资源,建立、健全军地联合的保障机制。阎小杰在文献中提出,应该突出重点做好装备保障准备,针对不同情况、不同行动、不同保障对象制定多套方案应对。同时要利用城市的优势通信资源,构建顺畅的通信网络,形成上下衔接、横向连接的网络化指挥体系,整体协调装备保障行动。袁强在文献中提出,要通过加强信息化建设,提高一体化装备保障能力;通过强化快速保障、机动保障、精确保障等装备保障能力建设,提高综合保障效益;通过完善法规、健全机构、摸清底数潜力、加强协同演练等加强装备保障动员,提高社会化保障能力。

在装备保障指挥方面,大家普遍认为应本着"高度集中统一、要素功能齐全、简化指挥环节"等原则,建立高效的装备保障指挥机构。石志远在文献中提出,要建设多手段、多途径、多信道的自动化指挥系统,科学实施装备保障军地联合指挥。针对信息流转问题,各方都认为,在城市综合防卫任务中装备保障力量既要"指挥保",又要"保指挥",必须搞好基础通信建设,加强装备保障指挥信息系统建设,确保指挥机构、作战部队、友邻单位、武器平台之间可靠互联,指挥信息有序高效流转,确保装备保障指挥管理协同的高效实施。

在装备供应保障和维修保障上,孙延东在文献中提出,要以信息化联合作战物资保障需求为导向,结合现代战争中军事物流的基本规律及经验和特点,抓住城市发展机遇,以城市的"经济圈"助推"军事圈"。在军地一体中推进健全完善军地一体、利于打仗的城市综合防卫军事物流体系建设，打造一个多途径、多方法、炸不烂、截不断的投送网，组建一支供得上、运得下的军民结合的运输队。邱玉杰等人在文献中提出了遵循"按需编组、功能完善、小型精干"的原则，打破军地界限和兵种界限，构建积木式、一体化的装备保障体系。董怀堂等人在文献中提出，要通过配套建设机动保障装备、优化维修器材储备格局、完善抢修保障设施建设、构建抢修保障信息网等举措，夯实城市地区装备抢修保障的基础。同时，要加强装备保障的自我防护，综合利用隐蔽伪装、作战力量屏护等手段进行防护，尤其是要提高针对高技术手段打击的防护能力。通过加强单装自救器材储备、编配新型保障装备、提高武器装备的通用化水平，提高装备战时修复保障能力。

此外，毛辉等人在文献中提出，通过完善法规制度，探索建立平战结合、多方参加、优势互补的战区联合保障机构，制定联合保障力量协同内容和程序，细化联合协商、协调机制，为联战、联保奠定基础。

1.3.2　国外研究现状

国外专门针对城市综合防卫装备保障的相关研究较少，但可以从其关于城市防空、城市作战、非战争军事行动等论述中获得相关经验和启示。

1. 美军研究现状

美军十分注重装备保障领域的法规和制度建设。其关于城市作战的相关条令如城市作战条令 ATP3-06/MCTP12-10B、陆军条令参考出版物 ADRP3-0、联合出版物 JP4-0、海军陆战队参考出版物 MCRP1-10.2 等，均将保障活动和技术服务列为城市作战装备保障的主要职能。强调要通过增强装备编配、优化部队结构，以及加强军种、机构和民间的组织协调与合作提高保障能力。必须以积极的攻势行动确保城市地区后勤基地的安全，同时对城市现有的基础设施加以最大限度地利用，以建制内保障和合同商保障等模式为部队行动提供各类物质资源，确保军事力量在城市战场进行长时间、大范围的自由行动。在文献中，美军参联会针对反恐维稳任务用一整节将近 20 条内容对后勤保障工作进行了规定，内容涉及保障指挥、保障计划编制、保障方法以及保障任务的优先级等，形成了很有操作性的保障规范。

美军积极致力于利用先进技术提升城市作战装备保障的能力。美军认为，在城市作战中，"后勤保障，网络作战，情报、侦察与监视"是新技术运用的 3 个关键领域，故要加强后勤保障能力创新，以适应多种战场环境、支持多样军事任务。美军提出，要在非致命打击能力、装甲车辆、近战武器系统、无人系统、机器人、新型传感器和城市特殊通信系统等方面加大投入，如 DARPA（美国国防部高级研究计划局）在 2018 年 3 月发布了进攻性集群战术，探索在城市作战中应用无人系统集群。当前，美国陆军正在研究基于手势控制的城市作战机器人，并将其用于装

第1章 绪　　论

备保障，这将对传统装备保障指挥方式产生颠覆性影响。借助人工智能支撑的自动规划技术，美军仅需 1 h 即能对 20 min 的空中作战行动进行规划，而原来通常需要 40 余人且耗时 12 h 才能完成。若将其用于装备保障方案的制定必然会大大提高装备保障指挥的效益。美军认为，可以利用高空技术在城市环境中放大通信、导航及授时信号，从而保持任务式指挥对空间信息的获取能力。还可以运用 IBM 提出的"智慧城市计划"，利用移动通信技术获取、传输数据，研发云计算平台用于不同机构进行协作。另外，美国陆军正在研究利用智慧城市物联网的 LoRaWAN 远程广域网通信协议为战场物联网（IoBT）提供通信支持。

美军在总结阿富汗和伊拉克战争中城市作战的经验后认为，城市作战对后勤物资的需求急剧增加。为实现有效补给，就要建立超前预置和主动推送相结合的后勤保障系统，提前或实时满足保障需求。为提高后勤保障能力水平，美军还通过完善体制机制、促进市场竞争、严格合同管理、加强配套改革、平时预先准备、规避风险责任等多举措大力推进社会化保障。周璞芬等人在文献中总结了美军在阿富汗战争中维持安全阶段的城市作战装备保障策略及方式，即"建立保障持续的供应网络、借助民间力量增强保障能力、投入先进技术和装备、加强保障体系的防卫"等，为在城市综合防卫任务中实施反恐维稳装备保障提供了思路。

在装备保障模式转型方面，美军不断推陈出新，提出了聚焦后勤、精确后勤、动态后勤、感知与反应后勤、自主式保障等新理念和新理论。当前，美军依靠装备制造厂商、民用资源和民间力量组建了军民一体化的装备保障力量体系，利用可视化后勤、装备状态监控和远程维修等技术提升了装备保障信息化水平，依托无缝的"全球保障信息系统"做到了装备保障实时指挥，综合运用"弹弓"式机动伴随保障、预置保障和立体超越保障等手段，达成了精确、经济、高效的装备保障。美军的装备保障体系建设呈现以下趋势：① 以机械化为重点提高后勤装备的信息化、智能化水平；② 大力发展战略投送装备提高快速反应能力；③ 协调发展后勤装备与作战装备，使二者紧密结合；④ 注重提高后勤装备的通用化、模块化、多功能化水平；⑤ 研发改进更高防护性的后勤装备，提高生存能力。

2. 俄军研究现状

俄罗斯历来十分重视大型城市的防空问题，莫斯科曾经拥有世界上最庞大的防空系统。为了加强城市防空体系建设，俄罗斯于 1993 年开始对莫斯科地区防空网进行了重组和改进，建立了多层密集的防空网络，并优先保障防空武器的研制和装备，在莫斯科构建了包括侦察预警系统、地空导弹系统、空中拦截系统、防空指挥自动化系统和各种保障系统的强大的防空体系。

俄军对发展适合城市作战的武器装备十分重视。阳亮在文献中对俄军将城市作战能力作为必要指标，通过改进现有装备、研发新型装甲装备等途径，加强城市作战装甲装备建设的做法进行了总结。俄军认为，在城市综合防卫任务中，应当设置配备专业设备的视频监视班作为独立的分队，利用莫斯科市内与格洛纳斯相连的 14.3 万个摄像头等视频设施实施战场感知。俄军还认为，各种无人侦察机能够在城市中获得最好的侦察效果，应给部队配备安装在气球上的摄像机对高层建筑顶部实施侦察。俄军在叙利亚和伊拉克战场的反恐经验证明，为发现城市中的地下隧道，必须为分队配备15~20米探测深度的"眼睛-2"特种设备。

俄军认为，在反恐装备建设中，应优先研制和采用保护人员和目标的防护器材和特种设备，以及非致命武器、有效的通信设备、危爆物品探测仪器以及隐蔽伪装器材等新式装备。库马尔·布罗格登在文献中对俄军在叙利亚打击恐怖组织的后勤保障进行了详细阐述，其中关于预置物资、加强防卫等观点对军队有较大的启示。

此外，在进行新面貌改革后，俄军通过配备先进保障装备加强保障力量建设、加强物资预置实行划区保障、依托民间力量拓宽保障渠道、构建保障力量靠前编配的上下贯通的保障力量体系等方法，使后勤结构更加优化，组织体制出现了重大调整，保障方式更加多样，对军队创新城市综合防卫装备保障模式也具有一定参考意义。

3. 其他国家研究情况

司学慧等人在文献中介绍了俄、印、日、韩等我国周边国家首都防空体系建设的现状，并分析了其发展趋势。他们认为，各国虽在防空、防天、反导一体的城市空天防御体系的打造上重视运用网络化、智能化技术手段，但仍面临弹道导弹预警拦截难和隐身目标探测抗击难等问题，这些都对装备保障提出了新的且更高的要求。

日、韩两国主要凭靠与美国的军事同盟关系组织城市地区防卫。日本在东京地区主要依靠美军力量，在"日美军事一体化"

中，东京周边修建了大量的定点维修站等军事设施，东京地区被打造成了名副其实的"战争基地"。韩国的城市防空体系采取的是区域防空部署与大区域防空部署相结合的方式，并设有专门的首都防空区，国土防空体系也担负着首都防空任务。通过部署"萨德"、升级"爱国者"地对空导弹，积极购买以色列的"铁穹"系统等方式，构建了超视距感知的情报预警系统、自动化的联合防空指挥系统，以及远近互补、高低搭配拦截打击系统。

杜彦平在文献中介绍了担负伊朗首都空中安全保卫任务的第11航空兵中队，自1992年至2015年，迫于国际形势，通过时而与俄罗斯等国家进行技术合作，时而依靠自身力量独立完成装备保障工作，确保城市空中安全的曲折历史。

以色列为应对加沙地区的安全威胁，打造了专攻哈马斯地道的"地下铁穹"火箭系统，还为监控地下战场情况开发了可安装摄像头及传感器的专业装备。

新加坡奉行"全面防卫"理念，不但实现了装备完全自给，还十分注重自主研发和引进新型高端装备。同时，在公共交通、人防设施、生产生活等各个领域的建设中都兼顾安全防卫需求，建立了全面的安全防卫系统。

国内研究的出发点主要是了解和研究装备保障的原则和特点，阐述加强城市综合防卫装备保障的重要性和必要性，并提出如何加强城市综合防卫装备保障理论指导，借鉴国外的经验成果并总结了许多方法，对执行城市综合防卫装备保障任务具有一定的指导意义。国外军队尤其是美俄等军事强国，主要采取加强以防空反导为主的装备体系建设应对城市面临的安全威胁，运用高新技术研发改进武器装备和保障装备体系使其适合城市战场环境，运用预置储备、基地定点供应、军地一体化保障、以投送保障代替前沿存在型保障等方法实施装备保障，相关理论已经形成条令规范。同时，外军也十分注重利用城市基础设施提升城市作战及装备保障能力。另外，外军装备保障经验多来源于其本土之外的战争行动，不会直接破坏和影响其本国城市和人员，异于军队城市综合防卫需要把握的重点和难点。总体来说，美俄等军事强国的研究与发展中国家的国情有较大区别，但其经过实战检验的装备保障的优秀做法和具有普遍适用性的思想观点，对军队实施城市综合防卫装备保障具有十分重要的借鉴意义。

综合分析当前的研究情况，还存在以下一些不足：

一是理论研究还不够系统。大部分研究以期刊杂志为主要途径，针对某一切入点进行探讨，研究内容普遍比较单一，并没有形成极富参考和借鉴价值的系统性理论研究资料。同时，由于缺乏实战和演练的实践经验，研究成果的实用价值不高。

二是研究内容不能适应形势的变化。相关研究成果普遍较为陈旧，军队改革调整后，相关领域的研究已经不能适应时代的要求。当前，随着战争形态向智能化演变，城市面临的安全威胁也日新月异，尤其是无人化、智能化威胁手段日益严峻，应对相关威胁的研究成果还比较缺乏，理论指导实践后的成果反馈就更少。

此外，随着我国在智慧城市建设方面不断取得丰硕成果，战场环境已经发生了翻天覆地的变化，而将智慧城市与城市综合防卫两个命题结合在一起进行研究，借助智慧城市发展成果提升装备保障能力的相关成果却寥寥无几。

1.4 研究目的与意义

装备保障活动在智慧城市综合防卫军事任务中具有不可替代的作用。由于智慧城市综合防卫面临安全威胁因素多、任务环境复杂、参战力量多元、行动模式多样等现实情况，装备保障供与求的矛盾也显得尤为突出。在国际局势发生重大转变、军队改革稳健推进、战争形态和战场环境加速演变的当下和未来，如何实现智慧城市综合防卫装备保障模式转型，使陆军部队所属武器装备最大限度地发挥效能，快速、高效、准确、及时地遂行各种保障任务，是当前亟待研究的一个重要课题。

一是确定智慧城市综合防卫装备保障理论指导的需要。国内关于智慧城市综合防卫装备保障的研究成果数量比较有限。学术领域的相关研究多是着眼于城市作战某种具体任务背景下的研究，抑或是针对某一兵种具体装备保障业务进行的研究，其研究内容比较单一，缺乏系统性和全面性。担负城市防卫任务的陆军部队虽结合任务需求进行了相关方案的研究和实践探索，但主要是立足当前任务部队现有装备、现行条件和现实情况而行的应急之举，还处于持续不断的动态调整阶段。本书研究旨在面向未来，立足智慧城市综合防卫任务，围绕装备保障活动全流程，从概念界定、任务梳理、现状分析、需求分析、目标原则、模式构想、实现方法等方面对装备保障问题展开全面系统的研究，以期设计出适度超前、切实可行的智慧城市综合防卫装备保障模式,为陆军部队参加智慧城市综合防卫任务提供理论指导和基本依据。

二是探索智慧城市条件下装备保障方式方法的需要。当前,我国数以百计的城市正在进行智慧城市建设,并在智慧政务、智慧经济、智慧生活、智慧交通与智慧环境等领域取得了综合性成果。智慧城市的层次结构包括感知、传输、处理和应用四个层次,与装备保障活动的感知、决策与执行的环节具有很高的契合性,将广泛应用了现代科学技术的智慧城市基础条件用于为装备保障增效赋能具有先天优势。随着战争形态向智能化加速演进,未来城市综合防卫也必然是以人工智能应用为代表的智能化形态。由于支撑智能化战争形态的各项颠覆性技术,如人工智能、大数据、云计算、5G等,与智慧城市建设所应用的技术也有高度重合,因此,将城市综合防卫装备保障模式创新放在智能化战争背景和智慧城市条件下进行研究,不失为面向未来战场环境推进军事智能化的一种有益探索。

三是推进智慧城市综合防卫装备保障能力提升的需要。随着国际局势的变化,我国大中城市尤其是区域重点城市将面临日益严峻的传统和非传统安全威胁。在大力进行智慧城市建设的时代背景下,未来城市防卫任务必将是智慧城市条件下的综合防卫形式。智慧城市综合防卫是陆军在一体化联合作战体系下遂行的多样化军事任务,装备保障对象具有多元合成的特点。当前部队无论体制、结构还是格局、面貌都发生了新的变化,参加城市综合防卫任务的部队装备体系结构升级、管理体制转变、保障力量重构、实战化要求显著提高,对装备保障的要求也随之提高。以往的研究成果对原则性问题研究较多,但对具体的、行之有效的招法、举措研究较少。本书旨在找出适应新时代特点、适合新编制体制要求的,切实可用的具体方法,从而有效促进智慧城市综合防卫装备保障能力的提升,也为在智慧城市建设规划中通盘考虑军事需求,建设寓军于民的基础设施提供指导。

第1章 绪　论

1.5　研究思路与内容

1.5.1　研究思路

本书将城市综合防卫装备保障定位于智能化战争形态下的智慧城市战场，以装备保障模式创新为目标，以装备保障活动为研究对象，以战时装备保障中的态势感知、装备保障决策与指挥、装备保障行动实施等基本环节为研究范围，运用系统分析和归纳总结的基本方法，基于"知、谋、行、思"的事理方法论四步逻辑法展开研究。

首先是"知"，也就是提出问题，解决为什么研究、研究什么的问题。明确智慧城市综合防卫装备保障研究的现实背景，界定研究涉及的相关概念及基本理论。

其次是"谋"，也就是分析问题，解决怎么做的筹划问题。从智慧城市综合防卫军事任务出发，分析装备保障的需求，明确制定装备保障发展策略。

再次是"行"，也就是解决问题，解决怎么做的实施问题。探索提出适应新形势下智慧城市综合防卫的装备保障创新模式，并对实现方法进行明确。

最后是"思"，也就是梳理总结，对研究内容进行综合评价。

通过对所作研究内容进行梳理与分析，对现有研究成果进行总结，对后续研究工作进行展望。

1.5.2 研究内容

本书主要围绕智慧城市综合防卫军事任务及其装备保障活动等内容展开，着眼未来战争形态和战场环境下确保城市综合防卫任务顺利实施，分析装备保障面临的机遇与挑战，提出智慧城市条件下创新城市综合防卫装备保障模式的思路、内容和推进模式落实的方法举措。本书共分 7 个章节，内容安排如下：

第 1 章为绪论。本章介绍了研究背景和意义，界定本书所涉及的相关概念，分析总结国内外的相关研究现状，进而确定本书的研究思路和内容。

第 2 章为智慧城市发展情况。本章从建设智慧城市的重要意义入手，对智慧城市的重要意义、典型特征、体系框架、关键条件、国内外智慧城市建设进展及智慧城市发展的主要趋势进行全面介绍，为智慧城市综合防卫任务分析奠定研究基础。

第 3 章为智慧城市综合防卫任务分析。本章在界定智慧城市综合防卫的基本任务的基础上，对智慧城市综合防卫的任务特点进行全面梳理，同时结合战争形态向智能化演变的时代背景，预判智慧城市综合防卫任务的发展趋势，为论证智慧城市综合防卫装备保障需求奠定基础。

第 4 章为智慧城市综合防卫装备保障需求分析。本章对智慧城市综合防卫装备保障的现状进行总结，对智慧城市综合防卫装备保障面临的挑战、智慧城市建设为装备保障提供的支撑等内外因素进行综合分析,运用SWOT分析法分析了城市综合防卫装备保障模式创新的需求并提出相应策略。

第5章为智慧城市综合防卫装备保障模式设计基本依据。本章着眼利用智慧城市建设给装备保障模式创新带来的机遇,在确立智慧城市综合防卫装备保障模式创新的基本目标、指导原则和基本要求的基础上,提出适应智慧城市综合防卫任务的装备保障模式并进行内涵阐释。

第6章为推进实现智慧城市条件下新型装备保障模式的举措。本章以发挥智慧城市提供的新兴应用对装备保障活动的"感知—决策—执行"环节进行赋能为出发点,从增强装备保障感知能力、提高保障指挥辅助决策水平、加强装备保障力量建设以及建立、健全配套法律法规体系等方面,探索新型装备保障模式实现的方法对策。

第7章为总结与展望。本章总结归纳全书的研究内容和主要创新点,并对未来的研究进行展望。

全书基本思路和内容如图1-1所示。

基本思路	本书框架	本书内容
知 提出问题	第1章 绪论	◆研究背景 ◆相关概念 ◆国内外研究现状 ◆研究目的与意义 ◆研究思路与内容
	第2章 智慧城市发展情况	◆建设智慧城市的重要意义 ◆智慧城市的典型特征 ◆智慧城市的体系框架 ◆智慧城市建设的关键条件 ◆国内外智慧城市建设进展 ◆未来智慧城市发展的主要趋势
谋 分析问题	第3章 智慧城市综合防卫任务分析	◆城市综合防卫的地位与作用 ◆城市综合防卫的基本任务 ◆城市综合防卫任务的特点 ◆智慧城市背景对综合防卫任务的影响 ◆智慧城市综合防卫任务的发展趋势 ◆智慧城市综合防卫作战应重点关注的问题
	第4章 智慧城市综合防卫装备保障需求分析	◆智慧城市综合防卫装备保障的现状 ◆智慧城市综合防卫装备保障面临的挑战 ◆智慧城市建设为装备保障提供的支撑 ◆基于SWOT的城市综合防卫装备保障模式需求描述
行 解决问题	第5章 智慧城市综合防卫装备保障模式设计基本依据	◆智慧城市综合防卫装备保障模式设计的基本依据 ◆智慧城市综合防卫装备保障模式的提出 ◆智慧城市综合防卫一体化自适应装备保障模式内涵解析
	第6章 推进实现智慧城市条件下新型装备保障模式的举措	◆利用智能传感系统提升装备保障态势感知效能 ◆借助大数据与云计算系统提高装备保障辅助决策能力水平 ◆依托高新技术提高无人智能化装备保障能力 ◆健全完善法律法规确保装备保障有法可依
思 总结归纳	第7章 总结与展望	◆主要工作总结 ◆主要创新点 ◆研究展望

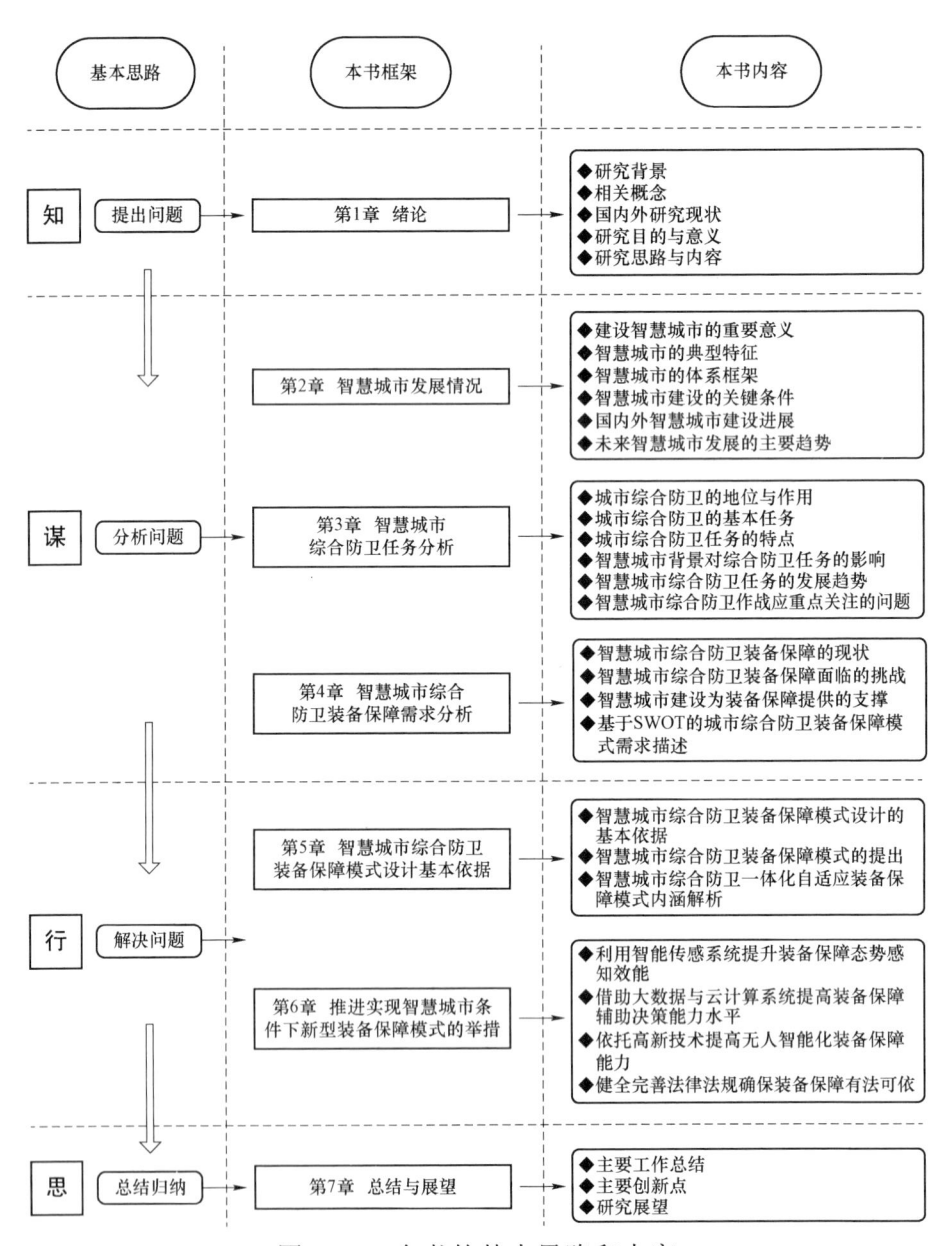

图 1-1 全书的基本思路和内容

第 2 章

智慧城市发展情况

第 2 章 智慧城市发展情况

本章主要对研究背景和意义进行了阐述，界定了城市综合防卫装备保障模式相关的概念，对国内外研究动态进行了综述，确定了研究思路、框架和基本内容。

随着大数据、人工智能、网络信息等新兴技术的快速发展与广泛应用，在全世界兴起了建设智慧城市的热潮，并在交通、医疗、社区、建筑等领域陆续衍生出"智慧××"的相关概念。我国智慧城市建设也紧跟世界潮流，以 2010 年科技部确定 2 个 863 智慧城市项目试点为发端，我国住建部于 2013—2015 年先后公布了三批共 290 个智慧城市试点城市：2013 年 1 月，公布第一批国家智慧城市试点城市 90 个（后增补 9 个）；2013 年 8 月，公布第二批国家智慧城市试点城市 103 个；2015 年 4 月，公布第三批国家智慧城市试点城市 97 个（其中扩大范围试点 13 个，专项试点 41 个），基本覆盖了全国各个省、自治区和直辖市。另外，综合科技部、工信部、国家发改委等确定的智慧城市相关试点，以及各地政府工作报告和"十三五"规划，截至 2019 年，全国总计超过 700 个城市均在规划或正在建设智慧城市，涵盖了全国 47% 的县级城市、89% 的地级城市和全部副省级以上城市，我国智慧城市数量更是占到了全球已启动或在建智慧城市总量的一半以上。

2.1 建设智慧城市的重要意义

在全球城市化进程中，欧美国家拥有先发优势，其城市化率相对较高。不过，亚洲地区特别是中国，在政府的城市化战略推动之下，城市化进程后起发力，成为全球城市化率增长速度最快的国家。根据预测，到2050年，中国与美国的城市化率差距将缩小到10%左右。图2-1所示为全球城市化率统计数字。

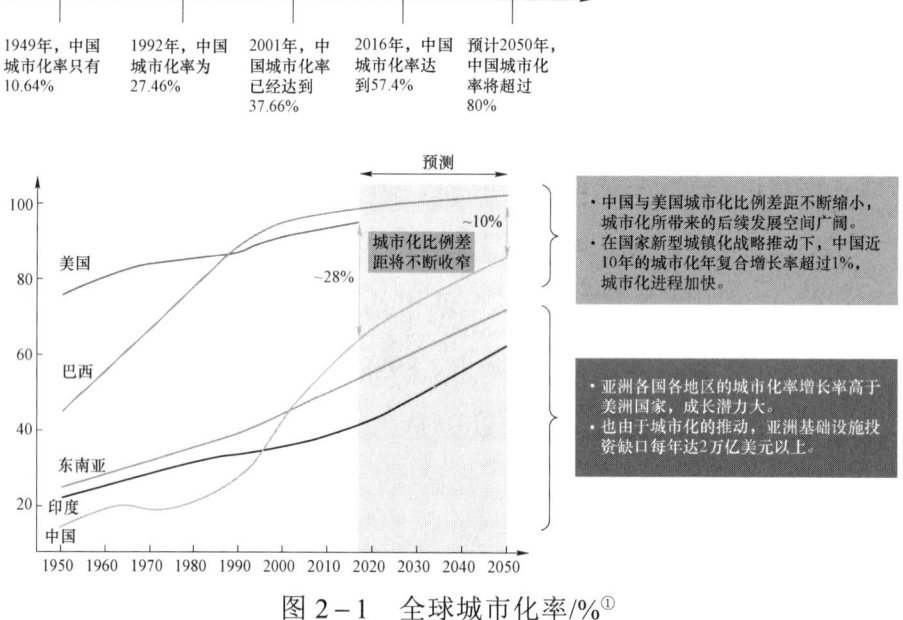

图2-1 全球城市化率/%[①]

城市化率的提高会带来更多的挑战，据联合国人居署2016年

---

① 来源：联合国，国家统计局，德勤研究

发布的《2016世界城市状况报告（The World Cities Report）》报告显示，排名前600位的主要城市中居住着五分之一的世界人口，对全球国内生产总值的贡献高达60%。当然，城市化的增长带来很多挑战，如果不进行适当的规划和管理，迅速的城市化会导致不平等、居住环境恶化和气候变化灾难性影响的增长；而且随着人口的增多，教育问题、工作问题、老龄化等问题都是我们将要面对的现实，并且随着人口持续涌入城市，超级城市数量在增加，城市也在超负荷地运行，引发的家庭模式、安全隐患、城市服务短缺的矛盾。图2-2所示为城市化率所导致的城市挑战。

图2-2 城市化率所导致的城市挑战[①]

面对城市化进程中的这些挑战，智慧城市建设者将前沿的物联网、大数据、云计算、人工智能的科学技术运用到城市病的治理过程中，并为平安城市、海绵城市、人文城市等新型智慧城市形态的建设创造了条件和机遇。随着运用在智慧城市中的综合技术体系不断成熟，参与智慧城市建设的产业链不断扩展，新型智

---

① 来源：联合国人居署，《2016世界城市状况报告》（The World Cities Report）

慧城市落地的技术和产业条件逐渐具备，加上全球各国政府对于采用各类技术实现城市管理变革方面的意识和意愿不断增强。与过去多年的智慧城市建设相比，当前智慧城市的技术、产业生态和资源可以支撑新型智慧城市建设，大量具体的政务、行业、生活类智能应用经过多年实践也具备了复制条件，给智慧城市建设带来了新的机遇。

智慧城市建设正在逐渐上升为国家战略，并成为推动新型城镇化和实现可持续发展的重要手段。随着信息技术的不断发展，城市信息化应用水平不断提升，智慧城市建设应运而生。要充分发挥智慧城市的建设效益，必须以技术创新引领城市经济社会的发展、居民生产生活方式的变革，在城市的特定空间范围内促进经济社会发展模式的创新、提升居民生产效益和生活品质。建设智慧城市对于解决经济社会转型中的诸多现实问题、有效促进城市健康和谐可持续发展、引领信息技术应用、提升城市综合竞争力等方面具有重大战略意义。

2.1.1　促进城市管理的高效运作

基于政府行政权威而进行的单项控制和管理方式，导致城市管理的效率低下，"城市病"无法从根本上解决。智慧城市建设，创新了城市管理的模式，属于一种协作式的公共管理模式，借助信息资源、物联网技术融合，通过公共管理机构之间的信息共享沟通、协同服务，从而形成综合服务体系、管理体系。此种管理模式下，社会公众能及时获得城市运行情况、及时反馈意见与建议并提出自己的需求，实现市民和公共管理机构之间的"交互式"无障碍沟通，让市民全面参与城市管理，提高城市管理的科学化、民主化水平，促进管理效益的提升，保障城市运作系统高效运行。

2.1.2 促进信息技术的快速发展

当前，全球信息技术发展呈加速态势，信息技术在国民经济中的地位日益突出，信息资源也日益成为重要的生产要素。智慧城市正是在充分整合、挖掘、利用信息技术与信息资源的基础上，汇聚人类的智慧，赋予物以智能，从而实现对城市各领域的精确化管理，实现对城市资源的集约化利用。由于信息资源在当今社会发展中的重要作用，发达国家纷纷出台智慧城市建设规划，以促进信息技术的快速发展，从而达到抢占新一轮信息技术产业制高点的目的。为避免在新一轮信息技术产业竞争中陷于被动局面，我国政府审时度势，及时提出了发展智慧城市的战略布局，以期更好地把握新一轮信息技术变革所带来的巨大机遇，进而促进我国经济社会又好又快地发展。

2.1.3 促进城市产业的优化升级

在智慧城市建设中，要实现物联网、互联网的融合，就必须通过信息技术的创新运用对自然系统、社会系统、经济系统进行智能化的改造。因此，技术创新、高新技术产业在智慧城市建设中居于十分重要的地位。推进智慧城市建设，能够进一步提高高新技术产业在城市中的产业规模，提升技术产业在城市经济发展中的比重，通过技术产业的发展反过来促进工业、服务业等效益的提高，同时还能衍生出智慧商务业、智慧制造业等新的产业形态，知识和信息的"创新驱动"功能将进一步凸显，最终实现城市产业结构的优化升级。

2.1.4 促进城市民生问题的改善

信息要素的功用在智慧城市建设过程中将逐步"膨胀"，能够有效地主导公共资源的优化配置，促进公共资源均等化，改变之前长期存在的信息不对称、公共服务不平等的现象，让市民及时全面获取其所需信息资源，利于促进市民在医疗卫生、教育培训、交通出行等方面公共服务的均等化，最终促进城市民生问题的改善。在智慧城市建设中，将新增较多的就业岗位，缓解当前的就业难问题。在智慧城市背景下，数字化、智能化、网络化的各种公共服务可谓细致入微，能够较大程度地改善市民的生活，有利于缓解家庭空巢化、人口老龄化等状况。

2.1.5 促进城市经济的绿色发展

党的十八大对推进"美丽中国"建设进行了具有重大战略性的部署安排，将生态文明建设摆在更加突出的位置，强调将生态文明融入经济建设的过程中。结合党的十八大的安排部署，当前我国在推进城市经济的发展的同时，要努力实现绿色发展、减少污染消耗，实现向环境友好型、资源节约型方向的转变，同时实现生产方式的集约，增加产品的附加值。毫无疑问，在智慧城市建设中，信息要素居于十分重要的地位，能够据此挖掘人的潜能、资源的潜力，优化个人、组织的决策，发展循环经济、减少污染，且通过培育具有战略性的"云计算"等新兴产业，创造新的经济增长点，促进城市经济的绿色发展。2010—2013年中国云计算市场规模与增长如图2-3所示。

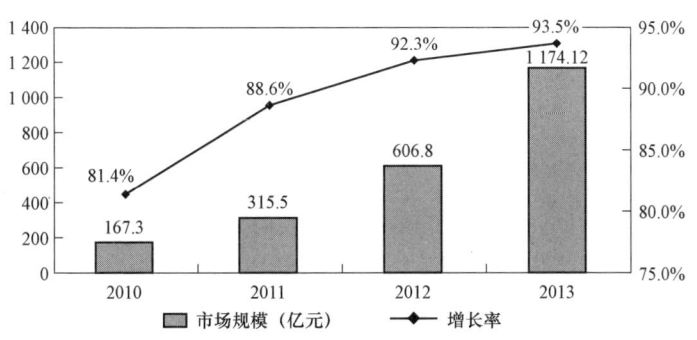

图2-3 2010—2013年中国云计算市场规模与增长

2.1.6 促进实现城市可持续发展

改革开放40多年来，我国城镇化建设取得了举世瞩目的成就，尤其是进入21世纪以来，城镇化建设的步伐不断加快，每年有上千万的农村人口进入城市。随着城市人口的不断膨胀，"城市病"成为困扰各个城市建设与管理的首要难题，资源短缺、环境污染、交通拥堵、安全隐患等问题日益突出。为了破解"城市病"的困局，智慧城市应运而生。由于智慧城市综合采用了包括射频传感技术、物联网技术、云计算技术、下一代通信技术在内的新一代信息技术，因此能够有效地解决"城市病"问题。这些技术的应用能够使城市变得更易于被感知，城市资源更易于被充分整合，在此基础上实现对城市的精细化和智能化管理，从而减少资源消耗，降低环境污染，解决交通拥堵，消除安全隐患，最终实现城市的可持续发展。

2.1.7　促进我国综合竞争力的提高

　　战略性新兴产业的发展往往伴随着重大技术的突破，对经济社会全局和长远发展具有重大的引领和带动作用，是引导未来经济社会发展的重要力量。当前，世界各国对战略性新兴产业的发展普遍予以高度重视，我国早在"十二五"规划中就明确将战略性新兴产业作为发展重点。一方面，智慧城市建设将极大地带动包括物联网、云计算、三网融合、下一代互联网等新一代信息技术在内的战略性新兴产业的发展；另一方面，智慧城市的建设对医疗、交通、物流、金融、通信、教育、能源、环保等领域的发展也具有明显的带动作用，而且对我国扩大内需、调整结构、转变经济发展方式的促进作用同样显而易见。因此，建设智慧城市对我国综合竞争力的全面提高具有重要的战略意义。

2.2 智慧城市的典型特征

智慧城市的建设和运行是不断发展完善的"过程",类似智慧生命体中的"感觉末端、神经网络、中枢大脑和执行器官"。智慧城市的典型特征描绘了是哪些特点使得智慧城市不同于以往其他的城市发展理念,从而使其呈现出"智慧"特征。智慧城市的全面感知、广泛互联、智能决策和互动协作,是智慧城市的"智慧"之所在。智慧城市的典型特征如图2-4所示。

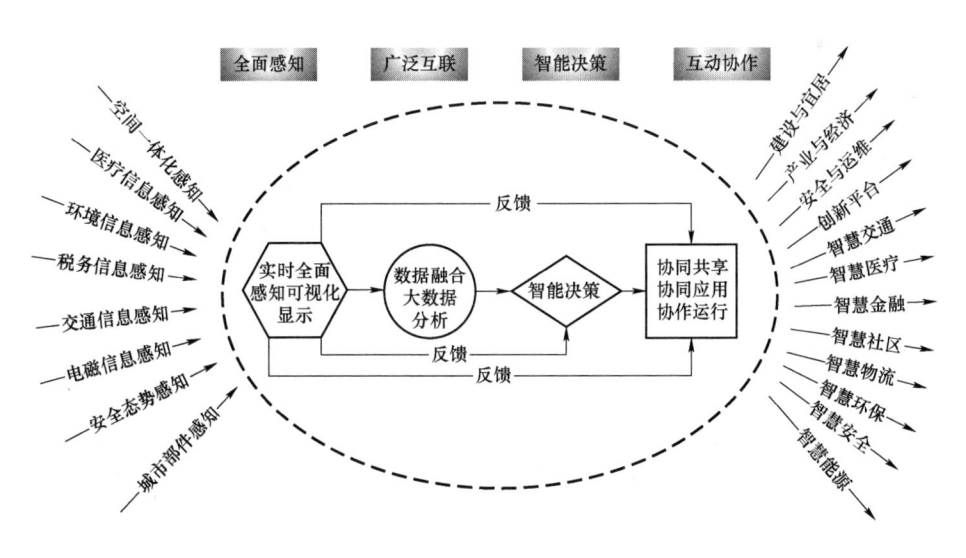

图 2-4 智慧城市的典型特征

2.2.1 全面感知

传感器网络和各类移动及固定终端设备可以形成智慧城市类生命体的听觉、视觉和感觉能力，实现对智慧城市环境信息的全面监测、立体识别和立体感知。例如，利用音频采集设备形成听觉系统，实时感知城市的声音环境；利用遥感卫星、有/无人飞行平台、监控摄像头等视频采集器形成视觉系统，实时感知城市的空间地理环境；利用空气传感器、土壤传感器、水系传感器和其他专用探测传感器形成感觉系统，实时感知城市内各种事物的状态信息；利用 GPS、北斗、移动蜂窝网络等技术手段对车辆、设备、人员进行精确定位和速度测定，并通过视窗操作系统进行可视化显示。

2.2.2 广泛互联

智慧城市的信息通信网络包括通信网、互联网、物联网。5G 网络可在更低功耗的条件下提供超大容量、端到端超低时延的海量装（设）备互联、互通、互操作网络环境，采用 IPv6 协议的互联网可以接入更多种类和数量的终端，应用信息栅格技术可以实现计算机网络、传感器网络和各类终端平台之间的综合集成，消除互联网的"信息孤岛"。广泛覆盖的各类有/无线宽带网络形成智慧城市的"神经传输网络"，能够交互分享分散在城市各主体内的信息和数据，实现个人、组织和政府之间的联系与合作，构建不同社会主体之间及内部的沟通与协作的社会网络。

2.2.3　智能决策

智能决策的基础是感知的全面融合。智慧城市通过广泛植入建筑、生产设备、交通设施和能源设施等城市基础设施的各类芯片、传感器、RFID 设备等融入物联网，实现对城市的感知融合。智能决策的关键是信息的有效整合。将组成城市的所有部件赋予网络地址并接入传输网络，经过对数据进行智能化融合存储和处理，能实现城市所有对象的互联、互通和互操作；智能决策的核心是应用的人物融合。基于大数据、云计算和人工智能的管理，给城市中的物赋予"智"，进而通过人机友好的操作界面和应用平台将人的"慧"广泛参与进来，促成"智"与"慧"的融合。

2.2.4　互动协作

智慧城市中的居民、产业、政府机构、资源和环境，相互之间是普遍联系、互相影响的有机整体。智慧城市可利用以物联网为代表的先进技术，将城市中的基础设施接入城市"神经网络"，使公共服务、城市管理和产业发展各领域实现有机联系。利用各类办公设备、家用设备、生产设备和云机器人等设备形成类生命体的运动能力，协同共享城市资源和服务、协调应用城市各类智慧平台、协作构建城市运行的智慧环境，使生活更便利、城市管理更高效、产业发展更灵活、公共服务更优质。

综上所述，智慧城市的建设需要运用当前最先进的技术体系，形成多种多样的应用形态，具有类似生命体的感知、传输、处理、行为等层次结构，具有全面感知、广泛互联、智能决策、互动协作等显著特征。智慧城市的层次结构和显著特征与装备保障活动"感知—决策—执行"各个环节具有高度契合性，应用的技术体系也与智能化战争所应用的技术体系在相当程度上具有重合性。智慧城市的高速发展给提升装备保障能力带来前所未有的机遇，在智慧城市环境下遂行城市综合防卫装备保障任务，防守方可以充分利用智慧城市的建设成果，发挥地形、信息、技术优势，为作战行动提供精确、实时、高效的装备保障，促进防卫水平整体提升。

2.3 智慧城市的体系框架

智慧城市作为城市发展的高端形态，其本质是运用先进技术支撑的智慧应用推动城市各领域智慧化运行。现已经有 70 个不同行业的智慧城市解决方案，包括智慧图书馆、智能井盖、雪亮工程、智慧河长、智慧消防、智慧教室、多规合一、顶层设计、智慧医院、智慧环保、智慧管廊、智慧口岸、智慧停车、智能垃圾桶与智慧环卫、智慧水务、智慧林业、智慧养老、智慧旅游、环境监测、智慧社区、智慧园区、智慧司法、移动医疗、智慧农业、智慧路灯、智慧物流、智慧体育、智慧应急、智慧政务、智慧交通、智慧物业、智慧安监、共享平台、旅游小镇、立体停车、智慧气象、节能监管、智慧安防、智慧商贸、VRAR 教育、RFID+物联网、智慧家庭、智慧国土、智慧工厂（智能制造）、智慧档案、智慧机场、智慧监狱、应急管理、专网通信、智慧水利、智慧民政、移动执法、边坡监测、智慧边防、数据集成、人工智能、运营中心、智慧出行、大数据可视化、智慧海洋、物联网智慧城管、社区校正、智慧排水、智能仓储、城市仿真、人脸识别、数据决策、智慧畜牧、美丽乡村等。我们主要从智慧城市的组成部分、智慧城市的层次结构、智慧城市的技术体系和智慧城市的标准规范体系等方面对智慧城市的体系框架进行分析。

2.3.1 组成部分

智慧城市建设以提升城市治理和服务水平为目标，以为人民服务为核心，以推动新一代信息技术与城市治理和公共服务深度融合为途径。当前智慧城市已在民生应用、产业应用和城市管理应用等各个领域陆续衍生出"智慧××"的相关概念。归纳起来，智慧城市的建设内容包含信息基础设施、智能运行中枢、智慧公共服务、智慧民生、智慧产业发展和保障机制等方面（表2-1）。

表2-1 智慧城市的建设内容

区分	具体内容
信息基础设施	云：边缘计算、云边协同、云网协同……
	网：超高速光线网、5G无线网、物联网……
	端：智能终端、传感节点、智能基础设施部件……
智能运行中枢	城市大数据平台、数字孪生城市平台、应用赋能平台……
智慧公共服务	平安城市、智慧政务、智慧城管、市民一卡通……
智慧民生	智慧交通、智慧医疗、智慧养老、智慧教育……
智慧产业发展	智慧园区、智慧旅游、智能楼宇……
保障机制	组织保障、资金保障、安全保障、制度保障、技术标准……

第 2 章 智慧城市发展情况

智慧城市的具体落地形态，根据 ICA（国际合作社联盟）发布的《智能城市白皮书》的阐述，按照建设规模和功能侧重的不同，可分为智慧社区、智慧园区和智慧小镇三种形式，如图 2-5 所示。

图 2-5 智慧城市的具体落地形态

一般来说，在建设规模上，智慧小镇大于智慧园区，智慧园区又大于智慧社区。在功能侧重上，智慧社区侧重民生领域，智慧园区侧重产业领域，而智慧小镇则是集民生、产业和政务为一体的微型化智慧城市。三者在功能上虽然各有侧重，但存在大量的基础数据和平台可以共享。

智慧社区是面向城市社区的一个新的模式，智慧社区主要提供面向社区的民生服务，主要包括智能楼宇及家庭家居、养老医疗、物业服务、交通出行、安防监控、生活物资配送等。基于互联网、物联网、云计算等高新技术的"智慧社区"是组成"智慧城市"的"细胞"。智慧社区通过充分借助物联网、传感网等网络通信技术，把物业管理、安防、通信等系统集成在一起，并通过通信网络连接物业管理处，为小区住户提供一个安全、舒适、便利的现代生活环境，从而形成基于大规模信息智能处理的一种新的管理形态社区。

智慧园区是升级换代的信息化园区，是智慧城市的重要表现形态。其建设内容涵盖了招商、环境、办公、生活等领域的智慧化升级，还包括智能安全、智能停车、智能楼宇等基础设施建设，以及针对智慧园区建设的智能分析、智慧管理、智慧服务等各类专项应用。智慧园区作为产业发展的重要载体，利用大数据、云服务、物联网、互联网等先进技术，以智慧应用为支撑，可以全面整合园区内外的资源，从而优化产业发展和运营管理，实现基础设施网络化、开发管理信息化、功能服务进化和产业发展智能化。

智慧小镇是智慧城市的"最后一千米"。其以物联网为核心、互联网为骨架、传感器为感知触角，在居民生产、生活中应用集成大数据及云计算等先进技术，融合了环保、水务、园区、医疗、城管、政务、交通、社区、产业、教育、安防监控、运营中心等多项智慧化应用。

2.3.2 层次结构

智慧城市的理念是通过普遍的感知将城市生活中的各种设施组建成庞大的物联网，进而通过云计算的方式对各种信息进行数据融合和挖掘，然后向城市居民提供智能化优质服务，使城市管理和服务带更富有预见性、创造性、协作性，更高效和科学。为此，智慧城市需要打造泛在的物联网络、信息交换网络以及公共服务平台。从技术角度来说，智慧城市的层次结构建立在物联网的基础上，具体可划分为物联感知层、网络传输层、平台处理层和智慧应用层四个层次。智慧城市的层次结构如图2-6所示。

智慧应用层 行为活动	电子政务	智慧医疗
	平安城市	智慧交通
	智慧物流	……

平台处理层 人体大脑	文本数据库	图像数据库
	音频数据库	视频数据库
	城市云脑	……

网络传输层 神经网络	电话通信网	广电网
	互联网	电力通信网
	专网	

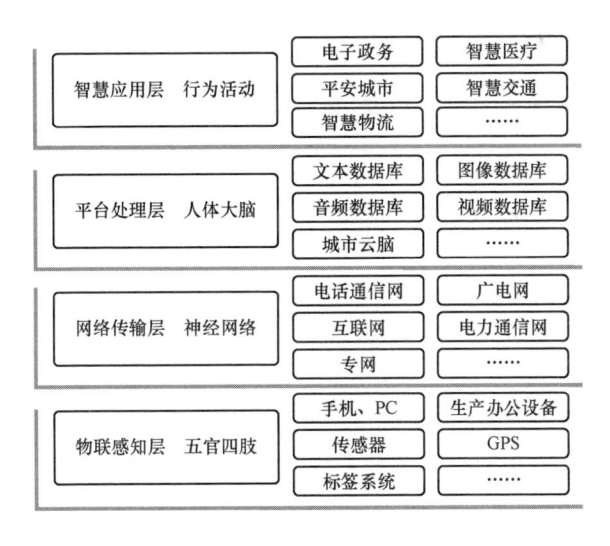

物联感知层 五官四肢	手机、PC	生产办公设备
	传感器	GPS
	标签系统	……

图2-6 智慧城市的层次结构

倘若将智慧城市比作人体，物联感知层就是人体五官和四肢的神经元。主要对事物进行识别和对信息进行收集。其通过遍布城市的传感器网络进行"听""闻""看""触"，主要利用物联网技术对城市的事物进行以标识和信息采集为内容的感知，实现了信息系统与物体之间的信息交换和自动控制，具有智能化识别、感知、定位、跟踪、监控和管理能力。传感器网络包含了各类传感器（视频、音频、图片、水系、土壤、空气及其他）、RFID、条码标签、GPS、生产设备、办公设备，以及广泛运用于生产生活的PC、手机等终端设备等。智慧城市各个系统在运行中产生的海量数据，仅由物联感知层的采集构成了智慧城市的"血液和养料"，为智慧城市进行"智慧思考"提供了基础。

网络传输层相当于人体的神经网络，它主要负责传递由感知层获取的相关信息、各个平台之间业务的交换以及用户需求信息的传输。网络传输层主要包括传输网和接入网两种。传输网分为互联网、电话通信网、广电网、电力通信网等公共网络和各种专用网络；接入网则以光纤网、无线网、以太网和卫星等网络为代表。

平台处理层相当于人体的大脑中枢，它在云计算平台的基础上，对感知层获取的数据进行统一的存储和管理，利用数据挖掘技术，发现数据中潜在的规律和隐含的特征，提取用户感兴趣的模式和特征，从而提高智慧城市的智能化水平。平台处理层主要包括以大数据技术为核心的存储处理文本、视频、音频、图片等各类信息的数据库，以及基于人工智能、大数据、社交网络和云计算服务器的城市云脑，智慧城市的城市云脑如图 2-7 所示。

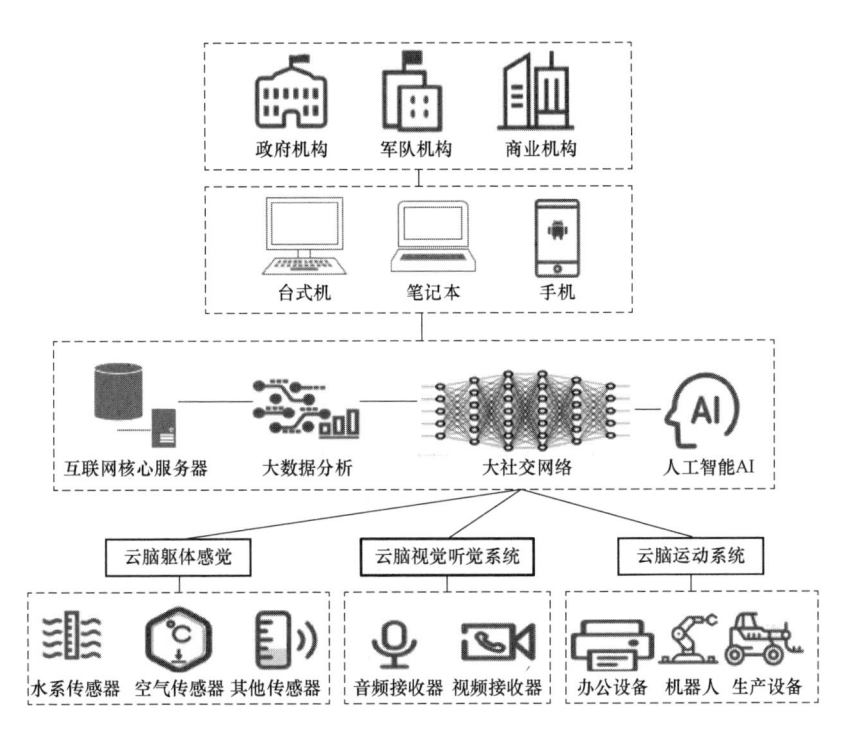

图 2-7 智慧城市的城市云脑

智慧应用层类似人体的各种行为活动，是对大脑决策的执行和反馈。智慧应用层是智慧城市信息公共平台的价值体现，它将根据各个行业自身特点，结合行业需求，形成专业化的服务平台或终端，直接为行业用户提供专业性服务，实现信息应用的精细化、实用化和智能化，主要供政府部门、商业机构、公益组织和市民群体等各类用户使用。人们在生产、生活过程中为智慧城市贡献各类数据信息的同时，还享受智慧城市的各项服务。智慧应用层包含电子政务、平安城市、智慧医疗、智慧交通、智慧物流等各种智慧应用。

显然可以得出，智慧城市的层次结构与装备保障活动的"感知—决策—执行"各个环节具有高度的契合性。

2.3.3 技术体系

我国智慧城市的建设随着技术的进步经历了概念导入期的数字城市建设（2008—2012 年）、试点探索期的智慧城市建设（2012—2015 年）和统筹推进期的新型智慧城市建设（2016 年至今）三个发展阶段，当前正处在向第三阶段过渡时期。中国信通院 2019 年的研究成果显示，第一阶段的重点技术主要包括无线通信、光纤宽带、HTTP（Hyper Text Transfer Protocol）等信息分发技术，GIS（Geographic Information System，地理信息系统）、GPS（Global Positioning System，全球定位系统）、RS（Remote Sensing，遥感）技术；第二阶段的代表性技术主要包括 RFID（Radio Frequency Identification，无线射频识别）、2G/3G/4G 移动通信技术、云计算、SOA（Service-Oriented Architecture，面向服务的体系结构）技术；第三阶段的技术主要包括大数据、人工智能、区块链、智慧城市平台和 OS（Operating System，操作系统）技术。智慧城市不同发展阶段所应用的重要技术见表 2-2。

表2-2 智慧城市不同发展阶段所应用的重要技术

阶段区分	所用技术
概念导入期	无线通信、光纤宽带、HTTP等信息分发技术，GIS、GPS、RS技术
试点探索期	2G/3G/4G移动通信、云计算、RFID、SOA技术
统筹推进期	5G移动通信、BIM（Building Information Modeling，建筑信息模型）、大数据、协同计算、人工智能、区块链、智慧城市平台和OS技术

智慧城市应用的技术涵盖面非常广泛而全面，且是体系集成的，单靠某项或某几项技术无法实现"智慧"功能，其技术体系可以归纳为基础技术和核心技术。基础技术属于共性技术，不但可以应用于智慧城市也可以应用于其他领域，主要包括传感器技术、RFID技术、GPS技术、遥感技术、计算机技术、网络通信技术、软件技术、GIS技术、BIM技术和信息安全技术等。核心技术是智慧城市建设的关键，主要包括万物互联的物联网技术、无处不在的协同计算技术和不断进化的人工智能技术等。智慧城市技术体系如图2-8所示。

2.3.4 标准规范体系

在推动信息化建设过程中，标准是规范技术开发、产品生产、工程管理等行为的依据。建立统一的标准体系是信息系统互通、互联、互操作的前提。智慧城市标准化工作是推动智慧城市建设实践的重要基础性工作。只有通过统一智慧城市的技术要求、工程实施要求和测试认证方法等标准化手段，才可以保障智慧城市相关工程的建设及软件产品的研发在全国范围内有章可循，有法可依，形成一个有机的整体，避免盲目和重复，降低成本，提高效益，从而规范和促进我国智慧城市和行业信息化建设有序、高效、快速和健康地发展。目前，在国家标准化管理委员会和国家发改委的指导和协调下，我国多个部委联合起来，在相关领域专家学者的积极参与下，大力开展了智慧城市标准化工作，已经取得了重要成果。

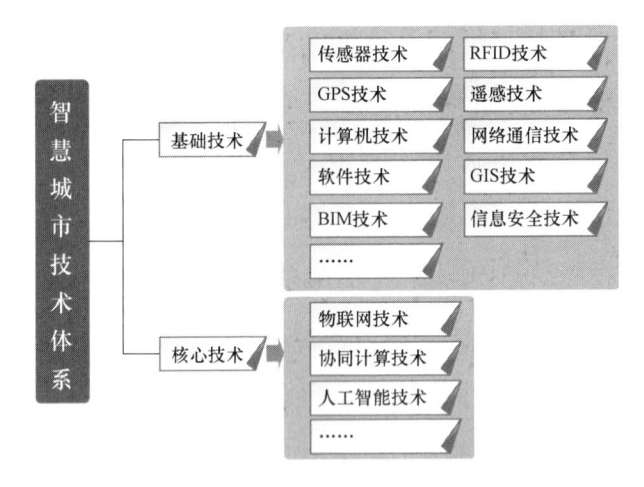

图 2-8 智慧城市技术体系

回顾智慧城市标准体系发展建设历程，早在 2012 年，全国信息技术标准化技术委员会就已发布了包括基础、支撑技术、建设管理、信息安全和应用 5 个大类的智慧标准体系框架。2013 年 11 月，全国智能建筑及居住区数字化标准技术委员会发行了《中国智慧城市标准体系研究》，其中包括基础设施、建设与宜居、管理与服务、产业与经济、安全与运维5个大类的标准，分4个层次、覆盖了16个技术领域，包含101个专业标准，涉及国家、行业、地方标准3 255个。为全面推进、统筹协调新型智慧城市建设，国家发展改革委、中央网信办等25个部门成立了新型智慧城市建设部级协调工作组，截至2017年5月，推动了30多项智慧城市基础通用标准的立项与研究工作，已初步形成了智慧城市标准体系。

目前，不同机构和专家从基于标准的对象分类、基于智慧城市的全寿命周期、基于智慧城市的技术层次和基于智慧城市的智慧要素等不同角度提出了智慧城市不同的标准体系框架模式。由于智慧城市的标准体系要综合考虑城市化、智慧化和标准化的协同发展，本书认为，智慧城市的标准体系应从基于智慧城市智慧要素的角度进行分类，包括总体标准、基础设施标准、建设与宜居标准、管理与服务标准、产业与经济标准、运维与保障标准等6个标准子体系。新型智慧城市标准体系框架如图2-9所示。

在具体的标准体系内容方面，我国积极参与国际标准的制定，2015年提出了国际标准提案《智慧城市ICT参考框架》和《智慧城市ICT评价指标》，其中《智慧城市ICT参考框架》分为3个部分：《第1部分：业务框架》《第2部分：知识管理框架》和《第3部分：技术框架》。国家标准制定方面，据国家智慧城市标准化总体组标准组2019年的会议资料，我国已立项的31项智慧城市国标中，1项国标已发布，8项国标已进入报批阶段，约10项国标进入征求意见阶段。

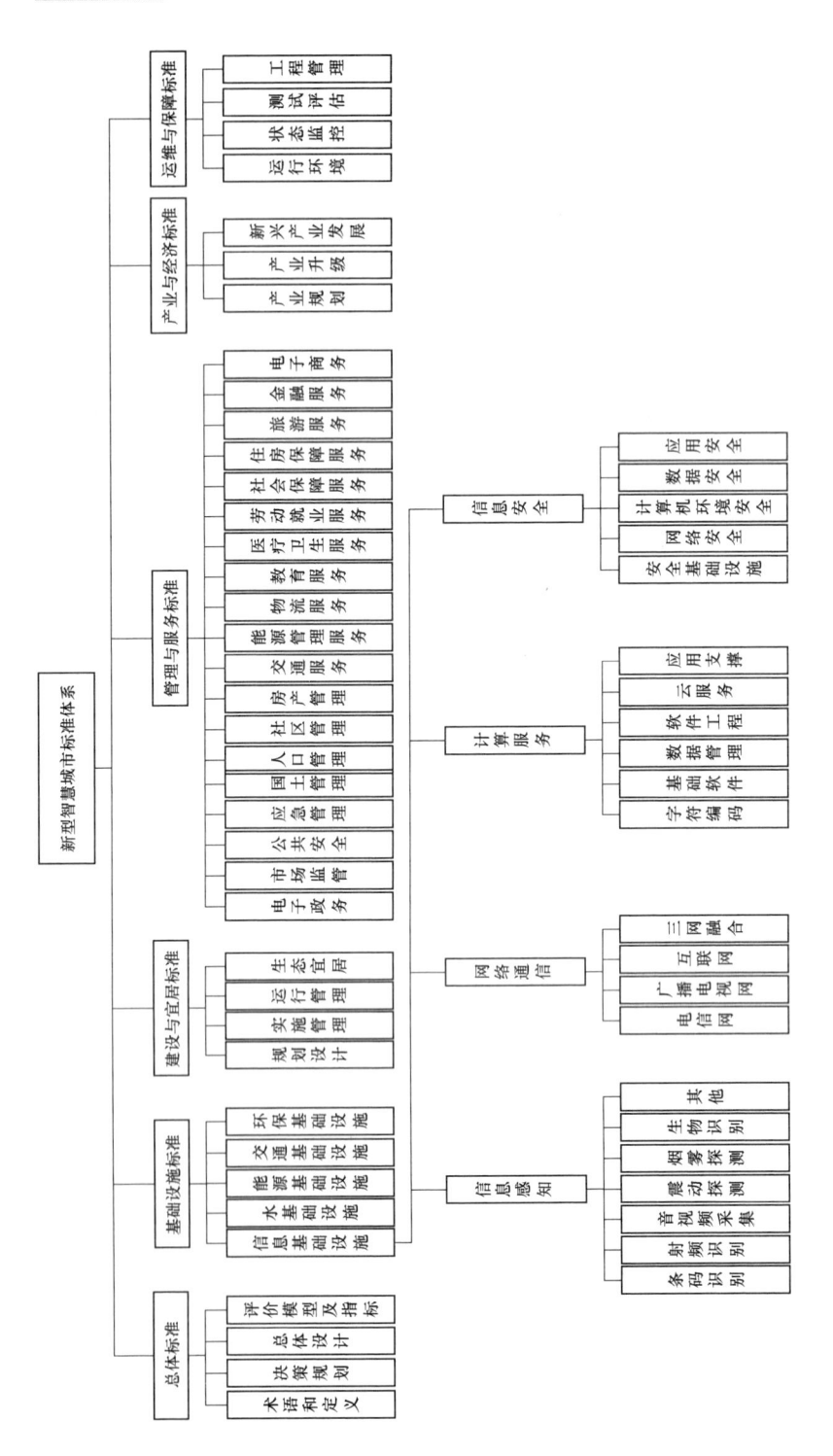

图 2-9 新型智慧城市标准体系框架

2.4 智慧城市建设的关键条件

智慧城市并不仅限于我们平常见到的政府信息化,归根结底是通过数据和计算更为高效地连接供需双方,实现更精确的匹配,使有限的存量资源能发挥出更大的效率。从这个角度来说,智慧城市的变革,将以创新型基础设施为支撑,实现城市数字化、网络化和智能化发展,推进城市运营和治理的精细化、现代化。近年来,互联网和信息技术公司强势加入城市智能化改造领域,并相继提出把用于储存和处理城市数据的"云"和"城市大脑"作为城市新的基础设施的观点。政府部门也在大力主导构建 5G 网络和数据中心。但是,目前城市更大的问题是,用于操控和感知的肢体、感官都还不完善,只有用于计算和传输数据的大脑、神经也无法构建真正的智能。所以说,对传统的基础设施进行智能化改造,并造就更多符合智慧城市现代化治理需求,尤其是用于采集数据、感知城市问题的创新型城市基础设施,才是城市新基建的关键所在。

2.4.1 物联化全面改造的创新型智能管线

城市基础设施是传统基建中最重要的领域。这里的城市基础设施,是指城市规划里相对狭义的工程性设施概念,主要包含能源、给排水、通信等系统，道路也是较为特殊的一类。其中，最普遍、最大量的是各类城市管线系统。其投资和维护成本极大，全国各地每年有数万亿市场规模，且直接关系城市的安全高效运作，但大多处在极为低效率的人工管理阶段。

可以说，城市基础设施的运作逻辑，确定了城市运营和管理的基本模式和水准，但因其深埋在地下，通常被人忽视，造成了城市建设领域"重地上、轻地下"的顽疾。

包含大城市在内，中国以供排水网络为代表的物质流管线技术水平，还滞留在中世纪。例如：管线位置和拓扑结构难以探测和维护；管线损耗和泄漏、污染、爆炸、灾损等风险极大，维护成本高，第一代城市管线要求大规模的改造；地下环境造成管内状态数据难以监测和传输，当前基本是借助工业仪表的思路和产品感知干管节点压力、流量、流速、水质、破损、堵塞等；以数据有线传输为主，成本极大，数据的质量、密度、频度都难以达到自动控制的要求。

这些问题也造成近年来大城市重大基础设施事故频频发生，对群众生命财产安全造成极大的威胁。价格昂贵的基础设施综合管廊，能解决一部分问题，但除个别工程条件良好且有特殊需求的路段外，要全方位普及还不太可能。

近年来，低功耗物联网（LPWAN）、分布式光纤传感器（DFS）和微机电传感器（MEMS）的发展，使我们有可能以较低的成本，广泛性部署分布式传感器，实现新的基础设施运营逻辑。

在通过 CIM（City Information Modeling，城市信息模型）平台维护完整的管线拓扑结构的前提条件下，以大批量无线小型分布式传感器和边缘计算节点将整个基础设施网络变成一套新的ICT基础设施。再加上实时无线远传的末端计量仪表，搭配新型管内巡线工具，理论上可以实现一个全息的数字孪生系统。

基于人工智能建模的全网动态平衡调度算法，可以对各类设备进行毫秒级调节；对各类管道损伤和内部异常，可以精确定位和及时干涉。这些数据，不但有利于管线本身的精准操控，也描述了整个城市的实时运作状态。

2.4.2 打破数据孤岛的城市感知网

除了地下管线的数据收集之外，城市地上空间运作的数据收集情况实际上也并没有像通常想象中的那么理想。

我国有世界上最大的安防监控摄像头网络，这几套网络在无间断、无缝收集近乎覆盖整个城市空间的实时视频；我们的政府掌控着号称八成以上的城市数据，覆盖各个行业，拥有周密的城市数据网格化人工收集机制；我们有世界上最大的几家互联网公司，也在通过各类产品收集用户行为、交通运作，乃至通过无人驾驶的各类传感器不断收集城市的三维形态，并越来越多地用于城市治理。

尽管如此，这些数据依然是存在于一个个的数据孤岛或者数据烟囱之中，无法互联互通；更重要的是，大多数数据结构化程度极低，无法相互融合和分析；平时运用的许多城市数据也不是专门为了城市治理的需求收集的，大部分是各类应用系统形成的数据尾气，其清洗和处理的成本很高。

伴随着物联网、传感器、云计算和大数据技术的广泛应用，智慧城市开始逐渐实现对城市环境和时空行为更直接和细致的全面感知、深度挖掘和综合分析。

全面感知会带来数据收集和传递网络两个层面广度的扩展和敏感度的提升，这就意味着智慧城市基础设施能够更直接和深层次地收集城市数据。

感知的核心目标，一方面是以人流及车流、环境污染、负面事件等为代表性的动态需求信息，而另一方面是代表供给的道路和基础设施的运作情况。在此基础上，数据平台和算法才能实现动态预测和供需匹配。

包含交通和安防摄像头在内，大量的城市物联网设备都对供电和通信有着相似的需求，但由于部门的事权分割，各类设备的安装部署缺乏统筹规划，造成了大量的重复性建设，也造成了收集的各类数据分属不同的部门，无法融合运用。

为了更好地应对未来越来越多类型、越来越精细化的感知需求，各类城市感知设备的统筹布局成为智慧城市顶层设计的重要环节，上文提到的创新型智能管线也是未来完整的城市感知网络的一部分。

对城市政府而言，这类方式最大的挑战其实是在理念上接纳从环境监测、安防监测、交通监测到综合城市数据感知的转换。部门的事权分割曾经是综合城市数据感知的最大阻碍，而越来越多的大数据管理局的成立则为这类共享的数据基础设施建设管理提供了可能性。

2.4.3　承载高频多维高精时空数据的 CIM 平台

CIM 的基本概念有利于 BIM 的信息数字化。也把用作设计、施工、使用、维护全生命周期管理的理念，拓展到了城市领域。这是数字孪生基本概念在城市领域的主要体现。

已经有的 BIM 技术对城市中每个建筑可以做到构件尺度的数字孪生，进而将建筑物的信息数字化；GIS 技术能够对城市尺度上的地形地貌、土地利用等宏观空间环境特征和人群特征、信息资金流动等城市中无形的社会经济活动信息进行结构化、历时性储存。

基于物联网技术的创新型智能管线和城市感知网的广泛性布设，城市具备了高频、多维的时空数据收集能力。这一方面可以对 BIM 中建筑物的运营数据进行补充，更关键的方面是对交通流、基础设施运行、大气水文等城市空间中的微观环境变化进行实时感知和收集。

BIM 与 GIS 在空间范畴上互补，数据结构上共通，每栋建筑可以看成 GIS 中的一个地物，而每一根管道、路灯等城市基础设施都可看成 BIM 中的一个构件。在此基础上嵌入物联网数据，增加了对"流""场"等动态性空间的描述和计算能力，又大大提升了数据空间和时间粒度的精细化程度，实现对城市空间精细化、全面性、动态性、实时的数字化。

因此，在空间范畴和技术逻辑上，CIM 的建设是"大场景的 GIS 数据+小场景的 BIM 数据+物联网"的有机结合。在全面收集数据的基础上，CIM通过统一的数据平台将各领域不同维度的数据进行结构化、标准化整合。一方面实现城市级数据的可计算，对任意空间范畴内的建筑面积、容积率等空间指标和人口密度、车辆密度甚至对用水、用电量等社会经济指标进行统计分析，并可通过机器学习和虚拟仿真挖掘规律、进行预测；另一方面通过空间信息可视化的技术，促使城市数据可以与其空间位置实时相对应，简单明了，有利于运维和管理人员的快速感知和决策。除此之外，CIM平台还具有开放性，经授权后可以向政府、企业和学界提供数据接口，成为城市级应用开发的"土地供给"，促使数据可以产生更大的社会和经济价值。

CIM平台并不是GIS和BIM的简单融合，而是在无缝衔接各尺度空间数据。CIM平台在实现三维空间的精准描述之外，更注重来自物联网的海量实时大数据的接入和计算，并具有完善的时空流的描述和计算能力。

伴随着5G和物联网技术的普及化，多维、高频、高精度的时空大数据场景越来越丰富。充分考虑到这种趋势，在软件层面，现阶段我们还没有一个真正意义上的CIM产品。市面上的GIS和BIM产品，许多都是厂商基于自身产品的延伸拓展，同时具有了GIS和BIM的部分能力。

但这些产品除了满足住建系统规、建、管等传统三维空间数据需求以外，对智慧城市更全面的需求都不能很好满足。产品架构都具有天然的缺陷，需要进行底层的重构而非简单的功能完善。就算是行业瞩目的雄安CIM平台和现阶段的几个国家CIM平台试点，也都远未成熟。

现阶段，已经有一些技术厂商认识到全新 CIM 构架的价值，并已经采用"时空数据库+时空数据引擎+时空网格体系"等技术体系创建全新的 CIM 系统，正在取代传统 GIS 和 BIM 而成为城市中台的核心部分，真正成为这一新的城市基础设施。

2.5 国内外智慧城市建设进展

2009年，IBM提出"智慧地球"概念，拉开全球智能城市建设的大幕。目前，很多国家已经开始智能城市的建设，主要集中分布在美国、欧洲的瑞典、爱尔兰、德国、法国，以及亚洲的中国、新加坡、日本、韩国。

2020年年初，随着国家发展改革委员会首度圈定"新基建"范围，数字化基础设施建设备受瞩目，"5G、人工智能、工业互联网"等新兴技术被视为拉动经济增长的新引擎，而智慧城市建设则成为这些技术能够落地的最大场景。IDC（国际数据公司）在最新发布的《全球半年度智慧城市支出指南》中预测，2023年全球智慧城市技术相关投资将达到1 894.6亿美元，中国市场规模将达到389.2亿美元。在智慧城市的摸索道路上，已经出现了一些比较成功的模式，智慧城市不再是一个遥远的梦想，而正在一步一步走进人们的生活。

2.5.1 国外智慧城市发展情况

信息技术的高速发展带来了全球普遍的信息化浪潮，未来越来越需要依赖信息技术来推动智慧城市发展，世界各国和政府组织都不约而同地提出了依赖互联网和信息技术来改变城市未来发展蓝图的计划。美国率先提出了国家信息基础设施（NII）和全球信息基础设施（GII）计划，接着，欧盟又着力推进"信息社会"计划，并确定了欧洲信息社会的十大应用领域，作为欧盟"信息社会"建设的主攻方向，制定了《物联网战略研究路线图》。ICF（Intelligent Community Forum，国际智慧城市组织）等相关机构相继成立，并开展"全球智慧城市奖"评选活动。

1. 美国的智慧城市建设情况

美国无疑是智慧城市发展的先驱，2009年IBM向奥巴马政府提出"智慧星球"（Smart Planet）计划，建议在全国投资并建设新一代智能型信息基础设施。随后，IBM与迪比克（Dubuque）合作建设美国第一个智慧城市——智慧可持续型城市（Smarter Sustainable Dubuque），新构思包括将全市公共资源和服务数字化，以网络加以联结，同时为住户和商户安装数控水电计量器，收集和整合数据并进行分析，以了解整个城市的资源使用情况，实现节能减排，提升市民和企业对可持续发展的意识和责任感。接着IBM于2010年推出智能城市挑战（Smart Cities Challenge），并派出专家到全球100个城市，协助当地应对城市发展和管理的各种挑战。自此，智慧城市作为城市综合发展的概念逐渐形成，并成为21世纪全球城市发展的新趋势。

IHS公司于2014年7月发表题为《智慧城市：商业模式、技术及现行计划》（Smart Cities: Business Models, Technologies and Existing Projects）的研究报告，显示了美国的智能城市计划多由地方政府根据本身城市的环境特点，各自规划和推行，在与民间和企业合作开展各项智能城市项目方面尤为出色。与此同时，不同城市侧重个别领域的发展，大致可以归纳为 5 项：① 改善运输系统，以加强城市对内和对外的流动性；② 提升能源使用效率，促进城市长远发展的可持续性；③ 更新各种信息及通信基础设施，为市民、企业和公共部门提供更为方便的生活、营商和工作环境；④ 加强对城市公共空间的监察和安保，让城市变得更为安全；⑤ 改革公共治理、规划和调整城市各项功能和服务，以应对如交通堵塞和能源消耗等一系列城市管理的挑战。

  如果说美国是全球智慧城市发展的先驱，纽约则是美国智慧城市发展的领头羊。纽约市政府与 Cisco IBSG 合作推行 Smart Screen City 24/7 计划，通过流动网络发放经整合的公私营机构信息；将旧式收费电话亭改装成具备触碰和影音功能的智能屏幕（Smart Screen），以便市民随时查阅信息，并同时作为 WiFi 热点，发展成全国最大的城市 WiFi 网络。此外，纽约市推行 Hudson Yards Project，于曼克顿西部建设商住区大量安装电子探测仪，利用数码技术实时侦测区内交通、能源和空气质量等数据。其他措施包括建设以地下气动管（Pneumatic Tubes）运送的废物处理系统，以提升效率。通过数据挖掘，有效预防了火灾。据统计，纽约大约有 100 万栋建筑物，平均每年约有 3 000 栋会发生严重的火灾。纽约消防部门将可能导致房屋起火的因素细分为 60 个，诸如是否是贫穷、低收入家庭的住房，房屋建筑年代是否久远，建筑物是否有电梯等。除去危害性较小的小型独栋别墅或联排别墅，分析人员通过特定算法，对城市中 33 万栋需要检验的建筑物单独进行打分，计算火灾危险指数，划分出重点监测和检查对象。目前数据监测项目扩大到 2 400 余项,诸如学校、图书馆等人口密集度高的场所也涵盖了。尽管公众对数据分析和防范措施的有效性之间的关系心存疑虑,但是火灾数量确实下降了。

除了纽约,美国其他地方的智慧城市发展,如旧金山、波士顿、西雅图及圣荷西各有不同重点。

旧金山在绿色和可持续能源措施方面处于领先地位,其推行全面废物回收和循环再用,将强制废物分类范围扩展至回收、堆肥和堆填三大类;通过流动网络向市民提供接近实时的能源使用数据和节能建议;于市内建设超过 100 个充电站,推广电动汽车的使用。最为代表性的硅谷——一个人口 300 来万,面积 4 000 平方米的地方,还依托斯坦福大学以及 HP(惠普公司)为代表的本地企业通过建设智慧小镇发展成为全球创客云集、技术创新的高地。由于硅谷高新科技企业云集,其主街设有长达 3 英里(约为 4.83 千米)的无间断、免费 WiFi 覆盖。

波士顿政府开发了功能全面的流动应用程序供市民使用,包括向市政府实时通报社区问题、泊车位搜寻、实时交通信息和路线建议、城市车辆租用系统等;Soofas 计划于公园和行人路等地的长椅设置太阳能(Solar-Powered Hub),供市民为流动装置充电,同时作监测空气质量和噪声水平之用。

西雅图政府与微软(Microsoft)合作启动了"高效能屋宇计划"(High-Performance Building Program),推动智能大厦(Smart Buildings)技术发展,实时监测楼宇能源效益,通过调节高峰期能量消耗等方法控制开支和减低碳排放。

圣荷西政府则与英特尔(Intel)合作,推动了 Smart Cities USA

计划，作为首个试点，推动圣荷西"绿色愿景"（Green Vision）策略，在全市建立"可持续性透视镜"（Sustainability Lens），即空气、声音和微气候传感器网络，量度空气颗粒、噪声、运输流量等作分析，协助改善交通、环境、健康和能源效益，同时创造25 000个Clean Tech职位，以实现推动经济、改善环境和提升生活三大目标。

芝加哥通过"路灯杆装上传感器"，进行城市数据挖掘。在人们的生活里，无处不在的传感器被应用在了芝加哥市的街边灯柱上。通过"灯柱传感器"，可以收集城市路面信息，检测环境数据，如空气质量、光照强度、噪音水平、温度、风速。芝加哥城市信息技术委员会提供的资料表明，"灯柱传感器"不会侵犯个人隐私，它只侦测信号，不记录移动设备的MAC和蓝牙地址。在今后几年"灯柱传感器"将分批安装，全面占领芝加哥市的大小街区，每台传感器设备初次采购和安装调试成本在215~425美元之间，运行后的年平均用电成本约为15美元。该项目得到了思科、英特尔、高通、斑马技术（Zebra Technologies）、摩托罗拉以及施耐德等公司的技术和资金支持。

2. 欧洲国家的智慧城市建设情况

相比美国，欧盟及欧洲其他国家的智慧城市发展较着重顶层规划，配合整个欧盟地区的总体发展。欧盟的智慧城市发展聚焦环境领域，推广节能减排及区域发展和创新策略两个方面，着重五个领域的发展，包括联结不同系统（Connectivity）、公开数据（Open Data）、鼓励创业（Entrepreneurs and Start-ups）、发展极速 5G 网络、推动创新（Innovation）等，积极配合《欧洲 2020 政策》(Europe 2020 Strategy)下的《欧洲数字化》(Digital Agenda for Europe)所设定的智能型、可持续和包容性增长三大总体目标。

以荷兰为例，其首都阿姆斯特丹无疑是欧洲智慧城市建设的典范，也是世界上最早开始智能城市建设的城市之一，其智能城市建设主要体现在以下 4 个方面：① 可持续性生活：阿姆斯特丹是荷兰最大的城市，共有 40 多万户家庭，占据了全国二氧化碳排放量的 1/3。为了改善环境问题，该市启动了 2 个项目：West Orange 项目和 Geuzenveld 项目。通过节能智慧化技术，降低二氧化碳排放量和能量消耗。Geuzenveld 项目的主要内容是为超过 700 多户家庭安装智慧电表和能源反馈显示设备，促进居民更关心自家的能源使用情况，学会确立家庭节能方案。而在 West Orange 项目中，500 户家庭将试验性地安装使用一种新型能源管理系统，目的是节省 14%的能源，同时减少等量的二氧化碳排放。② 可持续性工作：为了让众多的大厦资源得到高效、合理的利用，阿姆斯特丹启动了智能大厦项目。智能大厦是在未给大厦的办公和住宿功能带来负面影响的前提下，将能源消耗减小到最低程度，同时在大楼能源使用的具体数据分析的基础上，电力系统更有效地运行。其中，ITO Tower 是智能大厦项目的试验性、示范性工程，总面积达 38 000 平方米。③ 可持续性交通：阿姆斯特丹的移动交通工具包括轿车、公共汽车、卡车、游船等，其二氧化碳排放量对该市的环境造成了严重的影响，为了有效解决这个问题，该市实施了 Energy Dock 项目，该项目在阿姆斯特丹港口的 73 个靠岸电站中配备了 154 个电源接入口，便于游船与货船充电，利用清洁能源发电取代原先污染较大的燃油发动机发电。④ 可持续性公共空间：乌特勒支大街（Utrechtsestraat）是位于阿姆斯特丹市中心的一条具有代表性的街道，狭窄、拥挤的街道两边满是咖啡馆和旅店，平时小型公共汽车和卡车来回穿梭运送货物或者搬运垃圾时，经常造成交通拥堵。2009年6月，该市启动了气候街道（The Climate Street）项目，用于改善之前的状况。

2013年，英国政府发表《信息经济战略2013》（Information Economy Strategy 2013），指出英国社会面临的不少迫切挑战皆与城市发展有关，认为各地城市采用经整合的智能系统提供必要的公共服务是大势所趋，应用实时物联网技术，将交通、能源、环境和医疗等系统相互联结，以减低成本、提供新服务和提升效率。该文件为英国发展智慧城市定下路线图。在操作层面，英国技术战略委员会（Technology Strategy Board）拨款给格拉斯哥、布里斯托、伦敦与彼得伯勒等智慧城市试验计划。其中作为核心项目的格拉斯哥，英国政府在该市推行"未来城市示范"（Future Cities Demonstrator）计划，全面整合公共空间和道路监察管理、城市服务数据收集和分析、节能减排、实时信息和流动应用等。英国具体计划的例子包括政府投资12亿英镑加强宽带基础建设，如为划定的高新企业区提供超快速宽带网络；开放更多政府数据以方便非政府团体运作和企业营商；协助中小企业网上交易，如政府电子发票系统及整合政府招标信息并在云端网上公开；5G网络研究；22个政府部门/机关提升电子服务系统；电子税务户口；拟定消费者权益法案以保障电子交易顾客；闭路电视与交通管理系统整合工程等。图 2-10 所示为智慧伦敦 2020 的人本化发展思路。

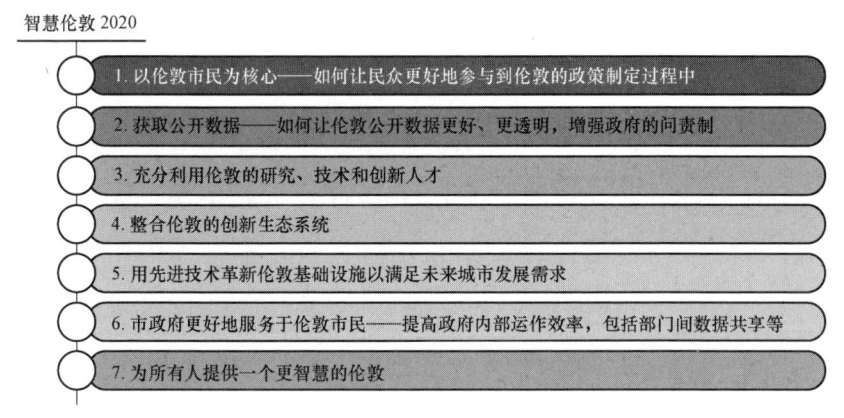

智慧伦敦 2020
1. 以伦敦市民为核心——如何让民众更好地参与到伦敦的政策制定过程中
2. 获取公开数据——如何让伦敦公开数据更好、更透明，增强政府的问责制
3. 充分利用伦敦的研究、技术和创新人才
4. 整合伦敦的创新生态系统
5. 用先进技术革新伦敦基础设施以满足未来城市发展需求
6. 市政府更好地服务于伦敦市民——提高政府内部运作效率，包括部门间数据共享等
7. 为所有人提供一个更智慧的伦敦

图 2-10　智慧伦敦 2020 的人本化发展思路

西班牙的巴塞罗那也是欧盟智慧城市发展的佼佼者，特别是在低碳技术应用方面。配合欧盟"欧洲 2020 战略"的三大目标，巴塞罗那的智慧城市计划整合城市规划、生态及信息科技，旨在改善小区和市民生活，长远建设成具有生产力和以人为本、高度联结、高速和零排放的都会。"智慧巴塞罗那"（Smart Barcelona）的整体战略由市议会（City Council）制定，由其中一位副市长领导有关工作，设有一个项目管理委员会（Project Management Committee）监督各项计划的推行，并成立一个项目管理处（Project Management Office）负责具体规划、协调和推行，着重综合规划和顶层设计，由政府带动并重点发展物联网，通过各种公私合作模式，利用民间和企业的技术与资源，以专项形式，逐步推进一系列基于物联网的智能城市功能和服务，包括远程控制 LED 街道照明、楼宇能源管理、绿化地带灌溉、区域冷暖调节、公共运输、道路零排放、开放政府等。目前，巴塞罗那已取得一系列进

展，如实现50%远程控制照明和12%公园遥控灌溉。其他项目也陆续落实，并广泛使用遥感监测装置，包括：① 泊车位使用情况、垃圾箱藏量和气味程度、提示失明人士路口位置等；② 大力提倡智能环保单车出租服务，市民可利用智能卡租用单车，并透过智能系统寻找停车位；③ 推出太阳能巴士站信息系统，让乘客查询交通信息并实时知悉巴士运行及抵站情况，先导计划涵盖100个巴士站，最终目标是将现有2 000个市内巴士站改造为智能巴士站；④ 规定所有新建楼宇的热水供应能源必须不少于60%由太阳能提供。

瑞典的智慧城市建设在交通系统上得到了最大的体现。瑞典首都斯德哥尔摩的交通拥堵非常严重，于是，瑞典当局在2006年年初宣布征收"道路堵塞税"。在IBM公司的助力下，斯德哥尔摩在通往市中心的道路上设置了18个路边控制站，通过使用RFID技术以及利用激光、照相机和先进的自由车流路边系统，自动识别进入市中心的车辆，自动向在周一至周五（节假日除外）6：30—18：30进出市中心的注册车辆收税。通过收取"道路堵塞税"减少了车流，交通拥堵降低了25%，交通排队所需的时间减少了50%，道路交通废气排放量减少了8%～14%，二氧化碳等温室气体排放量下降了40%。

智能科技在爱尔兰自然环境方面得到了成功应用。在爱尔兰戈尔韦湾（Galway Bay）的"智慧湾"（Smart Bay）项目中，系统从装在数百个浮标上的感应器获取信息，并从渔民那里获得短信，以了解水面漂浮的危险物体。信息被用到各个渠道，包括避免渔船失事、向戈尔韦湾管理员发送涨水警告，以及帮助渔民把捕获的鱼直接卖给餐厅，让他们可以获得更高的利润。

3. 日本和韩国的智慧城市建设情况

日本在 2009 年 7 月推出 "I-Japan（智慧日本）战略 2015"，旨在将数字信息技术融入生产生活的每个角落，目前将目标聚焦在电子化政府治理、医疗健康信息服务、教育与人才培育三大公共事业上。在上海世博会上，日本馆更是以"连接"为主题，用信息化最新科技让人们看到未来 20~30 年城市"智慧生活"的美好场景。在此展会上亮相的"未来邮局"融合了互联网和物联网技术，在邮局中不仅能寄送信件，还能实现人与商品的智慧交流。

2009 年，韩国仁川市宣布与美国思科公司合作，以网络为基础，全方位改善城市管理效率，努力打造一个绿化的、资讯化的、无缝连接的、便捷的生态型和智慧型城市。通过整合式的公共通信平台，以及 Ubiquitous（无所不在）的网络接入，消费者不仅可以方便地实现远程教育、远程医疗、远程办理税务事宜，还可以实现智慧化地控制房间的能耗。未来市民看病不需要亲赴医院，医生通过专门的医疗装置就可以了解病人的体温、脉搏等情况，通过视频会议系统就可以完成望闻问切。

2.5.2 国内智慧城市发展情况

十九大报告提出建设"智慧社会"和"数字中国"，为我国智慧城市的发展指明了方向。近年来，我国各级政府纷纷出台了关于智慧城市建设的政策、规范。在政府主导和政策支持下，各大高校企业也纷纷上马智慧城市相关项目，如华为的智慧城市神经系统、阿里巴巴的 ET 城市大脑、百度的 AI City、腾讯的数字城市、平安科技的智慧城市云、科大讯飞的讯飞超脑、浪潮的城市智慧大脑等项目纷纷崛起。京东、滴滴等公司也不甘落后，纷纷启动智慧城市相关项目。全球权威机构调查显示，中国智慧城市的发展速度高居全球第一梯队，并在诸多领域，如交通、医疗、居住环境和基础设施建设等领域展开积极探索和尝试。2018 年，德勤发布的《超级智能城市》报告中显示，目前全球已启动或在建的智慧城市达 1 000 多个，中国以 500 个试点城市居于首位，形成了数个大型智慧城市群，成为全球建设规模最大的智慧城市国家。

1. "北上广"的智慧城市建设情况

当前，基于物联网、云计算等新一代信息技术以及维基、社交网络、FabLab、LivingLab、综合集成法等工具和方法，正在北京、上海、广州等几个标志性大城市落地应用。

作为中国经济、金融的决策中心和管理中心，首都北京已拥有了宽带泛在的基础设施、智能融合的信息化应用和创新可持续的发展环境。"智慧北京"已成为首都信息化发展的新形态，也是未来十年北京市信息化发展的主题。目前，智慧北京已取得了卓越性的成果，主要表现在以下 5 个方面：宽带泛在的基础设施建设进展；城市智能运行；市民生活网络和社会管理创新；企业运营；政府整合服务。

在智慧城市建设过程中，上海市也早有布局。上海把基础设施建设作为重点，基础设施建设主体主要是企业，政府在其中主要起规划、引导和加强管理的作用。上海在智慧城市建设中的成果，是围绕重点公共服务领域打造基础设施建设和服务发展，如公共领域网格化服务的拓展，智能电网、智能水网的管理。上海市在智能交通方面重点打造智能交通的服务；在社会事业与公共服务方面的重点是围绕教育、文化以及缩小城乡数字差距几个方面，打造信息无障碍改造等；在城市运行安全方面，上海市在智慧社区当中开展示范试点工作，推动了智慧家庭、智慧小区和智慧生活。

广州作为全国三大互联网出口枢纽地之一，近几年构建起一个现代化大都市的基本框架，也在大力推进智慧城市和信息化建设。广州市以智能化信息技术设施为依托，来实现城市各种信息的广泛自动感知，网络的互联互通，信息整体共享，应用系统的协同运作和海量信息的智能化处理，来促进经济、社会、人文、产业各种城市的人文要素的融合互动和转型升级，这样来催生城市新的服务管理模式、运营模式、生活模式和经济发展模式，以构建新的城市新的业态。广州智慧城市建设的重点是构建一个智慧城市的树型框架，像一个智慧树一样，建立一批智慧的新设施来植好树根；通过研发和自主开发一批新技术来壮大树根；通过发展一批智慧新产业来丰满、做壮树枝；通过着力推进智慧城市新应用来丰富树叶；打造智慧新生活，结出智慧城市的硕果。综合起来，就是要瞄准信息网络广泛覆盖、智能技术高度集中、智能经济高端发展、智能服务高效运营，构建智慧城市的运行体系。

此外，广州最近也在推进超级计算。除了云计算之外，对前沿技术、新兴产业、城市信息的改善处理还是需要高性能的计算，所以开通了广州超算。开通以后，每天的负载率在60%以上，为新兴产业，城市大数据处理提供了非常好的支撑。

2. 其他代表性城市的智慧城市建设情况

以上说的是"北上广"等一线城市的智慧城市建设情况。在2018年英国Juniper Research发布的"全球智慧城市Top 20"的榜单中，我国有3座城市上榜，无锡位列第17，银川位列第18，杭州位列第20。该榜单从出行、医疗、公共安全和工作效率4个方面对城市的智能化程度进行综合评定，并揭示了这些城市在节省时间、提高工作效率、改善健康水平、提高生活质量、提供安全环境等方面带来的积极影响。全球智能城市Top 20榜单如表2–3所示。

全球智能城市 Top 20

序号	移动性	健康	安全	效率
1	新加坡	新加坡	新加坡	新加坡
2	旧金山	首尔	纽约	伦敦
3	伦敦	伦敦	芝加哥	芝加哥
4	纽约	东京	首尔	旧金山
5	巴塞罗那	柏林	迪拜	柏林
6	柏林	纽约	东京	纽约
7	芝加哥	旧金山	伦敦	巴塞罗那
8	波特兰	墨尔本	旧金山	墨尔本
9	东京	巴塞罗那	里约热内卢	首尔

续表

序号	移动性	健康	安全	效率
10	墨尔本	芝加哥	尼斯	迪拜
11	圣地亚哥	波特兰	圣地亚哥	圣地亚哥
12	首尔	迪拜	墨尔本	尼斯
13	尼斯	尼斯	布巴内斯瓦尔	波特兰
14	迪拜	圣地亚哥	巴塞罗那	东京
15	墨西哥城	无锡	柏林	无锡
16	无锡	墨西哥城	波特兰	墨西哥城
17	里约热内卢	银川	墨西哥城	里约热内卢
18	银川	杭州	无锡	银川
19	杭州	里约热内卢	银川	杭州
20	布巴内斯瓦尔	布巴内斯瓦尔	杭州	布巴内斯瓦尔

无锡作为知名的试验基地，已被列入近 20 个智慧城市、物联网领域国家级试点城市名单中，相关企业和落地产业得到快速发展。数据显示，无锡拥有近 2 000 家物联网企业，涵盖了感知、终端、通信、物联网平台、行业应用各个环节，从业人员超过 15 万人。在物联网产业链推动下，无锡智慧城市的基础设施、应用建设落地也较快，智慧能源、智慧旅游、信息惠民等大量应用已大范围采用。产业链和应用两方面的发展，是其入选全球智慧城市 Top 20 的重要基础。

过去几年，银川形成了"一图一网一云"的智慧城市整体架构，这一架构在第一期智慧城市建设中基本形成，且具有很强的弹性，能够在未来各期建设中进行扩展。在这一架构下，银川推动打破各类信息孤岛，并探索大数据挖掘和运营的智慧城市3.0模式。这些方面的努力也在智慧城市综合评定中获得了不错的评价。

杭州作为国内互联网产业最发达的城市之一，早已成为全球最大的移动支付之城，并在智能交通、智能社区等领域形成国内典型的样板应用。由于创新创业非常活跃，杭州也拥有大量的物联网企业，涵盖了物联网端到端的各个领域，因此为智慧城市各类应用落地创造了条件，也使得出行、医疗、公共安全和工作效率这4个方面评价有较好的基础。

从整体来看，目前智慧城市在我国的发展现状呈现不均衡的状态。一方面，智慧城市在国内的各大城市，如上海、广州，已经开始如火如荼地建设。而另一方面，智慧城市的发展覆盖面仍然集中于大城市和发达地区，与我国的661个城市相比，目前智慧城市的覆盖率仍然较低。将智慧城市策略深入中小城市甚至广大农村地区，是我国智慧城市建设发展的必然趋势。

2.5.3　当前智慧城市研究的热点

进入21世纪20年代，智慧城市的发展明显加速，城市发展理念已经由技术为先向以人为本转变，国家先后出台政策和标准文件，明确了智慧城市作为我国城镇化发展和实现城市可持续化发展方案的战略地位，以及"推进智慧城市建设"的任务。国家政策的陆续出台，持续刺激着各地对智慧城市的建设需求，也对促进智慧城市和相关行业的发展起到了极大的积极作用。此外，在研究界,关于前沿技术的应用、隐私安全的保护、信息网络技术的融合,以及绿色人文的理念正成为普遍关心的问题,智慧城市的发展大讨论正上升到顶层设计、下沉到城市基础信息模型。学界和工业界的努力,给智慧城市的建设方向选择带来了新的思路。在国家政策推动下,众多互联网企业、科技公司、金融公司也开始参与进来,并成为推动智慧城市建设的主力军。其中,阿里的撒手锏是 ET 城市大脑,用人工智能技术优化城市的管理,从交通领域入手,深入城市规划、医疗、治安等多个领域;腾讯的绝招是强化"连接"优势,整合、开放人工智能、大数据、云计算、LBS(基于移动位置服务)、支付基础技术能力,赋能政务、医疗、旅游、交通等诸多社会领域;华为则聚焦 ICT 基础设施,欲打造智慧城市"神经系统"。当前智慧城市领域研究热点主要有以下几个方面。

1. 数字孪生——城市发展新路径

作为未来智慧城市的发展路径,数字孪生在过去一段时间内成为该领域的绝对热门。所谓数字孪生,是指充分利用物理模型和物联网传感器采集的全生命周期的运行历史等数据,集成多学科、多物理量、多尺度、多概率的仿真过程,在虚拟空间完成映射,从而反映相对应的实体对象的全生命周期过程。简单来讲,就是通过物联网、人工智能等手段将物理实体和系统的属性、状态、功能和行为映射到虚拟世界,形成高保真的动态。

而数字孪生城市,就是让物理城市的所有动态、静态的要素数字化,在网络空间再造一个与之对应的虚拟城市。在这一基础上，当公共疫情再次发生时，就可以用网络空间的数字孪生城市的监控来代替物理城市的封城。

数字城市的最高阶段是数字孪生的智慧城市。李德仁院士此前提到，随着物联网技术的不断发展升级，室内导航卫星定位等将带来技术保障。他指出，应在公共场所建立高精度定位系统，在发生重大公共卫生事件时，精准跟踪确诊者或疑似患者的密切接触者，用这种方式取代封城，将减少无人空间的损失，更好保证人民正常的生产生活和健康安全。具有深度学习能力、虚实融合、迭代进化的数字城市，相比工业制造的产品生命周期，城市的生命周期更长，效益更大。从工业走向城市，数字孪生将面临更加复杂的局面，因此建设节奏也会相对缓慢。但不可否认的是，数字孪生是一条新兴技术路径，是城市智慧化的前沿模式。

2. 时空大数据平台——城市信息实时可控

时空大数据平台建设这两年一直很火，包括很多智慧城市政策文件、城市群协同发展文件都明确提出这一点。作为智慧城市领域泰斗级人物，王家耀院士率先提出"时空大数据"的概念。他认为所有的大数据都是时空大数据。时空大数据是指基于统一的时空基准（空间参照系统、时间参照系统），活动（运动变化）于时间和空间中与位置直接（定位）或间接（空间分布）相关联的大数据。时空大数据平台是把分散和分割的大数据汇聚到一定的平台上。王家耀提出了一个通用时空大数据平台，这个平台采用"通用时空大数据平台+"的模式来解决它的应用问题，其中"+"，就是"+民用""+军用"。把民用的很多数据融合在这个平台上，来构建新型智慧城市的"智脑"，构建政府综合决策支持系统、各部门业务系统，等等。

从目前信息技术发展的水平来看，时空大数据平台构建可以采用4种既有共性又有特性的技术体制，包括基于网络服务（Web Service）的空间信息共享和空间数据互操作技术模式、基于网格服务（Grid Service）的信息资源共享与协同工作（协同解决问题）技术模式、基于云计算的时空信息服务模式和基于网格集成与弹性云的"混合式"时空信息服务模式。这4种模式都是采用面向服务的体系架构（SOA），都是解决共享与服务的问题，但是共享的程度和服务的范围、方式是不完全相同的。网络服务与网格服务的技术标准有相同的，也有不同的，网络服务与网格服务的大趋势是兼容或"融合"，但标准是统一的国际或国家标准，服务提供方、请求方都必须清楚；而云服务标准可以是内部统一的，用户不必清楚。总之，智慧城市的本质是促进信息资源的集约化，让城市信息和测绘地理信息高度融合。城市信息千变万化，更新频率超级迅速，掌握时空数据成为必然。

3. 基于GIS的城市操作系统——突破目前GIS发展局限

虚拟城市环境是我们进行智慧城市建设的数字基础，也是空间基础，是智慧城市建设不可或缺、必须完成的工作。所有数据都是对对象的描述，所以城市问题是空间问题，必须表达空间关系。据此，智慧城市的操作系统非GIS莫属。作为智慧城市领域的领军人物，中国工程院院士、深圳大学智慧城市研究院院长郭仁忠一直秉持这一观点。

目前的 GIS 平台尚不能全面胜任智慧城市的全部需求。未来应以 GIS 平台为核心，打造智慧城市的操作系统。这是一项非常重要的工作，其核心要素和能力为数据集成与融合、可视化表达以及开放式的二次开发环境。城市数据是十足的"大数据"，其特点是多元异构、时空交错。如何建立大数据平台，怎么把它组织起来，怎么"上架"是个重要问题。其实最好的办法是利用三维地理信息系统模型，因为所有数据都发生在城市的地理空间中，所有数据都有其位置属性，所有数据都可以用位置属性这个关键词进行关联，进行管理。

这个基于三维地理信息系统模型的操作系统是智慧城市"基础之基础、核心之核心、关键之关键"。它必须是可视化的、可仿真的、可模拟的。有了这样一个平台，数据集成后就可以做很多分析，如通过摄像头了解某区域的人口分布，进行空间管理，遇到紧急情况可用系统来优化疏散，缩短避险时间。例如，做立体仓储、商场热力图，建设云端博物馆，进行数字化体验式购物等。基于三维地理信息系统模型的智慧城市操作系统是智慧城市建设的基本逻辑，但并非唯一逻辑。智慧城市建设可以遵循不同的逻辑，智慧城市也不应仅坚守一个平台。

4. BIM 与 CIM——虚实交互的建设

BIM 是指建筑信息模型（Building Information Modeling），简言之，BIM 就是贯穿从建筑的设计、施工、运行直至终结的建筑全寿命周期，将各种信息始终整合于一个三维模型信息数据库中。借助 BIM 这个高度集成的三维模型，极大地提高了建筑工程的信息化程度，为建筑工程项目涉及的各方人员提供一个工程信息交换和共享的平台。然而，BIM在提供精确的地理位置、建筑物周边环境整体展示和空间地理信息分析上存在不足，而三维地理信息系统模型正好可以对这些不足进行补充，完成建筑物的地理位置定位及周边环境空间分析，完善大场景的展示，使信息更完整，更全面。通过和GIS技术进行融合，BIM的应用范围从单一建筑物拓展到建筑群以及道路、隧道、铁路、港口、水电等工程领域。BIM整合的是城市建筑物的整体信息，而GIS则整合及管理建筑物的外部环境信息，它们的整合创建了一个包含城市大量信息的虚拟城市模型。因而，引出了CIM的概念。

CIM是指城市信息模型（City Information Modeling），是以城市信息数据为基础，建立起三维城市空间模型和城市信息的有机综合体。从狭义上的数据类型上讲，CIM是由大场景的"GIS数据+BIM数据"构成的，属于智慧城市建设的基础数据。基于BIM和GIS技术的融合，CIM将数据颗粒度精确到城市建筑物内部的单个模块，将静态的传统数字城市增强为可感知的、实时动态的、虚实交互的智慧城市，为城市综合管理和精细治理提供了重要的数据支撑。2019年，国家提出加快构建部、省、市三级CIM平台建设框架体系。同年，国家发改委29号令提出将CIM纳入"鼓励类"产业。这两大信号助推了CIM的强势发展。同济大学吴志强院士对CIM的定义做出了进一步的拔高，提出城市智慧模型（City Intelligent Model）。吴院士指出，BIM是单体，CIM是群体，BIM是CIM的细胞。要解决智慧城市的问题，仅靠BIM这个单个细胞还不够，还需要大量细胞再加上网络连接构成的

CIM 才可以。CIM 背后的本质就是数据模型加算法,整套方法论都是由数据驱动的,它是城市数据的集成和动态的分析。基于 CIM 的新型智慧城市建设方法论能够设计出一套顶层设计,注重协同、多元利益相关主体交互参与、改变政府主导单一建设的新模式。

在空间范围和技术逻辑上,CIM 的建设是"大场景的 GIS 数据+小场景的 BIM 数据+物联网"的有机结合。已有的 BIM 技术对城市中各个建筑可以做到构件尺度的数字孪生,从而将建筑物的信息数字化;GIS 技术则能够对城市尺度上的地形地貌、土地利用等宏观空间环境特征和人群特征、信息资金流动等城市中无形的社会经济活动信息进行结构化、历时性的储存。而物联网技术通过城市传感器的广泛布设,一方面可以对 BIM 中建筑物的运营数据进行补充,更重要的方面是可以对交通流、大气水文等城市开放空间中的微观环境变化进行实时感知和收集。BIM 与 GIS 在空间范围上互补,数据结构上共通,故每栋建筑可以看作 GIS 中的一个地物,而每一根管道、路灯等城市基础设施也可看作 BIM 中的一个构件。在此基础上嵌入物联网数据,又大大提升了数据空间和时间粒度的细化程度,实现对城市空间精细、全面、动态、实时的数字化。

在全面收集数据的基础上,CIM 通过统一的数据平台将各领域不同维度的数据进行结构化、标准化整合。一方面实现城市级数据的可计算,对任意空间范围内的建筑面积、容积率等空间指标和人口密度、车辆密度甚至用水、用电量等社会经济指标进行统计分析,并可通过机器学习和仿真模拟挖掘规律、进行预测。

另一方面通过空间信息可视化的技术,使城市数据能够与其空间位置实时对应,一目了然,便于运维和管理人员的迅速感知和决策。此外,CIM 平台还具有开放性,经授权后可以向政府、企业和学界提供数据接口,成为城市级应用开发的"土地供给",使数据能够产生更大的社会和经济价值。然而在软件层面,目前我们还并没有一个真正的 CIM 产品。市面上的 GIS 和 BIM 产品,很多都是厂商基于自身产品的延伸扩展,同时具备了 GIS 和 BIM 的能力,但这些产品除了满足住建系统规、建、管等传统三维空间数据需求以外,对智慧城市更全面的需求并不能很好的满足。CIM 并非 GIS 和 BIM 的简单结合,而是在无缝衔接各尺度空间数据之外,更注重来自物联网的海量实时大数据的接入和计算,并具有完备的时空流、场的描述和计算能力。

随着 5G 和物联网技术的普及,实时、海量、并发的时空大数据场景越来越丰富,在这方面,现有的 GIS 和 BIM 厂商的既有产品架构都存在天然的缺陷,需要进行底层的重构而非简单的功能完善。目前,已经有一些技术厂商认识到全新 CIM 架构的价值,并已经采用"时空数据库+时空数据引擎+时空网格体系"等技术体系构建全新的 CIM 系统。2020 年年初,美国宣布限制 AI 软件出口中国,其中就包括最主流的 GIS 平台,故国内厂商一定会加强产品创新,趁机扩大市场份额。真正的 CIM 平台雏形,也许会很快出现,并取代传统 GIS 和 BIM。我国也将以最丰富的空间智能场景为依托,通过 CIM 产品的重新定义和广泛应用,在国际上引领下一个时代空间智能技术的发展。

5. 城市5G——从民众走向产业

移动通信从技术第一代到现在第五代，从1G到5G，整个移动通信的发展十年一代，每一代都是前一代速率的1 000倍。1G到4G是面向消费者的，而5G扩展到了产业互联网和智慧城市，其应用有三大场景，即增强移动宽带场景、低功耗广覆盖场景和低时延高可靠场景。

5G和4G相比，峰值速率提高了30倍，用户体验速率提高了10倍，频谱效率提升了3倍，无线接口延伸减少了90%，连接密度提高了10倍，能效和流量密度各提高了100倍，且支持移动互联网和产业互联网的各方面应用。另外，5G推动了人工智能与物联网的结合，并扩展了物联网的能力。此外，5G开拓了8 K视频的应用，不单是分辨率的提升，每个像素的编码增加了，动态范围也扩展了。5G的高带宽低时延可以直播8 K视频，并且可以把运动场上多个摄像机位的信号同时播出来，组成360度的场景，使场外观众有像坐在运动场上一样的感受，可以随心所欲看到每一个角度的视频。此外，5G在电网、港口、炼油厂、建筑公司、冶金企业、机械加工企业、化工企业中都还有更大的应用前景。

4G之前的网络基本是设备厂商和运营商共同打造的一张网，提供的是一种标准化的运营或流量服务，但5G在此基础上，还将转向多样化、多层次、多模式并举的价值经营。正如德国的化工巨头巴斯夫讲过的一段话：有了5G网络，我们可以自己决定网络的质量，还能保证数据的可用性、机密性和完整性。

6. 智能建筑——回到宜居的本质

智能建筑是集现代科学技术之大成的产物。其技术基础主要由现代建筑技术、现代计算机技术、现代通信技术和现代控制技术组成。主要面向办公楼、商业综合楼、文化、媒体、学校、体育场馆、医院、交通、工业建筑、住宅小区等新建、扩建或改建工程，通过对建筑物智能化功能的配备，实现高效、安全、节能、舒适、环保和可持续发展的目标。通过将建筑物的结构、系统、服务和管理根据用户的需求进行最优化组合，从而为用户提供一个高效、舒适、便利的人性化建筑环境。

由于我国智能建筑的理念契合了可持续发展的生态和谐发展理念，所以我国智能建筑更多凸显的是智能建筑的节能环保性、实用性、先进性及可持续升级发展等特点，和其他国家的智能建筑相比，我国更加注重智能建筑的节能减排，更加追求智能建筑的高效和低碳。这一切对于节能减排、降低能源消耗等都具有非常积极的促进作用。随着我国社会生产力水平的不断进步，计算机网络技术、现代控制技术、智能卡技术、可视化技术、无线局域网技术、数据卫星通信技术等技术水平的不断提升，未来智能建筑将会在我国的城市建设中发挥更加重要的作用，将会作为现代建筑甚至未来建筑的一个有机组成部分，不断吸收并采用新的可靠性技术，不断实现设计和技术上的突破，为传统的建筑概念赋予新的内容。

对此孟建民院士指出，中国城市在历史演进过程中面临的交通拥堵、城市废弃物剧增、城市人口亚健康、环境污染、自然灾害、公共事务效率低下等城市问题的根本,在于现在智慧城市建设的核心问题是缺乏"以人为本"的顶层规划。因此,他还提出基于"健康、高效、人文"三要素,通过"全方位思考""全过程统合""全专业协同"的"三全方法论"实现对工程实践的"广度、深度和精度"的全覆盖,这是一套指导践行智慧城市的有效方法和路径。

7. 数字视网膜——从看清到看懂

数字视网膜,即类比人类视网膜,对传统摄像头乃至视觉计算架构进行演进与革新,从而能够更加智能地支持城市大脑,服务智能安防、城市精细管理等智能应用。视网膜的一个特性,是它隐藏在大脑和双眼之间,沉默地充当着人类智慧与世间万物的翻译。我们的视网膜,其实并没有传递给大脑真实的画面和色彩,而是对这些"数据"进行了优化,让我们的大脑直接处理可感、可理解的视觉信息。当然,数字视网膜并非真的要做一种仿生视网膜的硬件,而是希望能够改变目前摄像头只能看或者单一链路识别的功能。让摄像头本身拥有一定的 AI 处理能力,能够对识别到的车、人、场景主动进行特征提取。

更具体地说,传统摄像头只是把拍摄到的视频数据压缩后上传到云端进行存储,再做分析识别处理;而数字视网膜则要求在摄像头端对拍摄视频进行高质量视频编码和视觉特征提取编码,对压缩编码过后的视频流进行本地存储的同时按需上传到云端,而所有的紧凑特征流实时同步到云端,从而既能够保证高效的存储,又能够便捷地支撑大数据查询分析,与此同时支持在端—边一云之间进行面向智能视频编码和特征分析的深度学习模型自适应迁移、压缩、更新与转换。简言之，数字视网膜就是这样一种包含视频编码流、特征编码流和模型更新流的可伸缩端—边—云协同视觉计算架构。

数字视网膜这一概念从正式提出至今，才不过两年，然而从最初构想，前期实践，到理论基础构建却花了近 5 年的时间。即使现在，数据视网膜的技术框架也仍然在不断完善当中，但其影响将是颠覆性的。当前计算机视觉技术的发展如日中天，迎来全盛时期，数字视网膜提供的思路值得借鉴。传统的摄像头无法短时间内被替换，加上城市摄像头体系本身与后加入的 AI 大脑，两者其实存在着无法忽视的"代沟"，未来城市，需要一场"数字视网膜"安装手术。

8. 城市区块链——重要产业的可信与协同

2019 年下半年，区块链再次进入人们的视野，成为实体经济、金融资本和社会舆论共同追逐的焦点。一夜之间，似乎区块链技术正要引领全球新一轮技术变革和产业变革。通俗来讲，区块链是一个记账系统，根据应用场景以及用户需求，分为公有链、联盟链、私有链三种。

中国工程院院士、计算机应用专家陈纯认为，要争取我国在区块链技术发展上的主动权，就要大力发展国产自主可控的区块链技术平台，包括对联盟链和公有链核心技术的研究，积极参与国际竞争。他认为，当前联盟链还存在 4 个方面需要继续突破的核心技术：① 高性能的共识算法、高效智能合约引擎，能够提高共识效率与安全性；② 区块链全面支持我国的加密算法和标准；③ 联盟自治管理机制和高效的热备切换机制，这是联盟链以后的关键技术；④ 联盟链要方便适用于各场景，必然支持多种编程语言的使用。同时，还需要支持多类型、多组织形式的数据可信存储，支持跨链协同等。

西方区块链的发展基本上是基于金融创新带动别的行业创新，而中国除了金融创新外，更重要的是在各个行业的应用。当前，中国正在加快支持区块链技术在金融、民生、政务、工业制造等领域的应用落地，重点分析区块链技术能够解决的业务痛点以及在不同场景下的适用度，共同建设更加完善的产业应用生态，努力使区块链成为数字经济发展的新动能和社会信用体系的重要支撑技术。

区块链技术是近几年受到争议较大的技术，专家预测这项技术会革新传统业务的流程，但目前需要普及解决的是大众对区块链技术本身的信任问题。当前，金融业务最先上链，但其他业务上链趋势不太明显，未来，只有与物联网技术相结合，才有可能发挥区块链的最大产业价值。

9. 智能城市操作系统——AI 与大数据技术"集大成者"

由于智慧城市是一个跨系统交互的大系统，是"系统的系统"，不是硬件的堆叠与软件的重复建设，而业界智慧城市建设多集中发力于云计算模式、系统集成模式、单点 AI 技术模式，唯独缺乏基石层面的操作系统模式。"智能城市操作系统"提供的正是城市级的 Windows，点线面结合做顶层设计，用大数据和人工智能提取数据的智能，解决城市的问题。

京东数科旗下的京东城市在业界率先推出"智能城市操作系统"，管理智能城市中的各项资源，支撑公共安全、能源、交通等各类垂直应用，并通过连接政府、企业和城市居民，帮助城市管理者进行顶层设计，洞察城市历史、掌控城市现状、预测城市未来，构建智能城市的开放生态。这一操作系统正是基于城市计算理念而开发出来的。

"智能城市操作系统"包含时空数据引擎、时空 AI 引擎、基于联邦学习的数字网关技术以及京东城市莫奈可视化平台等诸多前沿科技。时空数据引擎归类城市中的万千数据，解决数据标准化的问题，处理速度比传统数据平台快 10~100 倍；时空 AI 引擎将算法进行模块化、积木式输出，解决不同场景下智能应用的开发问题，极大地降低了开发成本；基于联邦学习的数字网关技术，通过用户隐私保护的联合建模机制和多源数据融合算法，能够解决隐私保护的问题。目前，京东城市已经为雄安、南通、天津、南京、福州、宿迁等近 30 座城市提供了技术服务，并承接数字雄安和信用城市等一系列国家战略任务，为提高城市运转效率和人民生活水平，确保城市生态的可持续发展做出了巨大的贡献。

10. 城市视觉智能引擎——用 AI 扩展"眼界"

对于打通智慧城市的数据管道，发掘数据价值，构建城市新的基础设施，视觉 AI 技术功不可没。达摩院城市大脑实验室负责人华先胜基于 ET 城市大脑，主导研究的视觉计算项目——城市视觉智能引擎便是其中的佼佼者。其依托阿里云分布式计算和存储平台，利用先进的视频图像、图形学处理技术和深度学习算法，建立城市级人工智能模型，实现对整个城市视觉数据的接入、计算、分析、索引和挖掘，并赋能公共安全、交通、市政综治、商业、司法、园区、电力能源、医疗教育等各个行业场景。该引擎具有以下主要功能。

一是数据接入：支持视频图像数据的接入、编转码与分片服务；支持枪机、球机等点位的实时上线/下线，适配各种接入协议，如 GB 28181 和 GB/T 1400 视图库。

二是视觉搜索：支持对视频中的目标和事件等建立索引；支持高维向量、属性等半结构化/结构化数据的高效搜索；具备特征量化、异构加速等高效索引技术。

三是数据计算。自研世界领先的检测、识别及分割等计算机视觉算法；支持数十万路级别的实时视频分析和千倍加速的离线视频分析；支持序列计算、图谱计算及图形计算。

城市视觉智能引擎将城市大脑的视觉计算能力拖到了前途更广的延长线上，驱动着这一技术的发展，同时也为学术界和工业界提供了开放、灵活的 AI 算法研发与技术落地平台。从企业走向业界，视觉智能也从安防场景走向市政综治、商业、电力、医疗等场景，边界在不断扩大。

综合来看，以上这些前沿技术的研究、典型成果的落地，代表着智慧城市已经步入深水区，不再是炒概念、喊口号的初级阶段，技术真正走进场景发挥作用，而背后这一批顶级专家也正将智慧城市的大船带到更远。

2.5.4　我国智慧城市建设中的问题

我国智慧城市建设中的问题主要有如下五个方面。

一是对智慧城市内涵、发展路径等认识不统一。究竟什么样的城市才能被称为智慧城市？一个理想的智慧城市模型应该是什么样的？正如一千个人眼中有一千个哈姆雷特，智慧城市之于不同角色、不同立场，也会有不同的定义。智慧城市的提出是用来破解城市发展中的生态、民生等一系列问题的。有人误把城市信息化或数字城市等同于智慧城市的全部，有人认为智慧城市建设就是建设数据中心、宽带网，缺乏对智慧城市目标、发展路径和发展模式的考虑。人口膨胀、城市扩张、资源约束和环境污染等问题，对城市基础设施造成的压力日益增大，智慧城市建设应当破解这些难题，并将提升公共服务水平放在重要位置。

二是信息孤岛广泛存在，互联互通的难度不容小觑。跨部门、跨行业的数据信息共享成为难题，有价值的公共信息资源和商业数据的开放程度较低。这是由于收费政策的实施惯性，一些单位或部门把公共财政投入建成的数据库作为"摇钱树"；政府部门有各自独立的垂直信息系统，但存在数据不统一、标准化程度不高、互联互通程度不足等问题；政府部门各自为政，有部门甚至表示数据不能给其他部门使用。"三网融合"的提出不下 10 年，但迄今为止尚未融合，2019 年，国办再次发文推进"三网融合"，这足以印证信息互联共享的难度。"信息孤岛"问题不会轻而易举地解决。

三是信息安全存在隐患。智慧城市建设离不开数据中心的建设和开发利用，而我国信息安全保障尚不成熟、核心技术研发能力不足，涵盖数据采集、加工、管理、分析和应用的全链条大数据产业和生态体系不健全；部分核心技术来自国外，如一些城市规划和工程由国外企业承担；安全经验的匮乏和安全系统的漏洞，也将增加智慧城市运行和管理的脆弱性，甚至对国家信息安全构成威胁。处理好信息安全与信息透明的关系，需要政府的智慧。

四是信息服务不够。虽然互联网企业推出了众多的服务平台，但政府引导不多；尽管住建部强调要因地制宜建设智慧城市，即"一城一策"，而不能用一个统一的标准要求、评审、通过；但在实践中，跟风、随大流问题广泛存在，除展示馆外还没有更多的用途，缺乏对信息的收集、处理、加工和相关服务；如果不重视信息系统建设的后续开发利用，会留下新的"烂尾工程"。因此，在智慧城市规划、建设及相关政策的制定和实施中，应当更多地听取当地政府、企业和百姓的意见，而不能任由技术导向。

五是法规不健全。智慧城市建设不仅是技术问题，更重要的是体制机制的革新和相应的法治建设的保障。现行体制机制障碍，既有横向的，也有纵向的，这不仅需要城市自身革新，也需要破除行业和条块管理部门藩篱。国内已有的实践可以证明这一点。例如，虽然智慧银川打破当地条块阻隔、实现大部制式的信息共享和智慧管理，并取得初步成效，但涉及上层的条块障碍，依然阻碍各种信息的传导和办事效率的提升。因此，破除体制藩篱，不仅需要相应的法律、标准作依据，更需要加大执法力度，改变信息垄断、不透明、公共财政建设的信息成为"组织"收费的资本等状况，提高城市发展、运行、管理和服务的智能化水平。

2.6 未来智慧城市发展的主要趋势

未来智慧城市的发展将走向何方？在这里，我们主要从智慧城市内涵、智慧城市巨系统、智慧城市顶层设计、物网融合、城市大脑、5G 普及应用、大数据、数字孪生城市等多个方面加以分析预测。从理论创新到实践创新，智慧城市将走出我国技术自主可控之路。

2.6.1 智慧城市承载了人们对美好生活的向往

智慧城市是人们对美好生活的向往和期待，未来 10 年，中国将有 70%的人口生活在城市，而城市（城镇）创造了 80%的国民收入、90%以上的财政收入。只有城市发展得好，经济发展才更有动力。未来 10 年，我国将实现从工业大国到工业强国的转变。城镇化带动了相关产业的发展，人们对美好生活的向往体现在最基本的吃、穿、住、用、行、教育、医疗、创业、就业等方面。但要注意，这些行业的健康发展都需要政府统一引导、监管。智慧城市可以看作是一项巨大的城市服务产品，而"产品"是否令人满意，体现在人们对城市的归属感上，体现在城市品质的提升上，也体现在城市产业经济的发展上。

2.6.2 智慧城市的内涵将从信息通信跨界融合多个领域

2008年之后，中国智慧城市的发展探索经历了数字城市发展阶段、智慧城市发展阶段、新型智慧城市发展阶段。智慧城市的服务对象、服务内容非常广泛，但核心主线是"利用信息通信技术"提升城市服务质量。例如，ITU-T（国际电信联盟电信标准化部门）将智慧可持续发展城市定义为"使用信息通信技术和其他手段改善生活质量、提高城市运营和服务效率以及城市竞争力，同时确保满足当代和后代的经济、社会、环境和文化方面需求的一种创新型城市"；ISO（国际标准化组织）将智慧城市定义为"在已建环境中对物理系统、数字系统和人类系统进行有效整合，从而为市民创造一个可持续、繁荣、具有包容性的未来"；而由我国国家信标委编制的《智慧城市术语》将智慧城市定义为"运用信息通信技术，有效整合各类城市管理系统，实现城市各系统间信息资源共享和业务协同，推动城市管理和服务智慧化，提升城市运行管理和公共服务水平，提高城市居民幸福感和满意度，实现可持续发展的一种创新型城市"。

可以看出，无论是国际组织还是国内组织，对智慧城市的理解都源于其本身的职责范围和研究方向。2016年，我国提出新型智慧城市概念，强调以数据为驱动，以人为本、统筹集约、注重实效，信息共享方式从运动式向职能共享转变，推进方式逐步形成政府指导、市场主导的格局。未来10年，智慧城市的内涵将从信息通信技术为主融合跨界到政治、法律、管理制度、流程规范中，并从这些方面得到支撑和保障。

2.6.3 智慧城市的顶层设计回归城市巨系统理念

早在 20 世纪，钱学森就强调要把现代城市看作是开放的复杂巨系统。到目前为止，在众多咨询服务商、软件厂家、系统集成商中能够真正提供所有智慧城市巨系统解决方案的几乎没有，因为它涉及的目标维度多、要素多，而且自身内部关系复杂。因此，在实际开展智慧城市顶层设计、建设实施时往往采取降维思路，如落实三大目标：保稳定、保增长、保民生。保稳定需要政务系统；保增长需要推动智慧产业；保民生需要推出智慧民生系统，并且每年推出一些重点工程。

未来，业界对于智慧城市的探索将回归到城市巨系统，并探讨在人类发展的技术经济主线上如何找到城市的当前发展位置。降维的根本前提是要找到社会发展的主脉络、总体趋势——从工业经济、数字经济到智能经济。其中数字经济对工业经济能起到带动作用，由此诞生了工业数字化、工业互联网、数字孪生工厂等。当前，中国社会致力于打造数字经济，它包含数字化、互联网和物联网、数字孪生三大阶段。智能经济对数字经济也起到了推动作用，如通过智能装备实现自我数字化，AI 网络、AI 扫描形成数字孪生。虽然是巨系统，但是只要抓住其主要矛盾：满足三大目标，服务三大群体，并做好长期演进，就能做好智慧城市顶层规划和实施。

2.6.4 城市新型基础设施将是物网融合型的信息基础设施

据 IDC 预测，2023 年全球智慧城市技术相关投资将达到 1 894.6 亿美元，中国市场规模将达到 389.2 亿美元。智慧城市相关底层技术包含物联网数据采集终端及网络、数据互联互通、数据挖掘与大屏呈现、智慧城市展示中心、城市通信基础设施（5G、WiFi、NB-IoT）、一卡通等。这些 ICT 范畴的技术依然会是智慧城市投资的主战场。

智慧城市基础设施如物联网、环境传感器、全光网络、5G 全覆盖、人脸识别与物体识别摄像头、智能抄表、车联网将是智慧城市的重点投向。城市要想高质量发展，就需要产生更多的财政收入满足城市建设需求，需要新的基础设施建设来提高城市的容量和服务水平。智慧城市基础设施将不再只是道路、高架桥、水电等，而是承载了城市管理的信息基础设施，这些信息基础设施将与物理基础设施逐步实现物网融合。

2.6.5 数字孪生城市是未来 10 年智慧城市的主要工作内容

工业经济时代经历了机械化、电气化、模拟电路三次工业革命，严格来说第四次工业革命已经属于数字经济范畴，是数字经济反作用于工业，实现再工业化的结果。第四次工业革命是工业制造设备的数字化，第五次工业革命是工业互联网与工业物联网，第六次工业革命是数字孪生制造。

数字孪生早期应用于高精密的工业制造业领域，需要注意的是，只有个别工业领域已经走完了六次工业革命，如飞机制造、发动机制造、芯片制造等高精尖领域。但是后来人们发现，不仅是制造业领域，数字孪生还可以拓展到智慧城市领域。BIM是数字孪生城市的萌芽，从BIM到CIM再到数字孪生，最后将城市元素的物理世界和数字世界进行孪生化，相当于再造一个城市。物理世界涵盖城市有形的物体，如城市三层空间内的虚拟化、数字化。

自然资源部在2019年1月印发了《智慧城市时空大数据平台建设技术大纲（2019版）》（以下简称《大纲》），提出时空大数据平台是智慧城市建设与运行的基础支撑，要做好与其他智慧城市建设项目的衔接。《大纲》指明，数字孪生可以大大提高城市的规划、设计、运营和维护质量。数字孪生其实就是在创造数字经济的总价值，数字孪生的根本目的不是城市形象展示或城市规划，而是产生新的应用、新的社会价值、新的生产力。而城市运营流程的数字孪生化主要是智慧政务、数字政务等内容。

2.6.6 数据产权立法将加快智慧城市进程

工业时代依靠物权法、民法通则可以确定产权，但是在数字经济时代，数据变成"物"，变成可以变现的资源，但是目前在我们的立法体系中除了个人信息保护法、著作权法等以外，依然还没有与数字经时代相匹配的法律，这导致产权不明晰。产权不明晰就无法确权，无法确权就无法交易，无法交易就无法正常流通，因此促进数据产权立法已是智慧城市建设的重点内容。

智慧城市在大数据技术的支持下，不仅仅是对采集的数据进行数据挖掘和信息展示，更根本的是可以实现数据的流动，从而有效服务于城市管理、民生、产业发展，发挥数据的最大价值。然而，哪些数据是公共数据，必须公开和平等流转、共用？哪些是企业产权数据，哪些是个人数据，交易流程是什么？以医疗领域为例，一个城市有多家大型医院和社区医院，病人在多个医院就诊的数据和影像无法互通就会导致重复检查和误诊，对于病人的数据（如病历、主诉、药方、检查单、化验单、医疗影像）是属于医院还是属于病人，应该确权。如果确认为病人所有，那么病人拿着医保卡在任何一家医院都能调出数据。

2.6.7 城市大脑从 1.0 时代走向 3.0 时代

当前行业中所称的城市大脑，并不是真正意义上的城市大脑，大部分实践体现为对城市交通的管理，或者说是交通大脑，可以称为城市大脑的 1.0 时代。

未来随着智慧城市的深入开展，将有更多的垂直领域开发为城市大脑。例如，医疗行业的健康大脑可以在城市医院、疾控系统、社保中心、药店等系统中进行数据互通，从而可以及时分析判断城市中市民的健康状况，提出城市的健康发展政策和进行重大传染疾病应急指挥。城市生态大脑可以对城市环境传感器终端、卫星数据、气象数据、环境监测数据进行综合判断，并分析城市的生态质量，如通过复杂科学管理手段分析环境生态数据可以预判雨季城市内涝点和进行灾情防备。城市舆情大脑可以实时分析城市内发生的公共事件的群体反应现状，并及时采取应急措施。

以上这些不同领域的城市大脑可以说是构成了城市大脑的 2.0 时代，但是 2.0 时代的城市大脑相互之间缺乏互通。当城市之间的各种垂直数据实现互联互通时，此时的城市大脑被称为 3.0 时代。但 3.0 时代的城市大脑还不具有人工智能的主动思考能力，只有到了 4.0 时代（预计在 2030 年后），随着城市人工智能基础设施（无人驾驶、AI 医疗、AI 车间等）的推广使用，城市大脑才具备主动思考能力。

2.6.8 第五代移动通信技术（5G）推动智慧城市走向纵深领域

5G 重点应用在智慧应用上，如低时延促进车联网、无人驾驶等发展。未来的智慧城市能够实现车与车、车与路之间的实时动态交互，传递彼此的坐标位置、行驶速度、路径，可以有效避免交通拥堵。

数字经济时代是数据作为生产力第一要素的时代，5G 扩大了数据流动的广度、深度，是数字经济建设的基础设施和助推器。而 2030 年后将是 6G 时代，也是人工智能在各行各业得以普及的时代，届时数字经济高度发达，并将由数字经济向智能经济过渡，产生 4 种价值环境下的指数式发展：人类数字世界、AI 数字世界、人类物理世界、AI 物理世界。

从 10 年前，智慧地球理念的引入，到智慧城市在我国遍地开花，智慧城市经历了从政府主导到政府、国企与民企合建，社会化力量参建。10 年后，我国智慧城市必将走上自主创新的蓬勃发展之路。

第 3 章

智慧城市综合防卫任务分析

装备保障归根结底是为部队执行军事任务提供服务，而装备保障活动要围绕军事任务而展开。因此，要进行城市综合防卫装备保障问题研究，首先必须弄清楚城市综合防卫军事任务是什么形态的，主要对手是谁，任务主体有哪些，任务内容是什么，任务特点是怎样的等一系列基本问题，这样才能使研究有的放矢。

3.1 城市综合防卫的地位与作用

早在 2002 年 9 月 16 日,美军参联会修订并颁布了第一部《联合城市作战条令》(Doctrine for Joint Urban Operations,JP3-06),该条令着眼于世界城市化加速发展的趋势,认为"城市是 21 世纪最有可能的战场"。从世界城市化地区不断增多、城市作战地位作用大幅提高的实际出发,明确将城市化地区作为美军信息化条件下局部战争和战役重心。城市作为国家的政治、经济、军事、科技和文化中心,其得失具有巨大的象征意义,且对民心和士气的影响极大,因而具有"定海神针"般的重要战略地位。在城市综合防卫中,通过挫败敌人的进攻企图,可以有效稳定战略战役全局。可以预见,在未来战争和局部冲突中,城市战场必将成为敌我进行较量的关键点,城市综合防卫的任务将更加艰巨,地位也更加突出。

3.1.1 城市已成为未来主要战场

古人云"攻城略地",说的是只有先夺取城市,才能扩张领土。美军认为,随着城市化进程的加速发展,在未来数十年中,如果美国参与战争,在城市地区开展行动的可能性将越来越大。20 世纪以来,随着城市的迅速扩张和高速发展,城市逐渐成为工业时代和信息时代的象征,军事行动已经无法离开城市环境。现代城市,尤其大城市是一个国家政治、经济、科技和文化的中心,具有发达的工业、商业、交通、能源等基础设施,聚集着众多的人力、物力和财力等战略资源,是国家生存与发展的重要战略支撑,因此往往成为战争中交战双方军队的必争、必保之地。在第二次世界大战中,城市变成了军队的熔炉,遭受了规模空前的空袭和地面进攻。欧洲战场有 40%的战役发生在城市和大的居民区。第二次世界大战后,世界各大国发动了 300 多次战争和军事干预行动,其中 90%的作战行动都是围绕城市地区进行的,拿下了大中城市就意味着在军事上打赢了战争。在车臣战争中,俄军 90%的伤亡发生在攻打车臣首府格罗兹尼市区的战斗中。阿富汗战争、伊拉克战争和叙利亚战争等,对抗双方争夺的焦点和作战行动仍主要集中在城市。由此可见,未来的军事行动将更多集中在城市,城市地区将成为未来战争的主要战场。从我国城市发展情况看,我国已经形成了较为密集的城市群,如京津冀城市群、长江三角洲城市群和珠江三角洲城市群等,其中很多城市位于国家主要战略方向和作战地区内。因此,从客观上讲,一旦战争爆发,强敌必将对国家主要城市进行破坏和打击,围绕重点城市目标的作战行动必将更加白热化,城市防卫作战的任务也将更加艰巨。

3.1.2 城市作战是重要的作战样式

城市不仅是人类生产、生活的场所,也是军事活动的战场。

城市作战并非新事物，设防城邑是城市的雏形，筑城的最初目的就是进行防御作战。20世纪以前的城市作战，由于城市规模不大，战场幅地小，交战双方往往毕其功于一役。防御方一般只能依靠坚固的城池来进行作战，一旦城墙或土木工事被突破，胜败立见分晓。第二次世界大战期间，空中轰炸对城市作战产生了巨大的影响，拉开了城市立体攻防的序幕。20世纪80年代以来发生的两伊战争、海湾战争、科索沃战争、阿富汗战争、伊拉克战争、利比亚战争等局部战争，双方军事行动的焦点直指城市。随着高新军事技术的发展和战争形态的演变，战争方式、作战样式和方法发生了根本性改变。与传统城市作战相比，信息化条件下的城市作战方法大为改观，作战效果不可同日而语。绵亘筑垒防线已被非线式和非接触作战所取代，地毯式轰炸已被空中精确打击所取代，坦克大战已被直升机空中突击所取代，瘫痪战、震慑战、信息战、封锁战、心理战和舆论战等战法，以及无人化作战、网络空间作战、特种作战和恐怖袭击等作战方式，极大影响交战双方军民的士气和心理，以及整个战争的进程与结局。特别是伊拉克战争之后，各国军事指挥官对城市作战有了新的认识。在伊拉克战争中，美军使用精确制导弹药对伊军重要目标实施空中精确打击，加之采用特种作战、信息作战、心理战和舆论战等手段，在未遇顽强抵抗的情况下长驱直入，顺利进入巴格达。因此，城市作战始终并将继续成为一种常见的、不可回避的重要作战样式之一。有人甚至预言：未来的战争，极有可能发源于城市、终结于城市。

3.1.3 城市安危将影响战争胜败

纵观人类战争史,还没有哪次战争能完全抛开城市。当今全球城市化趋势加快,目前全世界约 76 亿总人口中,有 35 亿人生活在城市,预计到 2030 年,城市人口将达到 49 亿,城市人口将占世界总人口的 70%以上。城市作为一个国家或民族的政治、经济、军事、技术和文化中心,既是政府所在地,又是财富的制造和存储地;既有高价值军事目标,又有产生民族自豪感的宗教和文化目标,这些重要目标的安全对于指导、支持和维系战争具有重大的现实和象征意义。重要城市的得与失,会直接影响民心和士气,影响人们对战争前途的信心。城市拥有丰富的物质资源,聚集着先进的科学技术和巨大的工业生产能力,是战争潜力的强大支撑。在未来战争中,丢失城市必然丧失战争的物质基础。城市也是社会组织的通信和交通枢纽,一旦遭到破坏或被控制,就等于切断和丧失了国家和军队的生命线,使军队失去了行动的主动权和自由权,严重影响国家机器的正常运转。城市安危得失将成为战争胜败的重要标志,会影响民心和士气,影响人们对战争的信心和态度,从而影响战争的进程和结局。1968 年,苏军一举占领捷克斯洛伐克首都等 6 个中心城市,6 个小时就控制了该国局势。10 年后,苏军入侵阿富汗,迅速夺占了喀布尔和几个大中城市,一周内即达成了战争目的。在海湾战争中,无论是多国部队还是伊拉克,都将首都科威特和巴格达作为夺取和攻击的目标。在伊拉克战争中,美英联军连续夺取巴格达、巴士拉、纳西里耶、纳杰夫等主要城市，20天即宣告基本战事结束。由此可见，谁夺取和控制了城市，谁就掌握了战争的主动权，谁就可能赢得战争的胜利。城毁国乱、城破国亡，已成为战争规律。

3.2 城市综合防卫的基本任务

在未来的战争中，城市特别是重要城市的得失，往往意味着一次军事行动乃至一场战争的成败。我国政治、经济、军事和战略地位重要的城市比较分散，许多城市在经济发展中涉及的外方合作伙伴成分比较复杂，面临的作战对象及其追求的战略利益各不相同。未来，城市可能面临超级大国、崛起的地区强国以及军力强大的小国联合势力的侵袭。他们将可能综合运用空袭、海空一体封锁和快速立体登陆等多种手段对某个城市实施入侵夺取或破坏。一些城市面临的主要是地区性军事强国、军力不强的小国和其他军队实施的常规兵器报复性袭击或少量海空兵力的局部性封锁，近期内这些国家和地区尚不具有采取高技术兵器空袭破坏和大规模快速立体登陆夺占城市的能力。但是，也不排除超级大国使用高技术兵器实施空袭破坏的可能性。装备保障服务服从于军事任务，搞清楚智慧城市综合防卫的任务是研究智慧城市综合防卫装备保障问题的基础。

3.2.1 城市防卫的任务和目标

1. 防卫任务

防卫任务是指在城市综合防卫作战中，防卫作战将要承担的责任和达到的目标。防卫任务通常根据城市防卫作战目的和需求，城市可能面临威胁的性质、对象、程度，作战力量的运用能力，城市地形等要素确定。城市综合防卫的核心目标是保卫党政军要害目标安全、确保城市地区稳定，其战略任务可概括为确保城市地区政治安全、军事安全和社会安全，为其他战略方向安全提供支援。

具体来说，由于城市战场情况复杂，敌军战役纵深打击的兵器先进、手段多样，城市综合防卫作战任务主要包括坚守边境、沿海和纵深重要城市或巩固已收复的城市，防范、遏制和粉碎空天多样袭击、特种渗透袭扰、信息网络攻击、恐怖破坏活动、重大群体事件和自然灾害及疫情等威胁，稳定城市局势，平暴制乱，维护城市社会秩序，确保信息安全和群众心理稳定，确保城市核心地带及周边地区安全稳定。

智慧城市综合防卫行动主要是以信息作战、防空抗击、机动防卫、防护救援为作战样式，还包括应对暴力恐怖破坏的反恐、平暴行动，以及应对重大群体性事件的维护社会稳定行动等非战争军事行动。各种行动往往相互交织，战争与非战争行动界限模糊。

陆军部队遂行城市综合防卫军事任务，有八项主要任务，具体如图3-1所示。

（1）组织对空抗击，即利用陆军部队所属防空力量，对敌空天精确打击行动进行抗击，保卫国家重要目标安全；

（2）组织信息攻防，即组织所属电子对抗力量对敌航空器、地面装备进行信息攻击，同时对敌网电攻击行动进行防护，确保国家信息网络安全；

第3章 智慧城市综合防卫任务分析

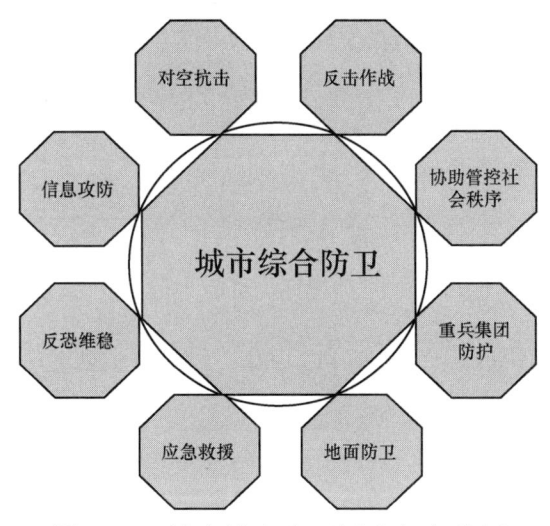

图 3-1 城市综合防卫军事任务分解

（3）组织反恐维稳，即综合运用陆军部队所属力量，协同武警、公安、民兵预备役力量，以精准、快速、有效的军事行动，积极应对各类恐怖破坏活动，坚决确保党政军重要目标安全，坚决维护城市核心地区安全稳定；

（4）组织应急救援，即重点使用所属工兵防化力量，配合应急救援、公共安全等部门，消除空袭影响、消除核生化次生灾害、应对重大灾情疫情，妥善处置突发险情灾情，确保城市地区安全稳定；

（5）组织地面防卫，即组织地面兵力兵器，对任务区内重要政治军事目标、经济民生设施、交通枢纽进行重点防卫，防敌渗透破坏，确保重要目标安全；

（6）组织重兵集团防护，即在任务区内立足自身力量，积极组织所属部队搞好自身防护伪装，有效挫败敌军的袭扰，确保自身安全；

113

（7）协助管控社会秩序，即在发生大规模群体性事件、重大灾情疫情等情况，社会稳定受到严重破坏时，采取有效措施安抚城市地区民众恐慌情绪，防止出现大规模"返乡潮""难民潮"；

（8）组织反击作战，即在极端情况下，使用特种作战力量，在空天力量的支援下，对敌军驻国家周边军事基地实施特种破击、对敌军重要人员实施斩首行动、对敌军战略节点实施渗透破坏，动摇其作战决心。

2. 防卫目标

防卫目标是指分布在城区及城市附近地域，对国计民生和军事行动有着重要影响，具有重大价值的政治、军事、经济、科技和文化等要害目标。按照其作用和价值，可以分为重要公共民生设施、重要经济目标、重要军政目标、重要交通运输线等。在未来信息化条件下城市防卫作战中，重要目标的安全对于保持战时正常的生产、生活秩序，维护发挥其对战争的支持作用，具有重要意义。

重要民生设施是指分布在城区及城市近郊地域，与广大人民群众工作、生活息息相关的要害目标，如城市的供水、供电、供气、供暖系统，民用机场、车站、码头，各类学校，地方通信、电视及其他传媒系统，金融系统，大中型医疗单位，大型商场等。重要民生设施与人民群众工作、生活联系紧密，且面积较大，位置相对较为固定，人员相对集中，自身防护能力弱，极易遭敌袭击破坏，特别是恐怖袭击破坏。这些目标一旦遭到打击和破坏，就易动摇民众心理，影响城市防卫作战整体的安全与稳定。因此，加强各类重要民生设施的防卫将是城市综合防卫作战的一项重要行动。

军事政治目标是指在城市内具有重要军事价值和重大政治影响的各级、各类目标。主要包括各级党政机关和当地军事领导指挥机构等军政要害部门和主要领导成员，外国使领馆、外国人员聚集区和大型监狱等目标。重要的军政目标有的是领导指挥机构，有的是与军事行动紧密相连的保障力量。这些目标往往同时兼具军事、政治价值，是领导军事斗争和进行政治控制的核心，对城市防卫乃至战役行动都具有重要影响。战时一旦遭到攻击或破坏而陷入瘫痪，势必影响社会的稳定，以及防卫作战行动的指挥、控制与协调，甚至直接干扰和制约战役行动的实施。在未来城市综合防卫作战中，这些目标也常常是敌人重点打击和破坏的对象。

交通运输系统是指按一定技术与规模进行修建，并具有必要运输设施与技术装备，旨在运送人员和各种物资的路线。这部分基础设施包括空中线路，网状高速公路和铁路（包括桥梁、地铁、隧道、地下通道、天桥和渡口），港口、海港和内陆水路，机场和直升机场，公共交通，汽车运输公司及便于补给、装备和人员运输的服务系统。交通运输系统将城市整个基础设施系统的各个组成部分的设备连接起来，不仅对经济建设具有重要作用，而且具备巨大的军事价值。在城市防卫作战中，城市地区的运输系统对部队的调动、机动和后勤补给行动帮助很大。通过交通运输系统可以运送军用物品，如弹药和零配件，也可以运送军队和城市居民共用的物品，如食品、药品、油料和燃气。该系统还能保障部队和城市居民的转移。运输系统是前、后方力量联系的纽带，也是战役作战力量赖以生存和作战的命脉。为此，在城市防卫作战中，应重视加强重要交通运输线的保卫。

重要经济目标是指城市各类经济目标中具有重大经济、军事价值，对城市防卫作战甚至战役联合作战具有重要影响的战争潜力目标，特别是高技术经济目标，如重要的大中型厂矿企业、高新技术产业园区、国防科研机构和军民通用企业等。这些目标有的对战争具有直接的支撑作用，有的是国家国民经济的重要基础，在军事和经济上具有不可替代性，并且在遭受打击后短期内难以恢复。美军在"五环重心"理论中就明确地将其列入空袭的重点之一。因此，这些目标也是敌方重点打击和破坏的对象。

城市的通信和信息系统主要由信息传输的设施和手段组成，包括电信业（如电话、电报、电台、电视台），计算机，通信维修系统，邮政系统，报纸、杂志和其他形式的印刷媒体，传送信息的人员等。在信息化条件下，通信和信息系统也许比任何其他部分的基础设施数量要更多、更重要，它把其他部分的所有基础设施连接起来，共同构成了这个相互依赖的"系统中的系统"。在城市中，计算机将城市基础设施的其他部分连接起来，将城市地区的各种职能和系统连接起来，并使城市与世界相连。如果遭到破坏，那么后果不堪设想。因此，加强城市通信和信息系统的防护，对于夺取城市综合防卫作战的胜利至关重要。

3.2.2　未来面临的城市进攻作战特点

1. 作战行动多以"小目标、大破坏"为目的

从战争的实践来看，随着战争的高技术化、小型化、一体化和速决性，创造了空间更为广阔、时间大为缩短的崭新的战争时空关系。战争、战役、战斗三个层次几乎被压缩在同一作战层面，三者之间的界限日趋模糊，更确切地说，它们正趋于融合。仅仅从兵力规模和指挥层次上已很难像以往那样把战争、战役、战斗明确地区别开来。"战争的级别更多的是由其结局的后果而不是由参战的指挥层次来确定的。"从美军空袭利比亚、入侵格林纳达等战争实例中，我们已经看到了这种"战略性战术行动"的雏形。2011 年击毙本·拉登的"海王星之矛"行动，更是将之发挥到了一个新的高度。未来城市综合防卫作战中我们也将要面对这种情况。

促成这种情况的原因，固然与战争规模缩小、战争进程缩短等因素密切相关，但与以下几个方面也不无关系：

（1）高技术武器系统所拥有的特殊打击能力，不仅使更多的战略和战役性打击兵器直接用于战术支援，而且精确打击的效果将逐步淡化各种打击兵器的应用范围，使多种打击兵器都具备瞬时达成战略目标的能力。

（2）信息技术所形成的超时空的指挥控制能力，使战略指挥可随时介入战术层，从而大大提高了从战略高度直接干预和控制

战术级作战行动的能力。例如，美国总统利用自动化指挥系统，逐级向第一线作战部队下达命令，最快需要3分钟，如果采取越级指挥，最快只需1分钟。近年来发生的一系列带有高技术背景的作战行动，无一例外地在指挥等级上表现出高层次的特点。

（3）作战力量一体化、小型化的趋势，将使战役力量逐渐分化下放到战术层次，这就大大增强了战斗力量的联合性，以及在不同规模作战中行动的灵活性。在未来城市防卫作战中，作战单位将更加小型化、轻型化和多样化，一次攻击行动很可能只是由那些装备着便携式计算机和具有高度机动性和隐蔽性的数字化士兵或小分队所实施的。其行动可能对城市的重要基础设施造成重大危害，其破坏力甚至不亚于使用核武器。

2. 侦察手段多采用以信息技术为主的多功能侦察设备

信息化条件下，各种侦察手段越来越先进，在城市防卫作战中敌我双方都会运用大量的先进侦察设备来获取第一手战场信息。主要的侦察装备有以下3种。

（1）侦察机。

飞机侦察分为战术侦察和战略侦察两种，它是实施空中侦察的重要手段。战术侦察的主要任务是获取战场上或战役、战术纵深内对方兵力部署、武器装备、工事构筑、交通运输及气象等情报，为作战部队行动提供依据。战略侦察是为了最高当局获取决定国防政策和制订作战计划所需的有关对方战略目标情报，主要是利用战略侦察机飞临对方沿海、边境地区或内陆纵深上空实施。侦察活动方式分例行侦察和特定侦察。例行侦察是对对方进行不间断的监视性侦察,其活动规律性强,活动地区、出动架次及时间等在一段时间内相对固定,此种活动一般随时局的变化和战略情报搜集重点的变化而变化。特定侦察是为了获取对方某一地区、某种具有战略价值的情报临时组织实施的侦察。

其中战术侦察的任务和手段包括以下几个方面:

① 预先目标侦察:任务是发现并选定攻击目标,侦察手段包括光学、雷达及红外线照相侦察,一般在攻击前3—7天内进行。

② 直接目标侦察:任务是查证攻击目标有无变化,侦察手段主要是照相侦察和目视侦察。照相侦察通常在攻击前1—3天内进行,目视侦察通常在攻击前4小时进行。

③ 气象侦察:任务是查明航线上和目标区的气象实况是否适宜飞行和攻击,主要通过目视侦察和雷达侦察,多用战术战斗机执行,通常在轰炸前2小时进行。

④ 效果侦察:任务是检查轰炸目标的破坏程度,并确定是否需要再次攻击,主要通过照相侦察和目视侦察,多在攻击后15—20分钟内进行。

⑤ 监视侦察:任务是经常不断地测定对方的兵力、兵器部署和动态。既是战术性侦察,也是战略性侦察,主要通过电子侦察,战时24小时不间断进行。

侦察机种类繁多,从用途上可分为战略侦察机和战术侦察机。战略侦察机用于深入侦察对象国内陆腹地重要城市地区猎取核导弹基地、武器发射实验场、大型军工厂、部队集结地域、机场、通信枢纽等重要军事目标的有关数据、图像、照片,供高层决策部门了解其综合实力。战略侦察机获取的情报价值大，往往带有全局意义。战术侦察机和平时期用于沿侦察对象国的边界地带飞行，了解侦察区域的兵力部署情况；战争时期用于及时完成战场动态情报侦察，锁定侦察目标，并及时引导己方战斗机、舰船或地面作战部队实施攻击。

（2）无人机。

军用无人驾驶飞机是由遥控设备和自备程序控制装置操纵的不载人飞机，简称无人机。与有人驾驶的飞机相比，其结构简单、重量轻、尺寸小，成本和使用费用低，机动性和隐蔽性好，能完成有人驾驶飞机不宜执行的任务。无人机除完成战场侦察、监视、目标捕获以及战斗毁伤评估的主要任务之外，还能完成诸如探雷、核生化战剂探测、信号情报、电子战、反伪装和欺骗、通信中继以及气象探测、环境监测及战斗攻击等任务。无人机可以深入最危险的地区搜集最新的实时战场情报，为精确打击武器指示目标，评估打击效果，起到侦察卫星、预警飞机和有人侦察机无法起到的作用，尤其是无人机在作战使用中所独具的"零伤亡"、高效费比特点，更加符合未来信息化条件下城市防卫作战的需求。

（3）预警机。

现代预警机是一种集雷达等有源探测和光电、红外等无源探测设备，通信和指控数据链设备，电子对抗等自卫设备，数据处理显示存储等指控设备以及导航定位自动驾驶装置等航空电子设备于一体的军事电子系统，是一种以飞机为平台的C_4ISR系统。

现在的预警机已经发展成高技术局部战争的重要武器装备，

它不仅在远程预警、通信中继和组织指挥控制各类飞机协同作战等方面发挥重要作用，而且通过各种战术信息传输系统与陆基、海基、空基的各种指挥控制中心、作战部队和武器系统进行交链，协调和指挥空地一体战。现代预警机除承担远程监视任务外，还承担一些特殊任务，如空中拦截控制（战斗机控制）、兵力投入（打击、攻击和引导）、地（海）面搜索和管制、搜索和营救管制及空中汇合控制（如与空中加油机连接）。因此，在未来的城市作战中敌我双方将越来越多地使用空中预警机。

3. 作战方式多以非接触作战为主，并实施电磁战、网络战和心理战等

信息技术的发展进步使指挥控制越来越便捷，非接触作战登上了战争舞台。例如，为了减少损失，美军在作战中通常先进行空袭。美军在组织空袭支援和保障行动时，通常先实施高强度、宽频带的电磁干扰和压制。在宽大正面和纵深范围内，对反空袭一方的雷达预警、指挥控制、军事通信等目标进行广泛的电子打击，并将其贯穿于空袭作战的全过程。从作战实践来看，先期电子战行动一般是在首轮空袭前数小时开始（为达成突然性，有时也在空袭开始之前实施），以迅猛、强大的电子战攻势为空袭兵力的突防创造条件。主要使用舰载、机载和陆基电子战设备，迷惑和压制对方的指挥控制、侦察预警、无线电通信系统；使用电子欺骗手段，引诱对方防空雷达暴露目标并用反辐射导弹实施摧毁。先期电子战范围广、强度高，干扰和压制范围可达数万平方千米。无线电干扰频率一般在 20～1 000 兆赫，雷达干扰频率为

14～18千兆赫。

在实施先期电子打击之后或同时，以中远程战役战术导弹、隐形作战飞机等编成以导弹为主的突击梯队开始实施首轮精确打击，空袭目标主要指向城市的政府中心、交通枢纽和军事要地。首轮精确打击对固定的点、线目标命中率可达80%以上，可以有效地进行心理威慑，以利于迅速达成战役目的。在第一梯队发起攻击的同时，迅速投入突防梯队。它主要由电子干扰机、预警指挥机和携带反辐射导弹的飞机组成，使用"软压制"和"硬摧毁"手段对预定空袭方向上的防空配系进行突击，开辟空中"安全走廊"。按美军的空袭作战理论来推算，每条"走廊"正面宽3～5千米，纵深200～300千米。

在第一、第二梯队最大限度地削弱对手力量，取得局部制空、制电磁权之后，将适时投入常规突击梯队。该梯队通常包括轰炸机、战斗机和保障飞机在内的各型飞机30～80架。作战时，根据任务临时确定机群编组，轰炸机通常编成若干个3～4机的小编队，战斗机多采用大型编队，有时也采用单机（如F-117A），分若干批次实施多方向、分目标的攻击。梯队攻击在1日可形成3个攻击波次，每波次持续时间长则30分钟，短则10分钟，且通常携带精确制导炸弹和普通炸弹，在预警指挥机的指挥引导下，主要对城市的军事指挥中心、战略武器系统、战略物资储备基地以及重要的能源、交通设施实施密集突击。在空袭纵深上，通常可达数百至上千千米。作战机群突击有时也结合战略轰炸机的远程奔袭来进行。

在各空袭阶段前后及梯次攻击的间隙，通常使用卫星侦察、航空侦察等手段拍摄目标照片,并利用人力侦察的手段收集战场目标信息,然后运用高性能计算机评估空袭效果。主要是核实遭攻击目标的性质和数量、目标毁伤度以及目标的修复等情况,并在此基础上灵活调整攻击目标和攻击方式,确保在尽可能节省空袭兵力兵器的情况下,取得预期的空中攻击效果。

4. 敌对分子利用政治、经济和宗教等方面的可乘之机煽动骚、暴乱事件

在未来,国家可能面临的信息化条件下局部战争中,深藏城市后方的敌特分子为了策应其正规作战,削弱战争潜力,往往会不惜采取各种卑鄙伎俩突出"隐性破坏",对民心、士气、经济秩序等进行政治"反动员"和经济"软打击"。谣言具有很强的欺骗性和鼓动性,往往能迎合一些人的心理,具有某种程度的相融性。在战时情况复杂、信息相对闭塞的条件下,谣言极易滋生和传播,引起各种连锁反应。因此,谣言往往也是战时敌特分子重点利用的一种"软破坏"利器。通过散布各种谣言,造成人们心理恐慌来实现对人们的精神打击或诱使人们做出扰乱社会秩序的行为,最终导致全社会人心浮动、士气低落、精神紧张、草木皆兵或金融市场调节失控,发生通货膨胀,甚至导致人们心理防线崩溃,影响整个战局。在第二次世界大战中,希特勒就曾对荷兰发动"谣言攻势",将许多谣言利用荷兰国内的报刊、电台、信件或口头方式传到全国各地,造成荷兰全国陷入一片混乱状态,为其顺利侵占荷兰全境创造了条件。在海湾战争和科索沃战争中,多国部队和北约集团也都曾大造谣言,诬蔑伊拉克和南联

盟的领导人，诋毁其军队形象，攻击其民心士气，给两国作战都带来了一定影响。特别是在海湾战争中，多国部队的谣言攻势致使许多伊军不战而降。

随着网络技术的不断发展，计算机网络已经成为生活、工作和军事斗争中不可或缺的重要工具，敌特分子必然不会轻易放过网络这一新兴的战场。在未来城市防卫作战中，计算机网络战场上定会展开另一场不见硝烟的对抗。在海湾战争中，美国特工曾预先将计算机病毒固化在伊拉克防空系统上，使其战时防空系统陷入瘫痪。在科索沃战争中，南联盟和北约集团在计算机网络上也展开了一番激烈的争斗。在未来国家可能面临的城市防卫作战中，由于在战争状态下，采取外部端口关闭和信息过滤等多种措施能够使计算机网络与境外互联网络形成一定的隔断，敌方利用域外网络将难以施展有效攻击。因此，其必然会利用隐藏在城市后方的敌特分子从内部对计算机网络系统实施攻击。与兵力、火力攻击比较，这种网络攻击较难预防，且一旦侵入政府网站或其他权威网站，散布反动信息和植入各种计算机病毒，其危害相当大。若对电信、电力、交通等网络进行攻击破坏，其后果均很严重。

在未来城市综合防卫作战中，敌特分子为达成破坏战役作战行动的目的，除了采取各种手段在后方进行"软杀伤"式的"隐性"破坏外，还可能对人员、建筑、设施、装备等以"硬打击"的方法实施"显性"破坏。例如，对后方党政军主要领导实施绑架和暗杀，直接破坏军事支援行动，削弱政府控制力；对关系国计民生的重要经济、军事战略设施等目标进行爆破、纵火、毁坏等破坏行动,削弱对前方的支援能力和对敌方的战略威慑能力等;利用宗教矛盾制造各种事端,在城市或后方引起骚乱。在抗美援朝战争中,潜藏在我志愿军战役纵深的敌特分子就曾对战役后方的交通运输线、运输车队、野战医疗所、后勤基地等目标进行多种样式的破坏,其中部分破坏活动对我军开展战役行动造成了很大的困难。在信息化战争中,作战双方即使是优势一方也仍将采取这种方法。在英阿马岛战争中,英国军队为了破坏阿根廷军队的作战基础,在战前就组织特种作战力量渗入阿军纵深,对阿军的机场、后勤设施等重要目标进行了爆破等重点破坏行动。在海湾战争中,多国部队也曾组织力量对伊拉克纵深的炼油设施等目标进行了各种形式的破坏。此外,敌特分子还可能实施心理攻击,制造恐怖气氛,引发社会动荡。

敌特分子的破坏行动,无论是"隐性破坏",还是"显性破坏",一般都是在秘密情况下进行的。但在一定条件下,敌对分子绝不会坐失"良机"。历史的经验证明,每当战争发起、战争相持或战局转换等关键时刻,敌特分子的破坏行动往往也会随之升级,趁机由隐蔽转入公开,以更疯狂的政治煽动和其他破坏行动,挑起社会骚乱、动乱或暴乱,公然与人民政府对抗,以破坏能量的爆发性释放来达成其破坏目的。

5. 局部作战中仍采用恐怖袭击、特种作战和游击作战等方式

在未来的城市防卫作战中,敌方仍有可能采取恐怖袭击、特

种作战和游击作战等方式对国家进行攻击、袭扰和破坏，以配合正面作战。

(1) 恐怖袭击。

世界人民在创造、享受文明的同时，国际恐怖主义也像幽灵一般在世界的上空游荡。资料显示，目前世界上有近千个恐怖组织躲在世界的许多角落，干着暗杀、绑架、袭击、爆炸和劫机等勾当。有人把它称为"21世纪的政治瘟疫"，也有人称它为"一场无休止的地下战争"。自20世纪90年代以来，全世界就发生了千余起重大恐怖事件，几乎涉及所有的国家和地区，腥风血雨，令人毛骨悚然。2001年9月11日，本·拉登基地组织策划的"9·11"事件，造成平民伤亡3 000余人，举世震惊。尽管世界人民一致声讨恐怖袭击活动，但我们要清晰地看到，在未来的城市防卫作战中对手也会利用恐怖袭击的手段对国家进行大肆破坏，以达成作战目的。因此，在未来的城市防卫作战中，防敌方恐怖袭击是国家面临的一大难题。

(2) 特种作战。

特种作战其实是一种传统的作战样式，古已有之。第二次世界大战后特种作战部队并没有因为战争规模的减小而减少，相反局部战争的特殊性使特种作战部队建设和特种作战理论都得到了进一步的丰富和发展，特种作战得到广泛使用。特种作战部队建设进一步走向正轨。在编制上，不仅建立了指挥控制部门、作战部队，还建立了配套的支援保障部门与部队；在训练上，建立了专门的训练机构和人员培训机制，训练的内容、方法已趋于成熟；在理论上，关于特种作战的实质、特种作战的任务、特种作战的行动原则、特种作战的组织实施、特种作战部队建设等理论问题的研究取得了较为深入的进展，并为局部战争的实践提供了理论支持。世界上主要的军事大国，无一例外地对特种部队的建设和特种作战理论的研究探讨给予了极大的关注。

从20世纪80年代至今的200余场局部战争和武装冲突来看，每一次都有特种作战部队参加，且都对战争进程和结局产生了较大影响。在1991年的海湾战争中，美国特种部队悉数上阵，演出了第一场现代高技术条件下的战役特种作战，帮助美军干脆利落地解决了萨达姆军队，在显示美国特种部队建设成果的同时，也让世界各国看到了未来特种作战的发展方向。在未来的城市防卫作战中，我国也将面临敌方的特种作战袭扰，必须对敌方的特种作战进行深入了解，防患于未然。

（3）游击作战。

游击作战是以渗透到敌方纵深和后方的少量部队，直接攻击、袭击敌方重要目标的作战行动。为了加快作战进程，主要是破袭敌方指挥中心、通信枢纽、雷达站、电子战设施，破袭敌方高技术武器阵地，破袭敌方输油管道、后方仓库、机场和港口等要害部位和敌方运输系统、后勤补给系统。为了瘫痪敌方作战体系，主要对其关节点和要害部位实施特种破袭，针对重要目标和要害部位的变化适时调整破袭的重点。为了提高破袭作战效果，将灵活地捕捉和创造战机，注重从敌方要害目标的弱处着手，并与主要作战行动、火力突击、电子干扰及其他敌后作战行动密切配合，确保完成任务。所以，游击作战将是对手采取的一种重要方式。对此，我们必须予以高度重视。

3.2.3 城市可能面临的威胁行动

在未来可能爆发的与强敌之间的军事冲突中，强敌可能投入多个航母战斗群、数十艘作战舰艇、数百架作战飞机、各型巡航导弹，以及部分太空高超音速武器、特种作战、网络作战力量，同时加强部分海空作战、战略打击及天基作战力量，构建由侦察预警、指挥控制、网电攻击、联合打击、联合防护和前沿基地六个系统组成的高效能作战体系。

在对国家重要城市进行打击时，强敌可能采取首先打击目标军队空天防御体系、战略预警系统和战略战役反击力量，其次打击军政领导体系和战略战役指挥系统；最后打击战争潜力目标、重要民生目标和舆论宣传目标等手段，实施联合打击，动摇目标军队主要作战方向的决心意志。具体来说，可能综合运用多种方式对国家重点城市实施中等规模"混合性"打击。主要采取 7 种行动：

一是威慑遏止行动。综合采取舆论造势、兵力前推、海空挤压、大型军演、划设军事禁区等行动，对目标军队形成进逼示强、综合施压、攻心夺志、以慑代战的威慑态势。

二是网络电磁攻击。运用网络战武器，对目标信息网络实施病毒破坏；使用电子战飞机在目标城市周边区域建立"干扰走廊"，全面压制目标防空体系；依托先进的电子战系统和无人机"蜂群"，切断目标信息系统链路；发射反辐射导弹，攻击目标一线雷达阵地和通信节点。同时使用电子战飞机，在某方向实施电子干扰压制和硬摧毁，夺取制信息权。

三是空中火力突袭。发射巡航导弹，毁瘫军队一线侦察预警、防空反导阵地和指挥系统；使用隐身飞机实施隐蔽突防，打击军队侦察预警、防空反导阵地和机场等目标；夺取制空权后出动战斗机及轰炸机群，打击国家重点城市地区政治、经济和民生目标。

四是垂直贯顶打击。使用轨道飞行器、大型舰艇发射高超音速武器，实施临近空间高速突防，或由搭载新型、巨型钻地弹的隐形战略轰炸机实施临空轰炸，对军队战略战役指挥机构、信息网络节点和重要政治目标等实施精确"点穴"。

五是特战渗透破袭。运用战前潜伏、战中渗透等方式，派遣特战力量进入国家重点城市防卫区域，实施抵近侦察、引导打击、战果评估和破坏袭扰。

六是舆论心理攻击。综合利用舆论宣传手段，炒作民族矛盾和社会问题、抹黑党政高层、鼓吹"普世价值"，对国家进行思想心理渗透。

七是煽动暴恐破坏。采取特战人员策划指导、敌对力量具体实施的方式，拉拢策动境内外恐怖势力，对国家军政机关、民生设施或人员密集场所实施暴恐袭击；挑唆煽动利益诉求群众和不明真相群众，制造大规模群体事件和打砸抢烧犯罪活动，策动"颜色革命"，动摇国家执政根基。

3.2.4 城市防卫作战战场环境特点分析

城市是国家或地区的政治、经济、文化中心,又是军事活动的重要场所,具有极其特殊的时空特征和军事斗争意义。智慧城市建成区内建筑密集、街道纵横、目标众多,而且空间向地下拓展延伸,可以说是最复杂的战场,在综合防卫行动中环境对装备和技术的运用造成诸多限制。智慧城市综合防卫运用环境内容丰富,组成复杂,涉及作战双方的政治经济、军事、文化、科技、地理、水文等一切影响作战行动的外在因素,概括起来,主要包括地理环境和社会环境两大要素。

1. 地理环境及其对军事行动的影响

城市外围郊区是城市的屏障,市区是支撑城市外围郊区的核心。多数情况下的战争实践表明,城市外围往往成为城市作战的重心。但在未来战争冲突中,城市安全将受到强敌非接触、非线性、非对称、全纵深精确打击的严重威胁,主要面对的是敌人空中威胁与地面特种力量的破坏。因而,城市综合防卫的作战重心应置于城市市区及市区外围,特别是各重要地区、重要目标和重要交通运输线附近。城市战场的地理环境复杂且富有挑战性。城市的地理环境具有自然景观的所有特点,形成复杂且流动的环境,以独特的方式影响军事行动。表 3-1 为城市与其他类型地理环境的区别。

表 3-1　城市与其他类型地理环境的区别

	城市	沙漠	丛林	山区
非战斗人口	多	少	少	少
高价值基础设施数量	多	少	少	少
多维战场空间存在	是	无	一些	是
打击/探测/观察限制	是	无	是	一些
打击距离	短	长	短	中
接敌途径	多种	较少	较少	较少
机械化部队自由机动	低	高	低	中
通信功能	下降	正常	下降	下降
后勤需求	高	高	中	中

（1）城市地理环境的特点。

一是近郊多依山傍水，天然障碍多。从古代沿袭至封建社会中后期，大多数城市都是建立在交通要道、关隘、渡口等地形相对险要、易守难攻的地点，兼作军事据点，并在城内及其外沿建筑各种护城墙进行防护，在护城墙外周围又开筑环形的护城河用以保障城市的外围安全。在信息化条件下，城市虽然主要是作为政治、经济、文化的中心而存在，不再具有传统意义上的边界防御功能，但现代重要城市多数都是从旧城市的基础上发展而来，仍然具有依山傍水的特色。各类新兴城市由于生活、生产需要，普遍也临河或近河而建，有的还在城市外围开河引流，是城市良好的天然屏障，对城市防卫作战具有重要影响。

二是远郊地形平坦，视野开阔。城市外围远郊一般都是农村边缘地带，或是保障城市生活的物资供应基地，以及各种卫星城镇等。这些地区距城市市区较远，地势较为平坦；植被相对低矮，少有成片成块林地特别是高等乔木林；人员密度较小，民居或疏落无致或成小块特别集中；各种人工建筑多是民居，高层建筑和大型工厂较少，具有非常良好的通视条件，而且视界也较为开阔。未来，随着城市的发展，虽然有部分大中型工厂和大中院校校区将搬迁或辐射到郊区，一些新兴产业单位也将在郊区兴起，但这些单位只是集中于近郊，属于一种市区地域向外部扩张的潜在现象。从总体上看，郊区各类建筑物分布的密度仍远小于市区，地形平坦、视野开阔的基本特征并不会发生改变。

三是城市市区人工建筑设施多，错落有致，立体、多层。城市是政治、经济、军事和科技文化的中心，市区最普遍的特征就是建筑物特别多，且密集坚固，使市区显得特别拥挤。现代城市特别是新兴城市，随着经济的不断发展和人性化的城市发展理念，市区建设都有明确、具体的规划，对街区的性质、功能和建筑物的高低、风格、内部配套设施，以及相关的外部配套生活条件等都有严格的规定和区分，市区整体布局显得错落有致，立体、多层，富有一定美感和实用感。立体多层的城市空间布局如图3-2所示。

此外，当前世界各国不仅因为政治和经济建设在城市修建了大量的建筑物，而且从军事角度在城市建设了大量的国防工程设施，如民防工程和设施。此外，还从平战结合、经战结合的原则出发，在市区建立了各种地下商场、停车场、地下宾馆、地下影

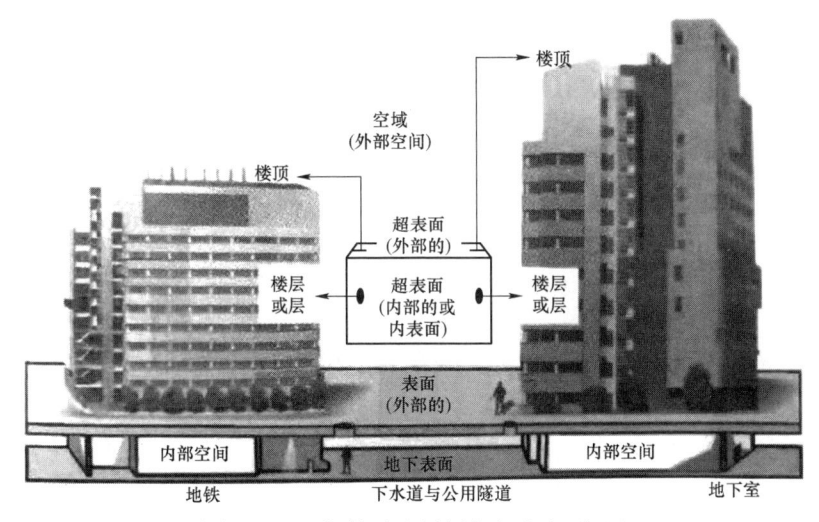

图 3-2　立体多层的城市空间布局

院、地铁、专用人防工事、坚固的地下隐蔽所和指挥所等地下建筑设施，有的建筑物深入地下 50 余米，形成了一个结构复杂、功能齐全的庞大地下工程网。例如，纽约、巴黎的地下铁道都已长达 200 多千米，而伦敦、东京、莫斯科的地下铁道也都在 130 千米以上。日本在 26 个城市中建成了 146 条地下街。美国堪萨斯城利用原来开采矿石的矿区修建了总面积达 370 万平方米的地下城。旧金山在 1988 年建成的世界最大的地下会堂，可同时容纳 2.8 万人活动。美国有 23 个州的 96 所学校都设在地下。在海湾战争爆发前十多年里，伊拉克前政府在首都巴格达的主要街道，每新建一幢官方建筑物，都要提供一个地下工事。工事实用、可靠，有细小的密室和宽敞广阔的地下军营；在主要街道之下，修建了长达数千米的地道，地道中遍布防空洞、指挥所和隐蔽所，足以容纳数千名士兵和平民。为了保护精锐部队免受袭击，伊拉克还建造了许多专门用于屯兵的地下隐蔽所。

四是交通基础设施全，通道纵横，保障力量强，交通运输条件便利。城市一般都位于交通枢纽的连接点，铁路、公路、河道和空中通道等纵横相接，各种油、气、水、电管线或有干线或有支线与市区相通，而且各个城市都拥有专门的部门和力量负责各种通道的维修保养，如交战办和道桥管理单位等，所拥有的交通运输工具也是农村的数倍级，故具有很强的交通运输与保障能力。随着经济的发展，市区交通基础设施等硬件建设日臻完善，交通更加发达。在通常情况下，城市市区大小街巷纵横，街区与街区之间通路间杂，市区边沿也常常建有各种宽敞的绕城环形大道，整个市区空中、地面、水上、地下各种机动通路和水、油、气等运输管线如蛛网交织密布，四通八达的各种交通运输线就像神经网络般连接着市区的每个角落。而且，城市市区是工业、交通的核心区域，一般都分布有各种交通设备器材制造企业、交通维修产业、各种车站场所、交通服务保障社区、邮政传递服务所、物流速递服务点、搬家运输公司和市区公交服务公司等多个交通运输节点。这些节点内部蕴藏的各种专业人员组成了市区内的一支力量壮观、功能齐全的交通运输及保障服务队伍，为城市交通运输提供了宝贵的"软"资源。城市市区这些过硬的"硬""软"资源结合，使市区的交通条件非常便利，交通运输相当发达，市区交通运输能力日益提高。

（2）地理环境对作战行动的影响。

一是郊区难监控，市区难反制。从地理环境结构看，一般城市外围郊区多是保障市区蔬菜供应的种植区，在广袤的田野中散落着一些卫星城镇、村庄和工厂，通道纵横，民居集中，地形平坦，视野开阔，人员隐蔽，渗透极为便利，空中渗透着陆点多，人员定点警戒隐蔽性差。在这种地形上组织开展防卫作战，地方武装很难有效地设置障碍和警戒，对重要通道和地段实施监控、对进出城市的人员监控更难。在阿富汗和伊拉克战争中，美军特种部队在对手纵深城市外围空降却始终未被发现就充分说明了这一点。相反，在城市市区，由于人口密集，通道固定，各种市政公共管理系统较为完善，各级管理体制较为健全，借助地方力量和设施加强对各种人员的监控则相对便利。但是，任何事都是矛盾的统一体。与城市郊区相比，城市市区地理环境在防卫作战中也存在着许多制约因素。其中之一就是当敌人或敌对分子潜入城市市区后，由于建筑和通道多、人员密集，既有利于敌方藏匿又有利于隐蔽脱逃，而我方则既不便于隐蔽搜捕，又不便于强制攻坚。俄罗斯莫斯科影剧院恐怖事件和别斯兰恐怖事件就是最好的例证。俄罗斯虽然拥有较为完善的城市管理机制、较为强大的军事预警能力和军事力量，但在两次事件中预先都未能及时察觉恐怖分子隐蔽渗透破坏的企图，事中也未能迅速、准确地查明恐怖分子的数量、携带的武器装备、部署和协同情况，以致在处理事件时出现许多失误，造成了人质的大量伤亡。

二是市区建筑林立，通道纵横，双方小分群、非正规隐蔽对抗行动突出。首先，现代城市高楼大厦林立，各种建筑物密集、坚固，人防工事等地下设施较多而畅通的地理特征，使在城市作战中战场可用自然障碍物多，形成了众多小型、立体、多层的良好隐蔽防护体系。受其影响，敌方通常会利用这些人工障碍物进行隐蔽、潜伏、袭扰、攻击、破坏和撤逃；己方武装则会利用这些有利条件隐蔽接近破坏之敌,对其实施快速、隐蔽的突然打击。其次,城市市区虽然街巷纵横,大小通道立体交错,但市区道路一般都比较狭窄,且处于两侧各种中高层或高层建筑的夹击与俯瞰之下,作战力量横向并排战术机动和展开距离不足,兵力兵器除预先配置外只能沿着街道作纵向机动和展开,兵力兵器容量受到较大影响。因此,在未来城市综合防卫作战中,作战双方都会充分利用市区立体多层布局和各种可用的人工建筑设施,分散用兵,各个出击,近距离的隐蔽对抗行动将较为突出,战场的残酷性和艰巨性也将更为明显。在伊拉克战争中,伊军将作战力量分散到各个城市和街区,自我组合,以战斗小组形式实行小群多点游袭,既成功地避开了美英联军的空中打击,又一度坚守住了城市要点,并对美英联军绵长而薄弱的后勤补给线构成了极大威胁,甚至一度迫使美英联军不得不停止正面攻击行动,调整战术来对付这些纵深散兵。整个战争中,美英联军遭遇的大规模集团作战几乎没有,最多的则是这种与伊军小规模甚至是单个战斗人员之间的游击作战。采用这种战术,伊军部署在乌姆盖斯尔的仅120人作战力量,就顽强抵抗了数十倍于己的美英联军达一个星期之久;在巴士拉,伊军在大街小巷与美英联军周旋,摧毁美英联军多辆坦克和装甲车。美英联军为了快速夺取城市,有效减少伤亡,在纳西里耶等外围城市巷战中也相应地采取了小分队快速突袭等非常规行动。再次,城市市区大的机动通道都呈立体、纵向放射状,各种高大建筑物多,便于低空隐蔽突击。敌方在城市作战中,为了避免人员正面攻击产生大量伤亡,同时又可迅速突破对手防卫要点,往往利用空袭兵器进行低空突袭。在伊拉克战争中，美英联军在城市巷战中遇见伊军顽强抵抗时，采取了停止地面攻击、呼唤武装直升机实施低空隐蔽突袭的作战行动。但是，对防卫一方来说，众多高大的建筑物也便于隐蔽配置防空火力，组织对低空防卫。例如，美军在索马里作战中，美军为了抓获艾迪德，突然出动了3架武装直升机在摩加迪沙的国际饭店楼顶进行空降突袭。艾迪德手下的武装民兵根据美军的一般作战原则和方法，预先在饭店上层配置了较强的兵力兵器，结果成功地伏击了美军突袭的武装直升机，取得了击伤击落飞机各一架，打死打伤并俘获数名美军作战人员的奇特效果。在伊拉克战争中，伊军游击作战力量使用手中简陋的武器装备，利用市区有利地形不仅打死打伤美英联军50余名，摧毁坦克和装甲车数十辆，而且取得了击落击伤多架武装直升机、俘获十多名人员的战果。

三是建筑物高，密集度大，观察、射击、指挥、协同、通信联络不便。城市各类建筑物普遍要高于农村建筑物。这些高大而密集的建筑物，都极易遮挡平面视界，影响市区地面人员的通视，在市区这种情况尤其突出。城市防卫作战中防卫部队虽然可以利用这些地形、地物隐蔽行动，但观察、射击不便，队形易被分割，且低层作战特别是巷战和近战中既要对地面和地下加强观察和射击，又要加强对楼房空中楼层的观察、射击，战斗协同和指挥非常困难。同时，由于市区各种高层建筑及其附属设施的遮挡，加之部分单位在楼顶安装了一些屏蔽系统，防卫部队运用的电子通信联络受到的屏蔽和干扰将较大，各个编组通常只能依靠各种简易通信进行协同联络，战斗和保障行动将更加困难。伊拉克战争初期，美英联军在外围城市作战中就因为这样的问题而导致作战行动一度受挫。

四是大规模机动困难，兵力兵器不易展开。市区街巷纵横，大小通道立体交错，道路除主干道外，一般都比较狭窄，战术容量小，且处于两侧建筑物的夹击与瞰制之下，作战力量特别是装甲机械化力量横向机动和展开困难，只能沿街道作纵向机动和展开，大规模机动受到了较大制约。市区街巷的各个阴暗拐角都可能是对手隐蔽攻击的地区，在敌情顾虑和威胁较大的情况下，大规模机动展开将更加困难。

五是地域面积大，有利地形利用有限，有效运用难度大。现代城市不同于过去那种以军事防御为主要功能的"城"，市区面积越来越大，类似过去城墙等可以利用的有利地形却越来越少。特别是在信息化条件下城市防卫作战中，防卫方面对的外部威胁主要来自空中打击兵器和渗透之敌特种力量，内部威胁主要是各类敌对分子、敌对势力、对社会不满分子，以及潜藏的敌特等。应付这些威胁，就形同于野地里逮老鼠，目标分布密度小，主体对有利地形利用率极为有限，行动难度极大，需要花费较多的人力、物力、财力，并结合运用高超的谋略方能奏效。

2. 社会环境及其对军事行动的影响

城市社会环境是一个外延非常广泛的概念，凡是涉及社会构成的因素都是其组成内容。概括起来，主要包括人口、经济、交通运输和通信、医疗卫生、科学技术等。未来信息化条件下的城市防卫作战，虽然农村发展加速，农村城镇化趋势越来越强，但城市与广大农村相比，社会人文环境仍具有明显不同，这种特殊的社会人文环境对城市防卫作战将具有至关重要的影响。

（1）城市社会环境的特点。

一是人口密度大，素质高，组织性强。人是社会活动的主体，是社会存在的基础。城市内部的人是城市社会人文环境的第一要素。从另外一种意义上讲，人是决定战争胜负的基本因素，武器装备是决定战争胜负的重要因素。因而，研究城市作战社会人文环境及其对作战行动的影响，也应首先研究城市构成的基本要素——城市中的人。首先，现代城市，特别是市区，人口稠密，密度远远大于农村和郊区。目前，全世界约有45%的人口生活在城市。随着经济的发展，世界正在走向城市化，预计到2030年，世界上70%的人口将居住在城市。另外，1984年人口普查资料显示，我国平均每平方千米有107人，而城市却有266人，其中市区高达1 200人以上。其次，从受教育和素质结构情况来看，城市教育基础条件好，人员受教育多，素质普遍高。一方面，城市高等院校集中。据统计，我国地级及以上城市普通高等院校数量占全国同类院校的91.9%，而在校学生数占全国同类院校在校学生总数的37.4%。另一方面，城市是各种高素质人才集中的地方。在平时的经济建设中，城市具有技术向心的功能，城市管理、通信、计算机、医疗、工程、科研等领域往往汇集着大量的科研、技术人才，尤其是高级技术人才。2005年，我国仅地级及以上城市的医院、卫生院数就达22 599个，拥有医生92万人，占全国医生总数的47.5%。城市这些高素质的人员，平时是经济建设的中坚力量，战时将是城市作战中的重要力量。许多军民通用技术人才，如计算机、医疗救护、通信、消防等专业技术人才，战时可直接转化为军事人才，成为作战力量和保障力量中的骨干。最后，由于城市人口大多从事协作性较强的工作，加之城市民兵、人防等各种组织健全，平时集体活动多，因而其组织纪律性比农村人口要强，战时容易纳入不同的组织进行动员和使用。

二是工业密集，物资丰富，经济基础雄厚。城市是一个地区的经济中心，历来是商贸中心和物资集散地，工业发达，作战物资和就便器材丰富。以我国为例，国家所有大中型国营企业基本分布在城市，许多新兴的高附加值的高新技术产业、大中型金融银行、证券交易所等也都集中在城市。这些单位都是国家的经济命脉，产值非常可观，一举一动对全国的经济都具有相当大的影响。例如，上海市就是举世闻名的国家金融中心；香港是世界级的国际金融中心。随着全国城镇化的发展，城市规模不断扩大，经济含量将会更高。现代城市发达的工业，将为未来高技术局部战争积蓄和提供强大的物质资源和技术保障。

三是科技基础设施完善，技术力量充足，科研潜力大。城市既是一个地区的经济、交通中心，同时也是文化科学技术的中心。城市不仅具有良好的教育基础设施，还有强壮的高素质的师资和科研队伍，汇集了全国大多数的中高级院校。现在，随着全国大学招生规模的扩大、高校产业化和农村城镇化的发展，城市高等学校和中等专业学校在校学生数在全国占的比例更大，高校科研项目和成果不断增加。科学技术是第一生产力，也是现代战争中的第一战斗力。20世纪以来，世界各国竞相制订和实施的科技兴国强军计划，如欧洲的"尤里卡"计划、日本的"科技立国"计划、我国的"863"计划，都是为了实现科学技术的飞速发展。

这些计划的实现离不开各类科研机构，而我国各种科研机构几乎百分之百地设在城市。城市内的这些科研机构多数都有灵活的信息获取渠道和充足的科研经费保障，是我国科学技术发明和革新的核心机构。此外，现代城市集中了大量的高新技术产业、大中型企业和军工企业，以及大量的通信、交通等服务部门，这些单位都蕴含着大量的专业技术研究和操作人才。特别是重要的大中型企业和部分高新技术产业内部，都设有独立的科研机构为其生产、经营进行专业服务。如此众多的科技队伍和充裕的资金来源，是我国科学技术发展腾飞的重要基础。

　　四是交通运输和通信发达，医疗保障体系健全。城市多位于交通枢纽，既有良好的交通运输通道，又有众多的交通运输保障部门和行业，且陆路、海路和空中交通发达，非常便于部队的集结与调动、后勤物资的运输与管理，以及城市居民和伤病员的战时疏散。城市的通信和信息网络越来越发达，程控电话网、新一代互联网、有线广播电视网、无线电话网已经普及，5G 移动通信网也在加速覆盖，广播电台、广播电视台规模不断扩展，通信生产和服务队伍不断壮大，通信事业日益发达，"地球村"的梦想已经开始在城市初步实现。城市发达的通信，有助于获取、传递和处理各种信息，对战时的通信、电子战、心理战、新闻战、网络控制战等具有重要的辅助功能。从我国医疗卫生情况看，随着城市医疗体制的改革，城市医疗卫生事业也更加发达。目前，城市医疗体系集中了全国一半以上的医生和床位，拥有全国屈指可数的优秀医疗专家队伍和医疗科研队伍，拥有各种先进的医疗诊断和治疗设备，而且城市各种卫生防疫组织健全，公共卫生设施齐全。这种远比农村地区发达的医疗卫生事业，为战时城市作战中伤员的及时医治和救护提供了极大的便利。

五是城市防护工程建设体系完善，覆盖面日益增大。城防建设是国防建设的重要组成部分，也是《中华人民共和国国防法》中突出强调的一个内容。近年来，我国城防建设认真贯彻"长期坚持、平战结合、全面规划、重点建设"的方针，走上了与经济建设协调发展、相互促进的道路，人均地下隐蔽能力已达0.27平方米，人防工程人均占有率近30%。虽然这样的水平与发达国家和地区相比差距还较大（美国70%，俄罗斯80%，瑞士90%，以色列和我国台湾地区高达100%），但是，我国城市防护工程建设已得到了各级地方政府的高度重视，建设步伐和人均占有比例正呈快速上升趋势。在一些重点防护城市，人防工程人均占有率已超过90%，人均地下隐蔽能力已接近1平方米。这些防护工程设施，将是城市防卫作战的重要依托，对地方武装有效开展城市防卫活动极为有利。

（2）社会环境对军事行动的影响。

城市社会人文环境是构成城市作战环境的主要要素，对未来城市综合防卫作战行动影响巨大。

一是可动员潜力雄厚，组织保障方便。随着社会的发展进步，城市的现代化程度越来越高。城市有现代化的建筑群、完善的地下工事和人防设施；城市人口集中，组织健全，既利于就地组织扩编和补充部队，也利于发动和组织群众配合和保障作战，实行军警民联防；城市工业发达，设备完善，技术力量雄厚，具有较好的物质和技术基础；城市交通、通信发达，可组织快速机动部署、保持通信畅通和进行信息作战；利用城市丰富的工商、水电、医疗等资源可组织充足的后勤保障。这些使得城市防卫作战的自身保障能力较强，是独立作战和连续作战的有利条件。仅以人员为例，城市众多和高度集中的人口，就为平时城市的国防建设和战时的战场建设、兵员补充、战时生产和后勤保障等提供了强大的人力资源。例如，苏联在卫国战争中，城市居民特别是工人在保卫城市中就发挥了重大作用。仅列宁格勒保卫战，在1941年7月和8月的防御阶段，居民每天出动数十万人在900千米地带构筑防御工事；先后组织民兵16万人，组建了10个民兵师，其中7个转为基干师；在该市被围期间，修造坦克2 000多辆、飞机1 500架、火炮数千门和许多舰艇，制造枪支22.5万支、迫击炮1.2万门、炮弹1 000万发，等等。苏军自己也认为，列宁格勒保卫战的胜利，是该市居民和作战部队共同奠定的。

二是高价值目标集中，有效防护行动困难。城市要害目标多、价值大，且暴露，敌方对这些目标的空袭往往时间长、强度大、毁伤精度高。从近几场局部战争看，使用精确制导武器，超视距远程精确打击对方要害目标，瘫痪其防御体系，是敌方进攻城市的主要行动样式。防敌方精确打击，主要是防敌方空中精确打击，将是城市防卫作战的主要任务和行动。此外，特种精确作战、信息精确攻击也已成为精确打击的重要行动样式，防敌方精确打击的任务日益繁重，难度较大。一方面，高价值目标防护需求与防护力量不足存在着较大的矛盾。战时，城市防卫作战空间广阔，区域大，需要投入的力量较多，而地方武装力量不能全部用于作战，更多的力量还得从事各种支前保障和正常的工作、生产。另一方面，敌方对城市这些高价值的目标打击破坏行动多样，既可能是空中袭击，也可能是特种分队、敌特和各种敌对分子制造骚乱暴乱或实施恐怖袭击和破坏，行动不确定性大，预先防护准备较难，再加上城市许多重要目标固定、暴露，战时无法转入地下隐蔽防护，极易遭受打击破坏。

三是各种潜力技术含量高，双方对抗通常在多维、多位展开。在城市社会人文环境中，最突出的优势就是各种战争潜力中的技术含量高，特别是高科技含量较高。这些丰富的专业技术人员、物资、设备器材、设施和成果等，为地方武装组织城市防卫行动提供了坚实的基础。在未来信息化条件下城市防卫作战中，地方武装将会充分利用这一优势，及时动员和征用各种技术潜力，特别是高科技潜力，由平时转入战时状态为城市作战服务。在这些大量的专业技术潜力的普遍参与下，城市防卫行为的空间将不断拓展，计算机网络战、心理战、电子战等各种信息作战行动将会纷纷涌现，防卫行动将在空、天、地、电、心理等多维多领域、全时空全天候地展开。例如，在科索沃战争中，南联盟广泛动员新闻媒体不断对北约部队进行新闻舆论战，放任计算机爱好者对北约网站实施计算机网络战，有力地配合了主要战场的防卫行动。

3.3 城市综合防卫任务的特点

城市综合防卫作战，从不利因素来看，具有防卫目标广、作战任务繁重，力量多元、协调困难，敌方进攻手段多样、破坏大，民众心理防卫任务重等特点。但其也具有地形复杂、利于防御，民众基础好、便于组织，城市资源丰富、利于转化等优势。

3.3.1 敌方攻击破坏手段多样，政治影响大

经济的持续高速增长，给城市建设带来了方方面面的变化，城市的规模迅速扩大，城市的建筑物越来越密集、高大。城市的电力、通信、交通、燃气等附属设施也越来越发达。城市的这些变化，既提高了城市居民的生活质量，又在城市综合防卫作战中为防卫部队提供足够的人力、物力支援。城市的重要目标一旦遭到破坏，将造成十分严重的后果，政治影响巨大。例如，密集高大的建筑物一旦坍塌，将造成交通阻塞，且在短时间内很难疏通。再如，城市的电力、通信、燃气、供水等复杂的附属设施一旦遭到破坏，恢复起来是相当困难的，这极易造成当地居民的恐慌和社会的动荡。此外，有些经济发达的城市也吸引了大量的外来人口，有些城市的外来人口已接近甚至超过了本地人口，如厦门1996年外来人口就达62万人，而到目前为止，厦门总人口也不

过 126 万人。这些外来人口为城市的经济繁荣与发展做出了巨大的贡献，但同时也给城市人口的管理，特别是战时城市管理带来了隐患。他们的来源组成十分复杂，有前来投资的老板、有高层次的人才、有普通的打工仔，也有盲流；有工作岗位和住处相对稳定的人员，也有打一枪换一个地方的流动人员；有来自国内其他地区的人员，也有来自境外的人士。其中不乏乘机潜入的敌特分子，这些敌特分子也会在未来作战中乘机扰乱社会治安、破坏重要目标、制造恐怖事件等，将造成社会的动荡和民众的恐慌。

3.3.2　重要目标点多、面广，防卫任务繁重

城市综合防卫作战中，我国城市尤其是敌方重点袭击的大中型城市，往往是国家贸易往来的重要地区，经济发达，交通便利，防卫目标多、分布广，同时，这些防卫目标的建成一般时间较长，保密性差，目标的位置可能早已被敌方掌握，容易遭受敌方袭击和破坏，特别是辖区内的党政首脑机关及军事指挥机关，有的数十年不变。这些防卫目标比较分散，不利于集中兵力进行防卫，具体特征如下。

一是防卫目标点多、面广，防卫区域大。城市有大量的政治、经济、军事和文化目标分布在各个城区、街区。由于旅游、环保、安全等原因，现代城市中的重要目标尤其是各种化学、生物等工厂迁移至城市郊区或市区边缘。城市防卫空间随着重要目标的分布而呈现出多个区域，甚至整个城区或城市外围。这就使城市防卫目标点多、面广、线长，防卫区域更加扩大，防卫难度也将因

此而增大。

二是防卫目标种类复杂，性质不一，对防卫要求高。城市重要目标有的是固定的，有的是活动的，有的呈点状分布，有的呈线状或面状分布。这些目标又分布在不同的地理空间，不同目标对防卫的要求不尽相同。例如，对大城市大型企业、机场、港口等点状目标，需要采取严密警戒、主动防护，以防地面和空中攻击为主形成相应的部署。对公路、铁路、通信线路、输油管线等线状固定目标，则需要较多的兵力形成防空和防地面袭击的线式部署。

三是防卫目标多为大型固定目标，防卫强度大。城市中的党政首脑机关、交通枢纽、科研机构等政治、经济和科技目标，以及机场、港口、车站等各类目标，多为大型固定目标，隐蔽性差，极易遭敌高强度连续重点地破坏和攻击，伪装难度大。因此，组织实施有效的防卫，强度和难度都非常大。

3.3.3 作战力量多元、行动多样，指挥协同复杂

城市特殊的社会、人文、政治、经济地位和地理环境，决定了城市综合防卫作战必将是军民一体、诸军兵种力量共同参与的作战。其力量构成既包括省军区（军分区）所辖现役部队、预备役部队、民兵，还包括野战部队及武装警察部队、人民警察及广大人民群众，参战力量多、成分复杂。同时，城市综合防卫作战不是一个孤立的作战行动样式，它往往是在联合战役编成内的一个分支，是局部战争背景下的城市综合防卫作战。这就使防卫作

战指挥、协同和保障复杂，难度大。一方面，防卫作战整体性要求高。各级指挥员和指挥机关在组织城市综合防卫作战时，不仅要服从局部战争全局利益，重视与其他作战行动的密切配合和协调，而且要周密组织自身防卫区域内各种作战力量及行动的指挥与协同，这就增大了防卫作战指挥、协同的层次性与复杂性。另一方面，城市综合防卫作战行动多样，有信息防卫作战、反空袭作战、反特种战和维稳作战等多种样式，各种作战行动在时间和空间上可能重叠和交叉。为此，必须统筹谋划，科学编组，构建一体化的力量体系，特别是要搞好各种力量、各种作战行动间的协同，包括各军兵种部队之间的协同、军队与地方的协同等，而这些行动的组织实施将在城市联合指挥部的统一指挥下行动，联合指挥部的组织、指挥、协调、控制将更加复杂、困难。

3.3.4　民众心理防卫任务复杂艰巨

民心士气是夺取战争胜利不可缺少的精神因素。一个国家、一个民族，如果缺乏斗志，就难以发挥其整体的威力和潜力。"战争的伟力之深厚的根源存在于民众之中"，毛泽东这句话深刻地指出了人民群众在战争中所起的伟大的、决定性的作用。而信息化条件下城市综合防卫作战，敌方必将对城市民众实施全方位、多手段的心理攻击，摧毁民众的心理防线。事实上，信息化条件下的城市作战中，心理战地位已经上升到战略地位。美军继海湾战争之后，提出了所谓的"五环打击目标"理论，明确将"民心"列为重点打击对象。随后在"沙漠之狐"行动、科索沃战争以及

"持久自由"行动中,美军均遵从了这一理论。在伊拉克战争中,美军将心理战提高到战略高度,心理作战成为美军的首选作战样式。可以预见,在未来信息化条件下城市综合防卫作战中,强敌必将使用强大的心理攻势。随着高科技的发展,信息处理技术、计算机及网络、卫星技术等越来越广泛地应用于心理作战行动,心理作战的手段有了更多的选择。不仅有广播等传统心理作战手段借助高科技而效能倍增,心理作战手段更是层出不穷。例如,在伊拉克战争中,美军运用大量精确制导武器进行震慑行动、瓦解对方斗志,并借助新闻媒体等各种信息载体发布虚假新闻、欺骗民众、扰乱视听。随着信息技术的飞速发展,现代心理作战越来越借助于信息技术的支撑。军事大国的专家们认为,对敌国网络群体发动战略心理战,是摧毁敌国国民的精神防线的最有效的措施之一。同时,由于城市信息发达,人群密集,恐慌心理容易相互"传染",造成思想混乱。例如,在我国抗日战争初期,北平、天津的失守,使人们在精神上受到了一次次打击。人们对抗战能否取得胜利开始持怀疑态度,甚至失去信心,于是"亡国论"传播开来。上海、南京失陷以后,这种论调更是甚嚣尘上,使人民群众思想混乱,在很大程度上影响了抗日战争的顺利进行。信息化条件下的城市综合防卫作战,民众的心理防卫任务将更为艰巨。

3.3.5 城市地形复杂,利于防御

城市地区适于防御是由于城市地区自身的特点能够自然增

强防御部队的战斗力。城市中的高大建筑和地下设施都是有利的障碍和遮蔽，稍作改造，城市地形就可为防守方提供良好的防御阵地。若经精心改造，城市防御阵地可以很快变成防御强点，保护部队免受敌方精确武器的直接和间接火力打击。由于城市建筑物高而且分布密集，所以它们可以掩护部队不受间接火力打击。城市建筑物的高度能阻挡敌方精确制导的炮弹、导弹及炸弹的飞行路径，使其难以到达预定攻击目标。此外，高大建筑物构成的城市"峡谷"路线，便于防御部队进行机动和反击。遭到火力打击的建筑物因坍塌而形成的瓦砾堆积在街道上也能够阻塞敌方机动路线。建筑物同时还可以隐蔽防御部队的位置、部署和防御企图，能将敌军的可视观察限制在城市外围，能降低敌方雷达和电子定位设备的能力和空中成像的清晰度。城市实体环境削弱了敌方情报、监视和侦察能力，从而大大提高了防卫方的防御能力。

3.3.6 有可供依托的群众，便于发挥人民战争的优势

对防御部队的安全来说，城市地区可能有有利的一面，也可能有不利的一面。这在很大程度上取决于城市环境中人群的性质。如果城市居民与防御部队并肩作战，则环境有助于防御部队的安全。但是，如果城市居民没有被后送或对防御部队持敌对态度，则环境将使防御部队的安全面临重重困难。在未来信息化条件下的城市防卫作战中，我国有先天的群众优势，便于发挥人民战争的优势：普通群众或民兵、志愿者，能够为防卫部队提供敌军情报，尤其是能够判明潜伏的敌军侦察部队、监视和控制敌方

实施侦察的接近道路；也可发动普通群众进行集会或游行，拱卫大型战略目标，或掩护部队机动、进行伪装。

3.3.7　城市资源丰富，利于转化为战争潜力

恩格斯在《反杜林论》中指出："暴力的胜利是以武器的生产为基础的，而武器的生产又是以整个生产为基础的，因而是以'经济力量''经济情况'和暴力所拥有的物质资料为基础的。"可见，一个国家的工业生产水平和能力，是该国战争潜力的最重要的标志。越是现代化的军队，越是离不开先进的科学技术和工业生产能力。作为我国的经济中心、财富的集中地、社会主义现代化建设物质基础的城市，其各种资源相当丰富，防卫作战潜力巨大。据《人民日报》报道，城市工业生产总值占全国的 2/3 以上，汇集了全国约一大半的自然科技人才。我国城市是商贸中心和物资集散地，作战物资和就便器材比较丰富。城市工业发达，据对全国 324 个城市（不含市辖县）的统计，城市工业总产值占全国工业总产值的 69.7%，而且高新技术产业大多集中于城市，为现代战争提供了强大的物质资源和技术保障；城市多位于交通枢纽，陆路、海路和空中交通发达，非常便于部队的集结与调动，后勤物资的运输与管理；城市的医疗卫生事业也非常发达，它集中了全国约 50% 的医生和 43% 的床位，各种卫生组织健全，便于伤员的及时医治与救护。这些丰富的资源一旦被动员，其潜力将是巨大的。

3.4 智慧城市背景对综合防卫任务的影响

3.4.1 作战行动受城市多域环境制约

未来联合作战将向多域发展，在空间域、信息域和认知域等方面都将进行激烈的对抗和争夺，但由于智慧城市地形、设施和社会的限制，多域作战会受到很大影响，具体表现在以下几个方面。

1. 在空间域兵力的机动和火力运用受到限制

由于城市中建筑林立，地面部队在机动中依靠主要街道行进和发展进攻，空中作战力量要避开高层建筑和易受防空火力威胁的区域，但是智慧城市中地下设施较为发达，如可利用地铁等进行兵力机动。在火力运用方面，观察范围与射程受到建筑物影响而大大缩短，发扬火力时要做到空中火力、直瞄火力和间瞄火力综合运用。

2. 在信息域受电磁环境影响很大

智慧城市的显著特点就是信息通信发达，互联互通方便，实施作战时在确保信息安全的前提下可充分利用城市中的设施设备，增强己方信息作战能力。同时，城市中用频设施设备众多，电磁环境复杂，要合理进行电磁频谱规划，防止出现自扰、互扰。

3. 认知领域民众容易受影响和鼓动

交战双方对于信息、传媒和舆论的争夺能够有效控制或扭转局面，使战争朝着有利于己方而不利于敌方的方向发展。在城市作战认知领域的争夺中要更加突出目标的指向性，充分掌控城市民众的价值观念、民族心理、宗教信仰和思维方式等文化特性，突出认知攻防的针对性。

3.4.2　无人力量和智能装备运用广泛

未来智慧城市综合防卫作战将为新型作战力量提供更为广阔的舞台，无人智能作战力量将更多地参与城市作战的争夺。

一是无人智能装备将提供多方位情报支援。例如，在进行巷战时，敌人便于隐蔽和伪装，逐楼进行侦察难以实现，无人机和地面机器人可以对危险环境实施多方位侦察，建立空中、地面侦察手段相结合的多层次、全方位和立体化的侦察体系，同时可以减轻情报搜集、处理的工作强度。

二是无人智能装备将提供通信保障。在城市中，由于建筑物的阻挡，传统通信保障方式将受到极大的限制，可通过无人装备进行中继以实现区域通信组网和无障碍通信，必要时不得不通过通信员等传统人力手段实施通信。

三是无人智能装备将进行障碍的设置和清除。城市作战无法建立坚固的预设阵地，在实施城市作战中迟滞进攻的手段多为设置地雷、铁丝网等相结合的障碍物，人工设置或排除时可能受到敌方隐蔽火力杀伤，为有效保存战力，减少人员伤亡，可将无人智能装备用于工程保障。另外，随着武器装备智能化水平的不断提升，未来城市防卫作战中将会有大量无人智能装备直接参战。

3.4.3 公共设施的控制与利用依托于军地联合

城市具有众多的公共设施，如公共交通系统、电力系统、水利系统、电视台和广播站，有些设施在战争中要继续提供公共服务，有些则要限制使用，必须依托大量专业技术人员进行管控，对于作战保障的需求也相对更高。可通过军事手段占领和控制，同时使用地方专业力量使公共设施有效运转，以便城市资源更多为我方所用，同时及时抢救、抢修，防止被敌方破坏。在我占区进行城市联合作战时，可以更多动员地方运输、医疗、通信等力量进行后勤和装备保障，在敌占区进行城市联合作战时，为保密及安全要求，可派遣我方相关技术人员接管关键岗位或在我方监管下实施。

3.4.4 胜负因素由夺地歼敌向夺取战争控制权转变

在未来智慧城市综合防卫作战中，战争的制胜机理可能会向有效控制战争节奏转变,虽然兵力、火力、信息力仍将发挥巨大的威力,但相对弱势的一方如果能有效利用好城市环境,将大大减少与优势方的差距,直至取得战争的胜利。城市作战的目的也将由夺地歼敌向夺取战争控制权转变,尤其是对战争进程的控制。智慧城市综合防卫作战对时间资源的争夺将更加激烈。1968年,越南战争中的顺化战役是现代大众传媒报道战争的开始,通过对美国政府和民心的影响达到了其战略目的。未来智慧城市作战将是一种时间和物资的消耗战,谁能通过军事在内的多种手段取得战争控制权,谁便更有希望取得最终的胜利。

3.5 智慧城市综合防卫任务的发展趋势

党的十九大报告提出要"树立科技是核心战斗力的思想"以及"加快军事智能化发展"的总要求。具有颠覆性力量的人工智能技术，业已成为大国争夺的科技制高点。以人工智能为焦点的前沿科技在军事领域的广泛渗透，推动战争形态产生信息化阶段向智能化阶段的嬗变。随着科学技术和人类社会的不断发展，高新技术武器装备在战争中大量应用，城市作战的行动样式、兵力运用和方法手段等都将发生巨大改变，可从以下几个方面来简要分析城市综合防卫任务的发展趋势。

3.5.1 武器装备向无人、智能、集群化发展

伴随无人技术和人工智能技术在军事领域的广泛应用，世界各国军队已列装或在研的无人智能化装备已不计其数。无人智能化装备的应用不但能够有效减少人员伤亡、降低政治风险，还具有小型化、隐身化、低成本的优势。通过人机混编和自主化、集群化应用能够取得更好的作战效果。美军在 2003 年即组建了无人机中队，美军资深飞行员在 2016 年的模拟空战中败给"阿尔法"无人机，陆军正在发展可与士兵混编的作战机器人，海军则利用自动控制和远程遥控的两类无人水面巡逻艇进行了协同作

战测试，成功地包围和拦截了一架舰上起飞的直升机。2019 年 9 月 14 日，沙特阿美石油公司的设施在防空系统毫无反应的情况下，遭受了巡航导弹和数十架无人机的集群攻击，损失惨重。2020 年 1 月，伊朗圣城旅前指挥官苏莱曼尼惨遭美军无人机斩首。俄军从 2015 年开始组建的战斗机器人连，已经在叙利亚战场上取得了不俗战果。到 2030 年，美国计划将地面无人智能装备的比例提升至 60%，俄罗斯也计划将其 30%的装备无人化。可以预见，未来的城市综合防卫的参战力量定然会在技术的推动下，向无人作战和有人和无人协同作战发展。

3.5.2 作战力量由集团编成向分队编组发展

城市综合防卫作战最主要的影响因素就是地形，无论是进攻行动还是防御行动，都受到城市复杂地形的严重制约。从进攻角度看，城市地形限制和制约了进攻战斗队形的规模。一方面，进攻方不可能超越地形的限制，保持规模很大的、完整的战斗队形。另一方面，进攻者也不能违背量敌用兵的原则。此外，城市进攻中一个相对完整的战斗队形一般都不大，这也与未来作战武器的精确化、高能化是相适应的。从防御角度来看，城市地形影响兵力和火力部署。城市区域被纵横交错的道路分割成错综复杂的许多街区，各街区既互相联系，又具有相对独立性，街区成为城市地形的基本单元。一个街区规模有限，尤其是在小规模冲突中，不可能配置较多兵力，因而城市防御的组织单位多为连排或单兵。另外，城市地形严重地限制了观察和射击，使指挥和通信联络困难，若防御方兵力控制范围小，火力控制范围也受很多制约。从实战经验来看，分队编组是灵活转换的需要。美军要求参加城市作战行动的部队在训练、编组和装备上必须能够快速、平稳地从一种特混编组向另一种特混编组转换，可以特混编组到班一级。这种小规模、小分队的编组方式，能灵活、弹性地适应各种城市作战样式。

3.5.3　作战样式由高强对抗向有限冲突发展

一是非传统安全威胁上升为主要问题。随着全球化和国际局势的复杂化，全面战争和传统局部战争发生的概率已大为降低，霸权主义、领土纠纷和民族、宗教矛盾引发的武装冲突日益增多，恐怖袭击和各种危机的发生也愈加频繁，这些非传统安全威胁正在成为未来世界大多数国家安全所面临的主要问题。

二是非传统安全威胁具有低强度特征。非传统安全威胁引发的冲突和危机，发生在城市中的概率要远远高于城市之外，在城市应对危机、冲突的军事行动将越来越频繁。为应对内部危机和暴力事件，城市作战将限制在一定规模并在某些城市或城市的某个空间进行，因而呈现低强度冲突的特征。

三是全新的打击方式使战争的惨烈程度明显下降。政治决策者顾及人道主义和国际舆论，特别是对城市作战所造成的极高伤亡率的考虑，以美国为代表的西方发达国家，以发展防区外精确制导武器为契机，推出了精确打击和非接触战等作战理念，从而引发了低强度打击的城市作战方式。现代城市作战所造成的附带毁伤较机械化战争时代明显下降,死伤惨烈的巷战场面也大为减少,从政治上减少了发动大规模战争的风险。

3.5.4　作战手段由平面单一向多域融合发展

一是未来城市综合防卫作战将是多军兵种力量参与的联合作战。作战空间呈现"多维"化的高度立体性特征,交战、机动、突击等作战行动不仅在某一空间进行,而且在"多维"空间内同时或相继进行。城市作战空间,将由陆战场、海战场、空中战场、太空战场、信息战场等构成多维一体化战场。

二是武器装备功能互补才能达成作战目的。未来战争是体系与体系的对抗,强调依托信息化武器装备的优势,充分发挥陆、海、空、天、网电一体化联合进攻力量,对防御方达成全方位、大纵深的侦察监视、精确打击、快速的机动包围和非线式择要攻击,从而一举瘫痪对方防御体系,达成作战目的。

三是城市地形要求实施立体化综合作战。城市楼房林立,各种地下工程设施遍布全城。楼房是理想的城市防御代用工事,不仅结构坚固,而且可以多层配置兵力、火力,所以,城市防御主要依托楼房进行。此外,城市的地下设施一般规模都很大,有些生活设施齐备,完全有可能成为双方争夺的战场,从而使作战向地下拓展。

3.5.5 基本战法由火力打击向信火一体发展

一是心理战的地位和作用空前提高。当前，技术的进步为心理战找到了真正的用武之地，宣传的作用与效果将比以往任何时候更能左右舆论，左右人的思想与行为，因而也更能左右人们对战争的态度，从而塑造更加有利的作战环境。

二是城市作战要求强化震慑效应。城市作战的地位日益凸显，城市特殊的地理环境和复杂的情况要求作战必须强化震慑效应，以心理的震慑寻求更高的作战效益，特别是现代"软战争"的崛起，更加要求把实现作战企图的落脚点放在行动的震慑效应上，实现战争效果的跃升。

三是强调军事硬打击与心理震慑的有机结合。只有有效的硬摧毁才能出现有效的心理威慑，只有有效的心理攻击才能促使火力打击效果快速达成。物理摧毁和信息杀伤相结合的智能化攻击体系轮廓初现，利用这种新型攻击体系同时攻击敌人的战略、战役和战术重心，威胁和摧毁敌人的社会运行机制和体系，剥夺敌人的抵抗意志，以最小代价和最少的附带毁伤换取最大的政治、军事效果，直接实现作战目标。

3.5.6 侦察感知向实时感知、全域自主发展

随着分布式传感器、物联网和新一代移动通信等技术的应用，在云计算、数据挖掘、深度学习等的助力下，全领域、全维

度的战场感知已成为可能。根据俄罗斯联合仪器制造公司（OPK）新闻社报道，俄罗斯在远东和南部边境配备了能够自动收集和分析侵犯边境行为信息的人工智能系统；英国国防部引进、研制并测试了能够对城市战场进行扫描，并将隐藏的敌人信息共享给士兵的"智人"（Sapient）战场机器人；2019年韩国国防部斥资29亿韩元开发的智能型情报监视侦察系统，可以运用大数据技术和人工智能技术对卫星和侦察机搜集的影像情报进行分析。在当今的自媒体时代，每个人都可以借助智能手机等现代化多媒体设备，随时随地对世界上发生的事件进行事无巨细的"直播式"传播。因此，在功能高度集成的现代化武器装备的助力下，参与城市综合防卫任务的每个单兵、每台单装都将是一个独立的侦察触角，实时通过高速通信网络，将不同视角、不同维度下的战场态势信息源源不断地进行汇总，并利用可视化终端、平台与指挥员进行共享。

3.5.7　指挥控制向人机协同、智慧决策发展

保持"制智权"优势是赢取智能化战争的一大关键。纷繁复杂的战场态势、立体多维的战场空间、军种联合的作战力量、人机结合的作战样式、首战决胜的快速节奏，使人类指挥员面临前所未有的挑战。美国陆军的侦察系统曾在一个小型反恐行动中产生了日均53T的惊人数据，极大地考验了对战场数据的处理能力。为赢得战争胜利，就要进行算法、算术和算力的"三算之战"。美军通过试验表明，利用"AlphaGo"的深度学习能

力可以有效辅助指挥员决策指挥，其调整一项决策的速度是人工决策的250倍。为实现任务式指挥，DARPA于2015年开展的基于大数据和智能计算技术的"大机理"项目，能够独立、快速地完成作战决策、自动制定作战方案，使指挥员能够以最快方式指挥至作战单元或单兵。未来智能化战争形态下的城市综合防卫战场将配置不同层级、规模的作战云，辅之以类脑计算的辅助智能决策系统，可以有效突破人脑有限的算力，将会使人机协作这种新型"超脑化"决策方式变为"制智权"争夺的利器。作为人类智能的延伸，脑控技术和控脑技术也取得了长足进步。DARPA业已启动"阿凡达"（Avatar）项目，该项目通过将人类能力集成到神经代码中，探索对进攻性武器和系统进行"类脑"控制。

3.5.8　打击手段向精确智能、高效毁伤发展

精确智能打击是未来智能化作战追求的方向，主要实现途径是研发智能化的精确打击弹药和自主化的武器系统。当前世界主要军事强国研发的精确打击武器，从激光末制导炮弹到精确制导炸弹，从巡航、弹道导弹到反舰、反卫星导弹，从传统化学能武器到电磁炮、高能激光武器，覆盖了陆基、海基、空基、天基全平台。但要打赢智能化战争，还要求打击手段向智能化跃进。在弹药研发方面，美军将人工智能技术应用于下一代反舰导弹LRASM，使其成为具备智能感知战场、智能识别目标、智能控制动力、智能变形结构和智能突防等功能的智能

化导弹；以色列研制的"哈比"（Harby NG）巡飞弹，能够在没有人工干预的情况下自主探测、瞄准和攻击敌人的雷达设施。Spice 250 炸弹除了具有自动目标识别能力之外，还应用了场景匹配和人工智能技术，能够对地面移动目标进行识别。在自主武器系统方面，俄罗斯于 2015 年率先将机器人部队用于实战，支援叙利亚政府军攻占了"伊斯兰国"控制的拉塔基亚 754.5 高地。韩国在朝韩边境部署的"SGR－A1"型哨兵机器人，可以通过完全自主模式对人员开火射击。智能导弹的打击流程如图 3－3 所示。

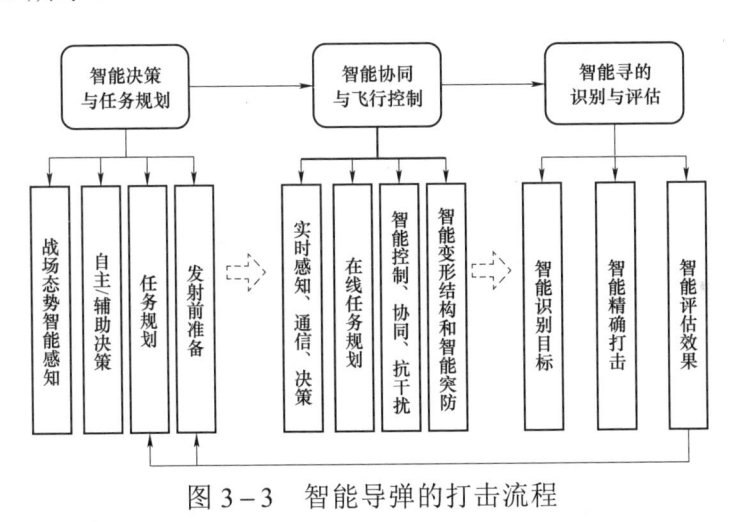

图 3－3　智能导弹的打击流程

3.5.9　后装保障向无人化、智能化发展

有什么样的战争形态就要有什么样的装备保障模式与之相匹配。装备保障必须紧跟战争形态的演变趋势，加速迈向智能化建设的新阶段。随着智能化主战装备的大量应用，装备保障也必

然向智能化转变。智能化的装备保障在以人工智能为核心的颠覆性技术的支撑下，运用智能传感器技术、人工神经网络技术、自动修复技术和智能机器人技术等，可以实现装备状态监控、装备故障诊断、装备保障指挥控制和装备功能修复的无人智能化，大大提高了装备保障的质量效益。当前，美军已经将"大狗"后勤机器人、"破碎机"无人运输车等多种型号的智能化保障装备投入了战场，而俄罗斯在叙利亚战场上投入实战的机器人系统也给保障方式带来了巨大的变革。此外，借助"远程可视系统"，可以让专家远程对一线作战装备诊断故障并快速开出"处方"，依托智能军事物流、自动修复技术和增材制造技术等实现受损装备战斗能力的快速"再生"。可以预见，在未来智慧城市综合防卫的后装保障任务中，将会有越来越多的无人智能化保障装备登上历史的舞台。

3.6 智慧城市综合防卫作战应重点关注的问题

3.6.1 注重政治影响，精选打击目标

智慧城市通常是国家或地区性的政治、经济、文化和信息中心，具有较高的政治象征意义，战略价值重大。通过对智慧城市的有效控制，可以达到稳定全局的效果，有利于挫败敌方企图、加速或终结战争。作战中要善于运用有利的政治影响，通过控制重大政治目标、军事目标、经济目标和文化目标，以较小的代价取得较大战果。以往的城市作战往往选择政治影响大的城市，如莫斯科保卫战、攻克柏林之战、东京空袭战，对最终战局产生了重大的影响。同时，为避免不利的政治影响，要严格遵守国际法和战争法的规定，充分考虑防卫城市内的宗教信仰等因素，严密侦察，精选打击目标，设立军事打击目标清单，对目标实施分类，防止造成舆论上的被动。

3.6.2 注重攻防兼备，控制资源消耗

智慧城市综合防卫虽然以"防"为主，但也存在与强敌在局部乃至整个城市的反复争夺。在城市中实施进攻行动是必不可少

的环节，突袭作为战斗力的倍增器，合理利用可大大减少城市综合防卫的代价。虽然整体的作战企图很难隐藏，但可以通过战略欺骗、心理战等方式在战争发起的时机和主要作战方向上达成突然性，进而发挥突袭的效果，为缩短战争时间创造条件。城市作战是一场资源消耗战，更是时间的消耗战，时间的延长将造成更多物资的消耗和更大的人员伤亡，在未来智慧城市的防御作战中，防御方运用智慧城市的信息技术和便利条件，即使在被孤立及缺少空军、装甲部队和火炮支援的条件下，也可以进行重新编组、部署部队和调运物资，为反攻赢得时间。因此，通过实施突袭作战，减少战争资源的消耗是实现战争胜利的有效手段。

3.6.3 注重多域协同，发挥联合效能

智慧城市相较于传统的城市，在作战的空间上向地下延伸，一般拥有更加发达的地下交通网络和下水道管网，可以用于部队实施地下的机动作战。在实施作战时，可充分利用地下空间进行穿插、迂回作战，做好空中、地面与地下的协同。在信息域，物联网、人工智能技术广泛运用，应做好信息保障、电子攻防和信息的安全防护。在认知域，应充分发挥军队政治工作优势，充分运用军地多种手段，如运用人工智能换脸技术实施心理战，夺取敌方意志、观念、心理和思维等的主导权。在传统领域，应重点做好步兵与装甲兵的协同，空中作战力量与地面作战力量的协同，实现在巷战中火力的发扬和自身安全防护的统一，并做好直瞄火力与间瞄火力的协同，实现火力毁伤与封锁敌方供给、机动

的统一。

3.6.4 注重无人智能，保障机动作战

作战中，防御方运用智慧城市互联互通技术拥有比以往更加强大的情报侦察和态势感知能力，这对进攻方提出了更高的要求。在未来城市作战尤其是进行巷战时，战况将异常激烈，伤亡也将更加惨重。随着无人智能技术的成熟，加之城市拥有更加便于搭设人机协同的设施和环境，无人作战的地位将更加突出。

无人智能装备将重点保障地面作战力量实施机动作战。一是实施更加广泛细致的情报侦察，重点发现敌方兵力、阵地、障碍物及隐蔽火力点等目标，为实施火力打击和减少敌方杀伤提供情报保障。二是实施无人扫雷破障作业，防御方将设置混合障碍物迟滞进攻方的战场机动，无人智能装备能有效代替人力实施破障，减少人员伤亡。三是实施信息通信保障，通过无人智能装备的自组网和接入智慧城市网，可以在相对封闭空间内建立有效通信联络。

3.6.5 注重因敌保障，善用城市资源

实施城市综合防卫，依然要建立起强大的后装保障体系，实施精细化不间断保障，为作战部队提供给养、弹药、油料等物资保障。城市作战相较于其他作战样式，拥有更多人力、工业、经

济、物资资源，可以有效加以利用，提高部队的整体作战能力，弥补后装保障的相对不足，如可以利用城市医院、诊所实施卫勤保障，保证伤病员能够及时得到救治，也可以利用修理厂等修理设施设备、维修战损装备等。在利用城市资源时，首先要对重要设施设备加以控制和保护，防止敌方进行破坏；其次要遵守国际法、战争法等法律及我军纪律规定，通过货币交易等方式征用；最后要做好军民利用的相对平衡，兼顾城市民众生活的基本运转。

第4章

智慧城市综合防卫装备保障需求分析

第4章 智慧城市综合防卫装备保障需求分析

智慧城市综合防卫装备保障活动在实施流程上主要有装备态势感知、保障指挥决策、保障资源供应和装备抢救、抢修等关键环节。城市综合防卫任务面临着传统与非传统、现实与潜在交织互动的多种安全威胁，装备保障在情况复杂、形势多变的局面中任务更加艰巨。当前我军编制体制产生了深刻的变革，颠覆性高新技术不断应用于军事现代化建设，智能化战争形态加速登上历史舞台，我国城市建设水平随着时代的发展不断向智慧城市迈进，装备保障模式也亟待转型创新，以适应智慧城市条件下城市综合防卫的需求。

4.1 智慧城市综合防卫装备保障的现状

军队改革实施以来，担负城市综合防卫任务的陆军部队在组织结构和指挥体制上都焕然一新，各类新型装备也不断列装。城市综合防卫装备保障在新型保障装备编配、保障力量体系筹建、保障资源预置储备、保障指挥协同机制建立和军地联保等方面已经取得了一定成效，并经受了演习训练的实践检验。在当前城市综合防卫装备保障战区联合作战的框架下，通常按照两种模式进行构建：一是统分结合、通专两线的联勤保障模式；二是军种自我保障为主体、支援保障为补充、动员支前保障为依托的装备保障模式。这两种模式主要采取信息逐级流转、物资逐级供应的层级式保障模式，装备保障一体化程度低、补给周期长、响应速度慢，难以满足新形势下城市综合防卫快节奏、高消耗等需求。从总体上看，任务部队自身保障能力存在的不足主要表现为"一板四弱"，即装备保障力量体系建设还有短板，装备战场态势感知能力、装备保障指挥决策能力、装备保障资源供应能力及装备战场抢修能力还有弱项。

4.1.1 装备保障力量体系建设方面

在"三步走"的国防和军队建设战略指引下，当前陆军武器装备体系建设已步入了快车道。城市综合防卫任务部队更新换代了大量新式保障装备，新编制体制运行逐渐顺畅，实现了维修体制三级向两级的转换，建立了联勤保障、军队自身保障与军地一体保障相结合的保障机制。但也要看到当前城市综合防卫任务部队装备建设仍以野战阵地攻防为主，适应城市作战尤其是智慧城市防卫需要的装备体系建设还存在明显不足。以参加城市综合防卫任务的某合成旅为研究对象窥斑见豹，还存在诸多问题：新老装备隔代混编不配套、不兼容，新装备编配率低，机械化、自动化的保障装备数量较少等问题突出；装备战备训练质量不高，装备战备制度落实不严格；装备人才队伍素质偏弱，与遂行任务的装备保障能力要求不适应。

4.1.2 装备战场态势感知能力方面

随着新装备持续列装部队，城市综合防卫任务部队装备信息化水平逐步提高，侦察平台手段不断丰富，通信传输网络逐步形成，综合态势情报融合能力不断增强。但在采集、传输、处理和呈现装备保障信息方面仍存在明显不足：在装备内在健康状态监测方面，仍需要大量人工方式，即看、听、摸等传统的"老经验""老路子"做诊断，缺乏依托自动化预警平台，及时准确发现故障装备，缩短故障获取时限，提高保障时效；在装备外在态势监控方面，现有的侦察力量主要用于满足作战需求，对装备分布、型号数量、完好状况等事关装备保障决策的情报信息采集能力有限，在城市的复杂空间内进行全局到局部的装备态势监控更显捉襟见肘；在保障信息传输方面，军用通信网络带宽容量不足、通信系统兼容性差、易受城市环境阻断。在处理信息方面，装备保障系统采用手写、纸记等传统方式进行登记统计的情况还较为普遍，缺乏对性能指标的量化，以及对量化数据进行统计积累和定量分析的手段，处理装备保障信息时存在效率不高、准确性差、时效性不够的问题；在综合态势呈现方面，装备管理信息数据还在使用一体化指挥平台的平面态势图，信息调取操作复杂、呈现单调、要素不足，未能构建适合城市环境的直观动态多维显示的态势图，未实现自动化提示、多维化显示、全要素呈现、智能化分析。

4.1.3 装备保障指挥决策能力方面

当前，从战区到任务部队已对装备保障的指导原则、基本任务、体系构成、筹划指挥以及控制方法流程、编成编组、勤务和信息服务等内容进行了规范。其依托一体化指挥平台编配了各级保障指挥机构和要素，基本打通了从战区到单兵纵向贯通的装备保障指挥链路，但还存在诸多不足：一是保障指挥手段明显不足，指挥系统应急建设和装备综合集成建设中还未将装备保障系统的信息化建设纳入其中，主要依托融入前后方指挥所的一体化指挥平台实施保障指挥。其基于车载装备、计算机和临时局域网的骨干网络，难以有效应对城市环境小群队、小编组的作战保障样式。信息互联互通和指挥协同受城市环境制约，保障指令难以直达单装单兵、保障行动难以实时精准调控。二是行动中指挥控制难度大，受制于装备编配不足、兼容性差和隔代混编等客观现实，行动中通联能力弱、数据传输带宽小、网络管理难度大，指挥控制能力难以提升。三是辅助决策能力有欠缺，虽然依托一体化指挥平台对后装保障席位进行了设计完善，也具备物资弹药测算、保障方案生成等简单的辅助决策功能，但相关的数据库资源建设滞后、软件可操作性有待优化，还需进行大量烦琐且易出错的人工作业，对装备保障指挥形成了严重制约。

4.1.4 装备保障资源供应能力方面

城市地区各类物资储备充足、交通运输发达、人力资源丰富，大型装备维修点、仓储物流仓库、装备人才培训机构众多，国防动员潜力巨大。遂行防卫任务时，军队可根据装备保障需要，按照军地双方预先明确的保障关系，积极利用好装备研究院所以及军工和地方企业，就近、就便组织装备保障，充分发挥地方大型仓储物流系统优势，提高战时装备的调拨补充速度，把各种国防资源转化为战争实力，为军队搞好装备保障提供强大的后盾。但是，各种装备保障力量没有隶属关系，相互之间通联存在障碍，供应保障渠道各不相同，要形成一个有机整体，保障协同将极为复杂，面临诸多挑战：一是地方资源战时征用机制还未有效建立。特别是与地方军工企业、装备研究院所、仓储物流系统之间协商合作机制还不够有效，相关底数掌握不够及时、准确，也未能建立完善的装备动员资源库。二是军地器材不通用。例如，某旅信息系统装备仍存在新旧装备并存、多代体制同堂、自建改建较多的问题，出现同一型号装备不同生产厂家之间软硬件不统一、不兼容，难以实现板件互换的情况。三是区域联保统筹调配难度大。遂行城市综合防卫任务时，各类装备成栅格网状布设在整个作战地域，保障范围扩大、保障战线拉长、保障对象增多。但联合保障机制还不健全，对各区域、各重点部位保障力量还不能统筹调配，做到如臂使指。

4.1.5 装备战场抢救抢修能力方面

当前多国军队基本建成了两级五层维修体制，综合运用多种力量、采用各种修救手段，采取综合性编组、专业化分工和模块式组合的方法构建装备保障机构，同时遵循"通装统保、专装自保、同装互保"的原则，形成了精干、多能、联动的装备抢救抢修模式：营主要在 40 分钟内完成对装备一般性故障的排除和部分轻损装备的抢救抢修；旅主要在 2 小时之内完成轻损装备的抢救抢修；集团军主要在 8 小时内完成中损装备抢修和重损装备后送；战区陆军保障力量主要在 24 小时内完成重损装备维修。但遂行城市综合防卫任务的部队装备仍然存在同种装备由多个厂家生产的现象，在维修保障上缺乏"部队—厂家—研发机构"畅通沟通渠道的有效机制。部队仅能依靠电话联系这种单一方式与厂家进行沟通，沟通协调效率低下且安全保密性差，影响部队装备性能保持。部分军民通用配件接口独有、形状异型，发生故障只能到固定的厂家购买维修，一定程度上影响了装备完好率，造成战场抢修不便。此外，旅级部队维修保障受人才、装备、器材、训练水平等方面制约，还无法在战时做到高效、快捷、有序的伴随保障。

4.2 智慧城市综合防卫装备保障面临的挑战

陆军部队在军民一体化联合作战体系内遂行城市综合防卫任务，不仅要做好军种内部的装备保障，还要对体系内的其他力量进行交叉保障。面对艰巨的城市综合防卫任务，陆军装备保障必将在复杂多变的战场空间面临保障感知、指挥调控与行动领域的诸多挑战。

4.2.1 装备保障状态感知难

知己知彼是进行装备保障决策的前提。智慧城市战场具有地理环境、人文环境、信息环境的多重复杂性，且充满未知和不确定性。城市综合防卫任务的行动空间高度割裂，造成作战及保障力量编成规模有限、力量高度分散，往往出现敌我难识、军民难辨的局面。城市防卫力量涉及军兵种多、社会单位和民间力量繁杂，军民力量混合部署且使用的武器装备体系复杂、型号种类各异。在智能化战争形态下，城市综合防卫装备体系不仅面临较高风险的远程、高速、精确的软硬毁伤，还要应对无人集群攻击、特种渗透袭击、煽动暴乱破坏等多种威胁。这些都给装备保障的高效感知造成严重困难。装备状态感知要透过重重战争迷雾，在纷繁复杂、攻防交融、军民混杂的战场态势中做到快速、精确、全面。

4.2.2 装备保障指挥调控难

城市综合防卫任务中运用的防卫力量涉及各个军兵种以及地方力量,各种装备保障力量之间互不隶属,相互通联困难,保障渠道各异,造成保障协同关系复杂,难以形成一个有机整体。交战双方通过组建小型、精干、高效、灵敏的作战单元,进行动态化重构、模块化编组、适应性增强的大体系支撑的精兵作战,实现作战效能的精准释放,不仅对作战协同提出了很高的要求,也对装备保障指挥控制带来了很大的挑战。随着隐身装备和高超声速精确打击武器的应用,智能化作战的节奏不断加快,对抗强度更加激烈,同时,无人机、无人车、战场机器人、无人微平台等无人智能平台的广泛应用也使作战行动的隐蔽性和突发性相应提高,对装备保障的时效性要求更高。装备保障指挥控制必须紧紧适应作战力量的调整和作战行动的节奏,实时协调保障力量,精准控制保障行动。

4.2.3 装备保障资源供应难

未来智能化战争形态下,城市综合防卫任务的战场不仅拓展至地下空间,也渗透向赛博空间、电磁空间和认知领域等无形战场。防卫目标广泛散布在城区内外,既有政治军事类目标,又有关系国计民生的水电石化和原子能等设施,还有影响作战能力持续发挥的信息枢纽、制造企业和科研机构等潜力类目标。部队将在城市建筑内外、地表上下等立体化的各类空间开展高度分散的小群多路战斗。激烈的对抗行动不仅消耗大量的各类弹药，较大的装备损失也会产生大量对器材和整装的需求。对装备保障物资的需求种类多、数量大，给装备物资高效筹措、立体投送和精准分发造成较大的压力。

4.2.4 装备保障快速修复难

智能化技术在军事领域的应用决定了武器装备向无人化、智能化、精确化发展，标志着作战装备的复杂性与技术水平将更上一层楼，装备维修保障的难度也水涨船高。在未来智能化战争形态下城市综合防卫任务中，人员装备可能遭受陆、海、空、天、电、网全维度的打击，既有常规火力打击造成的硬摧毁，又有网络电磁攻击造成的软杀伤，装备毁伤机理异常复杂。为实现体系破击、精确打击，各类打击武器也从精确化向智能化跃进，从激光末制导炮弹到精确制导炸弹，从巡航、弹道导弹到反舰、反卫星导弹，从传统化学能武器到电磁炮、高能激光武器，从电子战飞机、反辐射导弹到电磁脉冲弹、震网病毒，实现了全平台覆盖。装备使用分队的自我修复能力有限，装备技术保障力量在力量规模以及机动性、防护性、通用性等方面也存在不足，难以在紧张的作战节奏和局促的战场空间中进行紧密直接的伴随保障。

4.3 智慧城市建设为装备保障提供的支撑

智慧城市是运用物联网、云计算、大数据、空间地理信息集成等新一代信息技术，促进城市规划、建设、管理和服务智慧化的新理念和新模式。智慧城市具有全面感知、广泛互联、智能决策、互动协作等特征。防卫一方可以充分利用智慧城市的智慧应用和完善的基础设施，发挥地形、信息和技术优势，为装备保障感知—决策—行动各个环节增效赋能。

4.3.1 智慧城市的物联网设备促使装备保障战场感知全面化

万物互联、智能感知的物联网是智慧城市的代表性应用。将智慧城市的感知网络与装备保障感知系统接驳，可以有效弥补城市环境中装备保障态势感知能力的不足。借助物联网技术和传感器技术，可以给每台装备赋予独一无二的身份信息，并对其健康状态进行实时监测，让每件武器、每台装备能感觉、会说话。利用遍布城市各角落的监控设施，辅以无人机、红外探测、穿墙雷达等军用侦察设备，可以对局部战场情况进行全方位的立体观察，使战场环境更加透明。智慧城市铺设了大带宽、广连接、低时延、高可靠性的有/无线基础通信网络，利用信息加密技术将军用网络接入城市通信网络，可将装备保障感知信息高效流转至装备保障指挥机构，为装备保障决策提供依据。

4.3.2 智慧城市的智慧管理技术助力装备保障指挥决策智能化

智慧城市管理领域中大量采用了大数据、混合现实、人工智能、地理信息系统、建筑信息模型等先进技术，将这些技术用于装备保障决策，可以有效提高装备保障决策效率、丰富指挥手段。在装备保障决策信息处理上，借助大数据技术可以有效提高数据分析效率，提升装备故障预测、装备物资储备和管理等方面的能力水平；在装备保障力量部署上，综合利用地理信息技术、建筑信息模型以及城市地下空间规划管理系统等，可以更加直观地对城市战场进行从整体到局部的全面把握；在决策方案生成上，充分发挥人工智能的辅助决策优势，可以为高效快速决策、优选保障方案提供助力；在保障指挥控制上，利用体感遥控、混合现实、人工智能和脑控技术等，可以极大地丰富装备保障指挥手段。

4.3.3 智慧城市的智能交通、智慧物流推进物资供应精准化

智慧城市的智能交通和智慧物流等新兴事物广泛应用了大数据、信息标识、高精度定位和无人技术，为装备供应保障创造了得天独厚的基础条件。借助大数据分析可以为装备保障物资的

储备、周转提供科学依据，避免资源浪费。利用射频标签、二维码、条形码等技术，可以很好地解决装备物资分类问题。依托数字立体地图，采用综合定位技术手段，可在街道、建筑内部甚至地下空间实现精准定位，实现保障物资的全程可控、全资可视。使用无人机、无人车等先进的配送工具，采取人机混合编组、无人先行等方式，依托智慧交通系统选择最优配送路径，可以在有效规避伤亡的条件下，实现保障资源的实时、高效配送。

4.3.4 智慧城市的通信环境有效支撑装备抢修实现远程化

智慧城市的 5G 移动网、光纤宽带网、卫星互联网以及无线局域网为万物互联提供了天地一体、有线与无线无缝接入的基础通信条件，配合使用有/无人控制的智能化修复设备，使依赖网络运行的"线上挂号、后台分诊、远程维修"的装备维修保障模式成为可能。装备维修可以借鉴互联网医院模式进行网络预约挂号，而后由实体维修机构支撑的网络医院后台根据故障情况进行故障分析、自动筛选排序、生成维修业务清单、自动调配支援维修力量。利用数字孪生技术搭建远程虚拟"手术台"，在赛博空间对维修现场进行仿真和模拟；利用脑控技术、体感设备、游戏手柄等远程操控手段，控制混编在作战力量中的机械臂等手术机器人对受损武器装备实施远程维修。

4.4 基于 SWOT 的城市综合防卫装备保障模式需求描述

上文分析了军队城市综合防卫装备保障的任务现状和面临的挑战与机遇，为确定城市综合防卫装备保障模式需求奠定了基础。本节利用 SWOT 分析法对城市综合防卫装备保障模式需求进行了分析和描述。SWOT 分析法是国内外普遍使用的用于制定或调整发展策略的方法。利用此方法可以将分析对象的内在条件和外部环境相结合进行综合评估分析，使分析更具有针对性。

4.4.1 SWOT 模型简介

SWOT 分析法是由美国的安德鲁斯教授提出的一种战略管理分析方法。S（Strengths）代表研究对象内部具有的优势，W（Weaknesses）代表研究对象内部存在的劣势，O（Opportunities）代表研究对象所处环境带来的机会，T（Threats）代表研究对象所处环境带来的威胁。此分析法采取调查问卷、走访调研、文献分析等方法，将研究对象内外部资源和环境结合与发展战略有机结合进行综合分析后，根据分析结论采取相应措施制定或调整发展策略。其主要步骤有三个：分析内外影响因素、构建 SWOT 矩阵和进行 SWOT 分析。SWOT 分析法的步骤如图 4-1 所示。

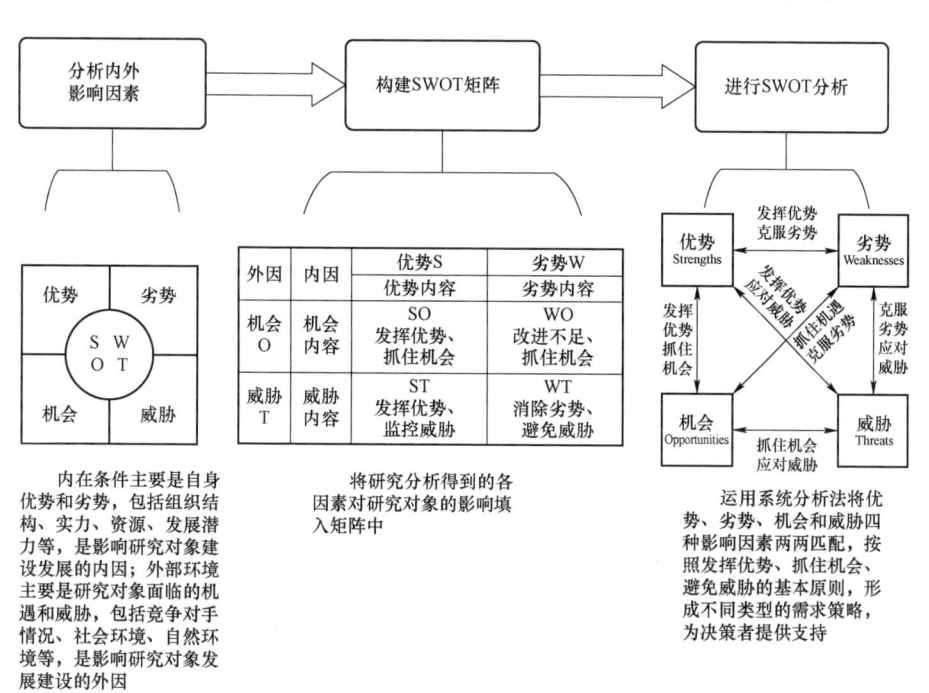

图 4-1 SWOT 分析法的步骤

运用 SWOT 分析法进行分析,可以通盘考虑军队遂行城市综合防卫装备保障任务的内部优、劣势以及外部机会和威胁,厘清陆军装备保障模式创新需求,从而奠定构建城市综合防卫装备保障模式的基础,为实现创新装备保障模式的举措提供决策依据。

4.4.2 城市综合防卫装备保障模式的发展策略

1. 第一步,分析内外影响因素

综合本章前三节的分析内容,可以梳理归纳出城市综合防卫装备保障面临的内在优势与劣势、外部环境带来的机会与威胁，具体如下。

内在优势主要有以下几个方面：

（1）军队改革各项举措在近年来加速落地，陆军规模结构和力量编成改革取得显著成效。

（2）随着国防科技工业能力的提升，各类新型武器装备及保障力量不断应用于军事领域，并加速列装部队。

（3）在实战化训练牵引下，新型保障体系得以确立和实践验证。

（4）随着军地一体国家战略的稳步推进，军地一体保障能力水平渐入佳境。

自身劣势主要有以下几个方面：

（1）由于陆军规模庞大、力量繁多，在新型装备编配方面还存在明显不足。

（2）懂新装备、修新装备的人员明显偏少，保障人员素质有待提高。

（3）受限于装备型号种类各异、标准规范不统一、体制机制不健全等因素，一体化联合保障运行还不够顺畅。

（4）各类配套法规制度建设跟不上形势变化，装备保障难以做到有法可依。

发展机会主要有以下几个方面：

（1）我国智慧城市呈现高速发展之势，尤其是重点城市如北京、上海的智慧城市建设处于全国第一梯队，基础配套设施建设日新月异。

(2)国防现代化建设事业稳步推进,我军已基本完成机械化、信息化建设,取得重大进展的阶段性战略目标。

(3)军地联合企业发展蓬勃,军地合作互动频繁,军地一体环境构建日臻成熟完善。

(4)无人智能技术发展突飞猛进,在军工领域更是一枝独秀,各种新概念装备平台层出不穷。

面临的威胁主要有以下几个方面：

(1)城市面临的安全威胁因素多样复杂,给装备保障带来了新的更高要求。

(2)参战力量的多元性给一体化装备保障在指挥通联、协同行动各个环节都带来前所未有的难度。

(3)现代战争的高烈度、快节奏征候明显,造成装备保障需求瞬时骤增。

(4)战场态势的复杂性给装备保障需求感知制造了重重迷雾,为装备保障行动的顺利实施构筑了诸多阻碍。

2. 第二步,构建 SWOT 分析矩阵

通过对内外因素交叉组合匹配,可以得到城市综合防卫装备保障 SO(增长性策略)、ST(混合性策略)、WO(扭转性策略)、WT(防御性策略)4 个方面的发展策略。通过对各个策略进行比较,可以确定装备保障模式构建的需求以及发展的战略方向,其核心要义是充分利用外部环境变化带来的发展机会,大力发挥军队编制体制调整形成的自身优势并改进当前存在的不足,同时要积极应对环境变化带来的挑战。其 SWOT 分析矩阵见表 4-1。

表 4-1　SWOT 分析矩阵

SWOT 分析	自身优势 S 军队改革基本落地 新型保障力量应用 新型保障体系建立 军地联合取得进展	自身劣势 W 装备编配有不足 人员素质待提高 一体联保不顺畅 法规制度待完善
发展机遇 O 智慧城市高速发展 国防建设稳步推进 军地联合初见成效 无人智能技术应用	SO：充分抓住军队改革和智慧城市发展建设的契机，优化保障编组结构和指控流程，加快创新新型装备保障模式，促进提升装备保障能力水平	WO：将智慧城市的基础设施和技术优势用于加强装备保障力量建设和人才培养，提升战备训练水平，充分发挥军地联合作用，建立军地一体的装备保障体系
面临威胁 T 安全威胁多样 参战力量多元 保障需求骤增 战场态势复杂	ST：发挥自身优势，提高保障能力，针对多样化任务创新完善装备保障模式，努力实现按需保障、一体化保障、全维度保障	WT：以实战化练兵备战为牵引，创新装备保障理论，加速技术革新，完善体制机制，改进方法手段，推进装备保障模式转型创新

3. 第三步，进行 SWOT 分析

（1）城市综合防卫装备保障 SO 策略。

SO 策略是通过综合分析内在优势和外部环境给装备保障带来的机会，确定装备保障模式创新的增长性策略。随着军队改革深入推进、智慧城市基础设施的不断完善、技术领域不断取得突破和军地联合国家战略的实施，装备保障在指挥体制、组织形态、力量编成等方面进行了重大革新，加之智慧城市建设以及颠覆性技术在城市各领域的广泛应用，城市综合防卫装备保障模式创新面临重大的发展机遇。陆军部队要以前瞻性眼光瞄准未来战争形

态和战场环境，不断优化保障编组结构和流程，加快装备保障模式转型创新，夯实城市综合防卫装备保障能力基础。

（2）城市综合防卫装备保障 ST 策略。

ST 策略是通过综合分析内在优势和外部环境给装备保障带来的威胁，确定装备保障模式创新的混合性策略。在充分发挥军队改革在力量变革和编成重塑的优势基础上，提高陆军部队在城市综合防卫任务中装备保障模式应对更加复杂安全形势的威胁下，以按需保障、一体化保障、全维度保障的能力促进陆军部队遂行城市综合防卫多样任务能力的提升。

（3）城市综合防卫装备保障 WO 策略。

WO 策略是通过综合分析自身存在劣势和外部环境给装备保障带来的机会，确定装备保障模式创新的扭转性策略。以军地联合为手段，以先进技术为支撑，借助智慧城市建设的发展成果，努力克服自身在一体联保、装备编配和人员素质方面的劣势，高效利用军地资源、合理进行责任区分、着力提升部队装备保障水平。

（4）城市综合防卫装备保障 WT 策略。

WT 策略是通过综合分析内在劣势和外部环境给装备保障带来的威胁，确定装备保障模式创新的防御性策略。努力查找制约军队城市综合防卫装备保障能力的内部根源，以实战化练兵备战为牵引，创新装备保障理论、健全法规制度，以技术革新促进方法手段创新，聚力推动装备保障模式创新。

智慧城市建设给生产生活创造更加便利条件的同时，也给军事行动的创新带来了重大的机遇，综合防卫装备保障力量借助智慧城市发展的建设成果，抓住历史性机遇，充分发挥军队改革后形成的原生优势，规避内外因素造成的困难和不足，创新装备保障模式，重塑装备保障"感知—决策—执行"的各个环节，满足未来智慧城市条件下的综合防卫对装备保障实时、精准、高效的需求。通过对装备保障模式创新进行多策略分析，有益于深刻理解当前城市综合防卫装备保障面临的形势、挑战和机遇，为构建新形势条件下的城市综合防卫装备保障模式提供依据。

本章对城市综合防卫装备保障的现状、面临的挑战以及智慧城市建设给装备保障带来的机遇进行了分析，运用SWOT分析法对陆军装备保障模式创新的需求进行了描述，从而明晰了构建新型城市综合防卫装备保障模式的方向。

第 5 章

智慧城市综合防卫装备保障模式设计的基本依据

第 5 章　智慧城市综合防卫装备保障模式设计的基本依据

　　装备保障模式的创新必须以作战需求为牵引，依靠科学技术的推动，并与生产力发展水平相对应，否则便会成为无根之木、无源之水。当前城市综合防卫装备保障在战区联合作战的框架下，通常按照两种模式进行构建：一是统分结合、通专两线的联勤保障模式；二是以军种自我保障为主体、支援保障为补充、动员支前保障为依托的装备保障模式。这两种模式主要采取信息逐级流转、物资逐级供应的层级式保障，装备保障一体化程度低、补给周期长、响应速度慢，难以满足新形势下城市综合防卫快节奏、高消耗等需求。城市综合防卫装备保障作为一项系统性军事活动，在防卫任务形态向智能化转化的历史背景下，在智慧城市建设取得重大进展的历史机遇中，传统的装备保障模式必须进行与之相适应的创新转型，以满足智慧城市条件下的城市综合防卫需求。

5.1 智慧城市综合防卫装备保障模式设计的基本依据

对城市综合防卫装备保障模式进行设计，首先要明确城市综合防卫装备保障要达到的基本目标。在此前提下，要围绕基本目标确立组织运用装备保障力量实施装备保障的具有宏观指导作用的指导原则。

5.1.1 城市综合防卫装备保障模式设计的目标

确立城市综合防卫装备保障的总体目标，要贯彻新时期军事战略方针和军事智能化建设的总体要求，围绕城市综合防卫的战役决心，紧密结合技术发展和战场客观基础条件的变化，遵循智慧城市条件下作战及装备保障的特点和规律，瞄准装备保障未来发展方向，使之具有鲜明的时代特征和城市综合防卫的特色。城市综合防卫装备保障的总体目标确立为在恰当的时间、恰当的地点、使用恰当的力量、提供恰当的保障，实现一有需求，即刻提供所需的保障，使参战武器装备体系得以迅速重生战斗力，并以精确、实时、高效的装备保障助力城市综合防卫使命任务的成功达成。为实现这个总目标，可以从装备保障活动"观察—判断—决策—行动"的OODA循环的角度确立装备保障"感、思、行"

的几个子目标。

感，即感知。要对战场内的保障对象、保障力量和可供调用的保障资源进行全面立体的高效感知，要达到的目标是像高德地图等一样便捷、直观、全面地掌控战场态势，动态预判战场发展趋势和可能出现的各类装备保障需求。

思，即决策。要以高效、精准的决策能力，迅速生成高执行度、高有效性的保障方案，并随战场态势的变化适时精准指挥调控保障行动。要达到的目标是让装备保障机构像钉钉、微信等手机 App 一样灵活、便捷地处理装备保障业务。

行，即行动。其包含两个主要方面的内容，也就是装备保障资源供应和装备维修保障。要根据作战力量的需求自适应提供所供即所需且恰到好处的保障资源，要达到的目标是像网络购物一样供应保障资源，像网络约车一样安排运输力量，像互联网医院接诊一样组织装备救治和抢修。

5.1.2 城市综合防卫装备保障模式设计的指导原则

城市综合防卫装备保障模式设计应当坚决贯彻上级战役企图和首长决心，围绕"全面感知、智慧决策、高效行动"的总体目标，在分析城市综合防卫及其装备保障规律的基础上，结合智慧城市这个创新条件，确定城市综合防卫装备保障活动涉及的指导原则。确立装备保障模式创新的新思路，提升未来条件下陆军城市综合防卫装备保障能力，具体应遵循以下原则。

1. 着眼全局，体系建设，以智为基

城市综合防卫的成败攸关战略战役全局，严重影响其他战略方向目标能否达成，不容出现丝毫差池。装备保障必须立足战略全局，围绕上级决心，综合运用建制与非建制内、上级加强与民间支援等各类装备保障力量，通过体系化设计、整体运筹谋划、系统整合军队和地方的各类资源，建设形成适应城市综合防卫的防卫装备力量体系和装备保障资源体系，充分发挥装备保障整体效能，做到"以万变应万变"。在智能化战争形态的智慧城市综合防卫条件下，打造智能态势感知、智慧决策分析、智能协同控制等具有自适应能力的城市综合防卫装备保障体系，夺取军事竞争领域的智能化这个战略高地。必须扭住"智慧+行动"的保障机理，以大数据技术为基础、以算法技术为核心，筑牢装备保障的智能化根基，推动城市综合防卫装备保障更加有力。

2. 技术先导，无人智能，以器为主

技术水平决定生产力水平，也催生了武器装备体系的颠覆性变革。先进技术催生出大量无人智能化武器装备平台，机器在战场上更加彰显其作用。俄军使用战斗机器人在叙利亚战场上成建制参战，标志着无人装备已经走向了主战。保障模式也必须做出根本性的转变，以智能维修、无人投送等无人智能化保障方式适应作战需求。要通过创造性运用先进技术，研发编配更加适应城市作战需求的无人智能化装备保障"机器"，进一步拓展人的体能、技能和智能。通过人机混编、无人先行的方式，以更高的效

率提供全时空、全地形、高强度的装备保障。

3. 平战结合，军地一体，以联为要

城市综合防卫在战区一体化联合作战背景下实施，过去缺乏融合国家、社会和各个军兵种多位一体力量的"大保障"体制，单纯依靠某一军种内部或某一局部的力量难以完成艰巨的装备保障任务。由于城市综合防卫任务突发性显著增强、行动节奏不断加快、平战转换要求更高，装备保障准备必须坚持平战一体、快速转换。城市环境相对野战条件，能够更大限度地利用地方力量和资源，实施更全面的保障。必须坚持军地联合的观点，充分发挥条件优势。万物互联是智慧城市的鲜明特征，也是无人智能化保障的显著特点。必须紧紧围绕战役决心，将一体化综合信息系统接入智慧城市综合网络体系，推动各类保障单元高度融合，促进军兵种联合以及军民联合，将各级保障要素联合成多级联动的有机体，从而有效盘活军地资源，打破"烟囱林立"、自成体系的保障模式，实施一体化综合保障，使整体保障效能得以最大程度的发挥。

4. 综合行动，随需适应，以质为上

装备保障行动是涉及"感知、决策、供应、维修、抢救、防护"等多方面的综合性行动，也是装备保障体系与作战体系之间体系对体系的综合作用，其根本目的是保持和提升部队基于网络信息体系的作战能力。装备保障行动必须瞄准提高保障质量效益，综合运用各种保障手段，实时感知保障态势，准确预测保障

需求，科学进行保障决策，精确调控保障行动，按需精准释放保障能量，实现联合、精确、高效保障。在智能化战争形态的智慧城市条件下实施城市综合防卫装备保障，即通过立足军队自身装备保障信息网络，借助智慧城市的高效传输通信网络、全维感知触角、智慧管理系统、分布式计算平台、智慧交通物流体系等先进条件，实时感知保障信息、精准掌控任务部队与保障资源的相对位置、合理预测保障缺口，从而全面统筹保障资源、准确把握保障时机、精确计算保障需求、优选最佳保障路径、精细调控保障行动，缩小保障的时间差、空间差和数量差，提高保障行动的时效，获得最佳的保障效果。

5.1.3 城市综合防卫装备保障模式设计的基本要求

设计作战方式决定保障方式，保障行动服务作战行动，以不同的行动方式遂行作战任务就需要有与之相匹配的保障方式。创新智慧城市综合防卫装备保障模式需要立足于现代社会科学技术水平和武器装备建设现状，以有效完成智慧城市综合防卫装备保障任务为牵引，科学提出智慧城市综合防卫装备保障模式创新的目标。

一方面，装备保障模式设计必须与部队武器装备现实保障需求相适应。装备保障作为一种特殊的人类活动，其目的是更好地满足军事行动对武器装备提出的需求。冷兵器战争时代，武器装备的结构比较简单，擦拭、保养、维护以及供应等保障活动相对容易，依靠作战人员就能完成保障任务，因此保障方式以自我保障为主。进入热兵器战争时代，火枪、火炮等热兵器大量运用于战场，武器性能的提升，带来了作战方式的变革，热兵器的结构已相当复杂，维护保障难度加大，并且弹药等物资器材难以现地制造，单纯依靠作战人员已经难以完成保障任务、满足保障需求，因此保障方式发展为后方保障。机械化和信息化战争时代来临后，火枪、火炮等热兵器广泛应用于机械化平台，武器装备构成更加复杂，保障活动分工更加精细，保障活动组织指挥更加复杂，专业化的保障方式应运而生，装备保障组织结构不断得到调整优化，以满足日益增长的装备保障需求。智能化战争时代，武器装备技术含量更高、组成结构更加复杂，作战中的装备物资器材消耗更多，作战进程加快，武器装备无人智能化特点显著，如何面对作战行动和武器装备的深刻变化，装备保障领域面临着新的且更高的要求。因此，推进智慧城市综合防卫装备保障模式创新应当立足部队建设现状，把满足部队智慧城市综合防卫装备保障需求作为根本出发点，紧紧围绕确保武器装备持续有效发挥防卫战效能深入进行装备保障模式创新研究。

另一方面，装备保障模式设计必须与现代社会科学技术发展水平相适应。装备保障作为一种军事活动，属于社会活动的范畴，其活动方式的发展变化必然要求和一定的社会生产力水平及科学技术发展水平相适应。首先，社会生产力水平不断提升，促进了科学技术日新月异并广泛用于军事领域，推动了武器装备飞速发展，作战性能不断提升，在武器装备侦察、打击、防护、机动和信息能力提高的同时，也造成了损伤概率越来越大、物资器材消耗越来越多，装备保障的需求不断发生变化，从客观上对装备保障的方式方法、设施设备、人员素质、技术手段以及环境条件等提出了更高要求。另外，科学技术的极大发展、装备性能的极大提升，又直接推动了作战行动方式发生深刻变革，而行动方式的发展变化，又从根本上要求推进装备保障方式创新转型。可以说，科学技术是推动装备保障方式创新的内在因素，创新智慧城市综合防卫装备保障模式必须要立足现代社会科学技术发展水平，以现代科学技术为重要基础进行保障方式的创新研究。

5.2 智慧城市综合防卫装备保障模式的提出

得益于生产力的发展，城市作战正在步入智能化时代，而智慧城市的建设也给城市综合防卫创造了全新的战场环境。战争形态不断演变，作战体系也由过去的单一军兵种参与进化到现在的兵种合同、体系联合，装备保障体系与作战体系经历了由合到分、由分到合的蜕变。无论保障体系与作战体系在形式上是分是合，其核心问题都是确保作战能力持续发挥。很显然，实现装备保障行动与作战行动一体化的联动是实现这一目标的最佳途径，这也成为装备保障模式设计的关键所在。

"兵无常势，水无常形。"环境是不断发展变化的，任何事物只有不断适应环境的发展变化才能焕发出持久的生命力。美国IBM、德国埃马克、法国家乐福等世界知名的企业，都是适应市场环境的典范，其经营理念都可归纳为一个词——"随需应变"。装备保障需求根源于作战需求，而作战需求又是动态变化，且不能完全精准预测的，这就要求装备保障体系要具备高效的自适应能力，随着作战需求的变化进行动态的、适应性的调整，实现装备保障力量的合理利用、装备保障资源的优化调配、装备保障效能的最大发挥。为此，美军推出了"聚焦后勤、感知与响应后勤、自主式保障"等多种解决方案。我们在进行装备保障模式的设计时，也要以是否具备应对需求动态变化的自适应能力为准绳。

要实现装备保障与作战任务的一体化，先决条件是具有一体化的组织形态，而一体化的组织形态则要依托高效联通的信息网络实现各要素之间的互联互通。自适应能力的生成需要装备保障体系自身具有较强的自组织能力，能够实现其内部系统和构成要素之间的有机协同。

当前，军队基于网络信息体系的能力建设已经取得显著进步，日渐凝聚成一个有机整体。在信息网络通信、大数据、人工智能等新兴技术的助推下，我军以无人智能化为代表的无人运输力量、远程检测与诊断系统、智能检修设备等新型装备保障力量体系建设不断取得进展，智慧城市建设在感知、传输、处理和应用各个层次都卓有成效。通过技术手段将军事网络与智慧城市的信息网络接驳，同时拓展智慧城市应用的新功能，将新质力量和智慧应用融合用于城市综合防卫装备保障中，必将为保障活动提供从感知、决策到行动的全流程、全方位支撑，给装备保障模式带来前所未有的变革。

基于以上论述，着眼遂行城市综合防卫装备保障任务，以网络信息体系为基本依托，以智慧城市的基础条件为必要支撑，充分利用新技术催生的新型装备体系，紧紧围绕为服务防卫任务提供精确、高效、快捷的装备保障目标，我们将城市综合防卫装备保障模式确定为"一体化自适应装备保障模式"。城市综合防卫装备保障模式确立的逻辑分析框架如图5-1所示。

第5章 智慧城市综合防卫装备保障模式设计的基本依据

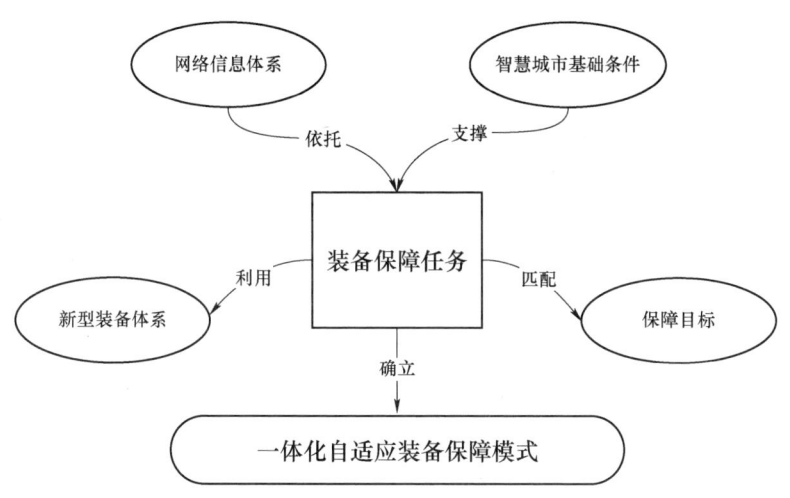

图 5-1 城市综合防卫装备保障模式确立的逻辑分析框架

5.3 智慧城市综合防卫一体化自适应装备保障模式内涵解析

在上一节中我们将城市综合防卫装备保障模式确定为"一体化自适应装备保障模式"。这种装备保障模式与美军的感知与响应后勤没有本质的不同，都是为适应战争形态变化，充分利用信息技术，在装备保障能力得到充分发展的前提下，为提高装备保障的适应性所提出的。城市综合防卫一体化自适应装备保障模式与我们正在推行的"战保一体保障模式"是一脉相承的，同时又着眼于适应战争形态向智能化转变、城市的战场环境向智慧城市转变这个时代背景，具有全新的内涵。

"一体化"是适应体系对抗、综合保障的需要，构建一体化的装备保障"大保障"体制，将防卫体系与装备保障体系融为一体，两者一体联动、互为依托、互相支持。要依托综合信息网络整合军民一体、军兵种一体的装备保障力量，通过整体筹划优化一体化装备保障组织，利用自主感知、智能预测、智慧决策、全资可视、智能维修等先进技术创新一体化装备保障方法，通过整合军队和地方的信息流、资源流、技术流构建战保一体、平战一体联动的装备保障运行机制，打破原有装备保障各子系统自成体系、条块分割、互不兼容的模式，在全维战场空间实施多域、全面感知信息、分布交互实施装备保障决策、精准高效调控装备保障行动等一体化的装备保障活动。

所谓"自适应",其核心目标是面向保障任务、适应保障需求,根据综合防卫的需求,保障力量编组和保障资源调配能够自适应变化,做到有什么样的作战行动和装备保障需求就提供与之匹配的装备保障,避免造成大量的浪费。通过建设无人智能化的装备保障力量、进行模块化动态编组和建立柔性组织,使装备保障系统具备灵活拼接和组配的自组织能力是前提,综合运用自适应感知与响应机制、智能化指挥决策技术和动态化指挥控制手段组织装备保障指挥是关键,灵活利用预储预置、携行自备、伴随保障和后方支援等多种手段建设聚散结合、按需供给的装备保障资源体系是基础,最终实现需要依托基于网络信息体系的装备保障综合信息系统。

"一体化"和"自适应"相辅相成,只有在二者共同作用下才能实现在恰当的时间、恰当的地点、恰当的力量运用恰当的资源实施恰当的装备保障目标。一体化自适应装备保障模式要通过重塑装备保障行动的 OODA 循环来实现,具体包括 4 个方面。"一体化自适应"装备保障模式内涵示意如图 5-2 所示。

5.3.1 "主动+被动"的装备状态感知

提升主动感知能力,要以技术革新实现对装备健康状态的全面深度感知。利用传感器技术进行武器装备的改造升级,使其产生自主监测状态的"感觉"。依靠大数据技术挖掘有效数据,利用智能平台提高数据收集、存储和处理水平。利用先进算法针对

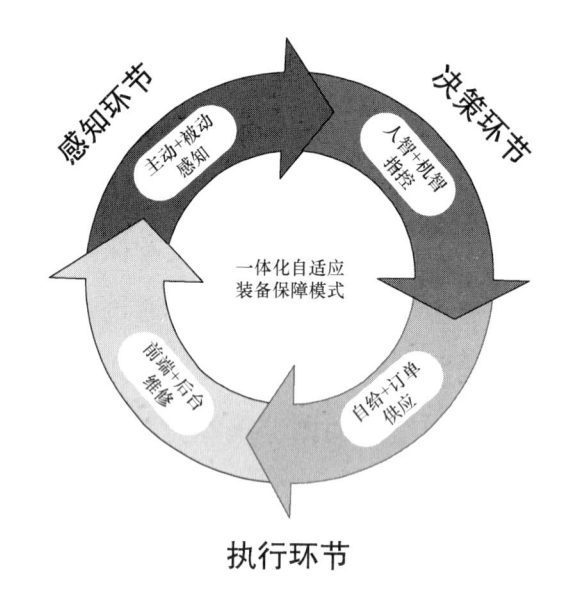

图 5-2 "一体化自适应"装备保障模式内涵示意

持续动态更新的各类传感器数据进行保障需求精准预测，提升被动感知能力，主要采取外部观察分析并进行信息汇总的手段实现。要强化人员技术能力培养、开发便携式装备保障终端、规范数据采集格式内容及流程。要加强城市战场环境军民共建，综合利用遍布城市的声光电采集系统以及军民用升空和地下探测设备、高分辨率卫星等增强对战场空间内的从宏观到局部的态势观察，从中提取装备保障相关的诸如装备分布情况、运动状态变化及受损状况等第三视角状态信息。通过构建网络化的数据共享平台促使"主动"与"被动"有机结合，为智能预测装备故障、优化保障资源配置、服务装备保障决策提供有力支持。

5.3.2 "人智+机智"的装备保障指挥控制

快节奏、高强度的城市综合防卫行动将产生远超人脑处理能力的数据信息。要依托人工智能技术打造智能化装备指挥辅助决策系统,以此自动生成装备保障方案、自动分发装备保障指令,将"人智"从烦琐重复的工作中解脱出来,以更大精力投入创造性决策中。将城市作战装备保障相关的经验数据导入城市智慧云脑,在训练演习过程中利用大量的经验数据对其进行充分训练,使其进化出自学习、自适应和方案比对等功能的自主决策能力,增强装备指挥系统的"机智"能力。以"人智"为核心、以"机智"为辅助,合理进行人机分工和人机协同,区分不同指挥层级将部分或全部指挥权向人工智能让渡,形成人机融合的智能决策能力。利用数据可视化技术,依托全维战场态势图,采取手势式指挥、菜单式指挥等新型手段,提高指挥决策的便利性。利用智能物流算法,对所有可能的装备保障的基地选址、物资配送途径、供应网络进行推演、评估,合理确定装备保障部署。

5.3.3 "自给+订单"的装备供应保障

为使城市综合防卫装备体系得以持续发挥作战效能,要突出任务部队自给自足的"自给"式补充和保障力量的"订单"式供应两个重点,确保装备供应保障的稳定、持续和精准。大力推广现场制造技术,运用 3D、4D 打印设备,由作战力量携带模块化、轻量化的打印装备配件、预设备件图纸以及标准化封装的物料耗材,对受损部件进行现场制造,采取战场按需生产、原料循环利用的自给式供应保障方式,降低军事物流负担和风险。运用大数据、云计算手段对各类传感器收集的装备状态数据进行分析，准确预测装备保障需求，有针对性地进行战备储备。对城市交通体系按防卫需求进行改造，建立军地联合的装备保障储运物流网络。以部队自身力量为主体，动员城市交通运输部门和物流仓储企业为补充，为前方作战单位开发嵌入式、便携式终端，按需进行网上下单，提供空、铁、公、地全路径实时直达配送服务，实现量身定制的订单配送式装备保障供给。

5.3.4 "前端+后台"的装备维修保障

城市综合防卫任务中的各类行动通常规模有限、持续时间短暂，为提高维修保障的时效性，必须在伴随式维修的基础上，以前端自主修复和后台支持修复作为必要补充。前端修复主要通过加强自修复技术研究和自主维修能力建设实现。一是在装备制造环节使用诸如自愈材料、形状记忆材料、可逆高分子材料等生产关键部件，使其短时间自动恢复全部或部分作战功能。二是全面提升装备使用分队维修技能水平，使之成为既能战斗又懂技术的多面手。三是通过使用人体机能增强设备、编配伴随式智能化监测维修设备平台等，提高单兵单装自主保障能力；后台修复主要是生成网络支撑的智能预测、远程诊断及维修能力。发挥智慧城市信息资源和技术资源优势，融合装备保障网络与城市智慧网络，通过建设武器装备"网络医院"系统进行线上预约挂号、智能分诊和专家网络会诊。基于大量专家知识和装备维修推理方法建设武器装备维修处方库，对症自动生成维修处方，实施远程引导修复。搭建虚拟手术台，由远程修复力量利用手柄、体感设备等操控混编在作战单元中的修复机器人等进行远程维修。

本章论述了城市综合防卫装备保障模式设计的基本目标和应当遵循的原则，从感知、决策、行动等方面分析了城市智慧城市建设给装备保障模式创新带来的机遇，提出了"一体化自适应"装备保障模式，并从重塑装备保障行动 OODA 循环的角度对其内涵进行了解析，为提出实现城市综合防卫一体化自适应装备保障模式的具体举措奠定了基础。

第 6 章

推进实现智慧城市条件下
新型装备保障模式的举措

第6章 推进实现智慧城市条件下新型装备保障模式的举措

面对新形势下城市综合防卫的使命任务,陆军装备保障应按照"充分发挥能力、优先保障自身、融入联合体系"的思路,紧盯任务、紧贴实战,以未来城市综合防卫任务的特点及对装备保障的需求为出发点,提前融入智慧城市建设规划,利用智慧城市建设成果和高新技术提高装备保障态势感知、辅助决策以及无人智能化能力水平,建立健全纵向衔接、标准配套的智慧城市作战法规体系,全面提升城市综合防卫装备保障能力水平,为任务部队提供精确、实时、高效的装备保障,促进总体防卫水平的提升。

6.1 利用智能传感系统提升装备保障态势感知效能

智慧城市战场具有地理、人文、信息等环境的多重复杂性，攻防交融敌我难辨、多元力量立体分布、多种威胁交织并发。纷繁复杂的战场态势给城市综合防卫装备状态感知制造了重重迷雾，导致装备健康状态难监测、外在态势难监控、海量信息传输难处理、综合态势难呈现。可以将城市万物互联的智能传感网向装备系统延伸，打通"数据采集—信息传输处理—态势显示"的感知链，实现装备健康数据实时采集、信息高效传输处理、态势动态可视化显示，为装备保障决策提供强力支持。

6.1.1 延伸城市传感网实时动态监测武器装备健康数据

城市的智慧城市中数以亿计的传感器终端组成了覆盖生产、生活各个领域的感知网，能够对城市运行的各项基础数据进行实时动态采集和监测。将城市智能传感网向武器装备领域延伸要从传感器、感知对象和用户三要素入手。在传感器方面，提高国军标和国家标准的兼容性，大胆采用满足军用要求的民用标准，联合地方传感器上游产业推进研发、设计、软硬件建设以及相关测试的合作，加快将符合标准的民用传感器纳入军事采购清单，做到硬件兼容、软件配套、标准统一、军民通用、即插即用；在感知对象方面，将军民通用的传感器用于武器装备的升级改造，增强武器装备的自我感知能力，实时采集武器装备的位置、类型、数量、运行状态等基础健康数据；在感知用户方面，开发能够加载在各类城市感知终端的装备状态采集软件，通过规范数据格式、制定军地兼容的协议，将智慧城市感知网采集的信息接引到装备保障指挥系统，使用户群扩大到相关军事人员，让智慧城市传感网络这棵大树向装备保障领域开枝散叶。

6.1.2 依靠智慧监控网无死角监视武器装备外在状态

充分利用城市的智慧监控网络，对城市防卫战场进行兼顾全局和局部的立体观察，对装备分布情况乃至单个装备外在情况进行重点监视。一是利用高空摄像、遥感等技术对战场整体空间进行三维立体建模，将卫星定位与 5G 融合，实现对建筑内外装备的精准定位，对装备的分布和转移情况进行总体把握；二是利用智慧楼宇、城市地下空间规划管理系统，通过智能识别技术、建筑信息模型、室内定位等技术，使建筑空间透明化，呈现装备在立体空间的分布情况，并对单装、单平台进行多角度立体观察；三是通过遍布在城市各个角落的声音、图像、视频采集设备和红外、雷达等多种探测手段对城市防卫局部战场态势进行多维度重点观测，为确定装备保障分队介入的时机、场所和路线提供决策依据。智慧城市监控信息汇聚界面如图 6-1 所示。

图 6-1　智慧城市的监控信息汇聚界面

6.1.3　依托城市基础通信网络高效快捷传输装备信息

智慧城市的 5G 移动网、光纤宽带网、卫星互联网以及无线局域网为万物互联提供了天地一体、有线与无线无缝接入的基础通信条件。城市防卫力量可充分借助城市基础网络资源,有效破解城市割裂空间信息传输易被阻断、数据信息海量骤增带宽不足、攻防快速转换难以动中通等难题。一是利用 5G 等无线网络技术为军事网络扩容,广泛采用小型化、嵌入式通信设备和便携式应急基站,构建空中、地面、地下以及封闭空间全覆盖的随遇接入式无线专网,确保动中高速互通。二是以加密接口接入智慧城市的光纤宽带互联网,建设具有更大带宽、更广连接、更高可靠性的军地共用信息传输网络,解决军用通信网流量不足的问题。三是依托卫星互联网开发小型卫星通信系统,为无人机、直升机、运输机等升空平台创造高速安全、无缝连接的超视距信息传输环境。

6.1.4 定制城市"智慧大屏"专属图层多维呈现装备态势

传统二维显示的平面态势图，难以呈现地上地下、空间叠加、交通立体交错复杂的城市战场装备态势。可以依托城市全息多维的智慧显控平台，达成城市综合防卫装备态势的按需定制、全视角显示和海量态势信息的智能分析。一是定制可集成显示的装备态势图层。在二维、三维双屏互动的城市管理原有各图层基础上，个性化定制装备态势显示专属图层，对武器装备的数量、状态、位置，包括乘员载员、战场环境等详细信息进行全面监测，实现人、地、事、物、情的综合集成显示。二是实现装备态势图层全视角显示。根据城市综合防卫力量部署情况划分网格单元，对装备保障区域全局实行全方位、精细化、全时空动态显示；通过圈选查询、区域关联、动态标注等方式，对重点关注区域实行声、光、电全息显示；采取列表筛选查询、可视化对象点选、语音助手等人机交互方式，对重点关注平台信息进行重点显示。三是实现海量态势数据综合智能分析。采用聚簇、热图、栅格等可视化手段进行数据可视化分析研判；接入实时/历史数据、真实/模拟数据及动态驱动模型，实现装备战场态势实时显示、历史回溯和模拟推演；预置装备三维模型库，对武器装备的运行状态、健康状况和警告信息等基础数据进行对比分析，实时动态预判发展趋势。智慧城市智慧大屏态势呈现示意如图6-2所示。

图6-2 智慧城市智慧大屏态势呈现示意

6.2 借助大数据与云计算系统提高装备保障辅助决策能力水平

城市综合防卫协同关系复杂、态势瞬息万变、保障需求信息海量骤增，远超人脑的处理能力。城市智慧云脑拥有丰富的数据资源、专业的技术支持、强大的算力和持续进化能力，可将其向保障决策领域拓展，建设智慧化的指挥控制系统，解决装备保障指挥决策必然面临保障需求预测难、保障方案制定时效差、保障指挥调控效率低等问题。智慧化的装备保障指挥决策示意如图6-3所示。

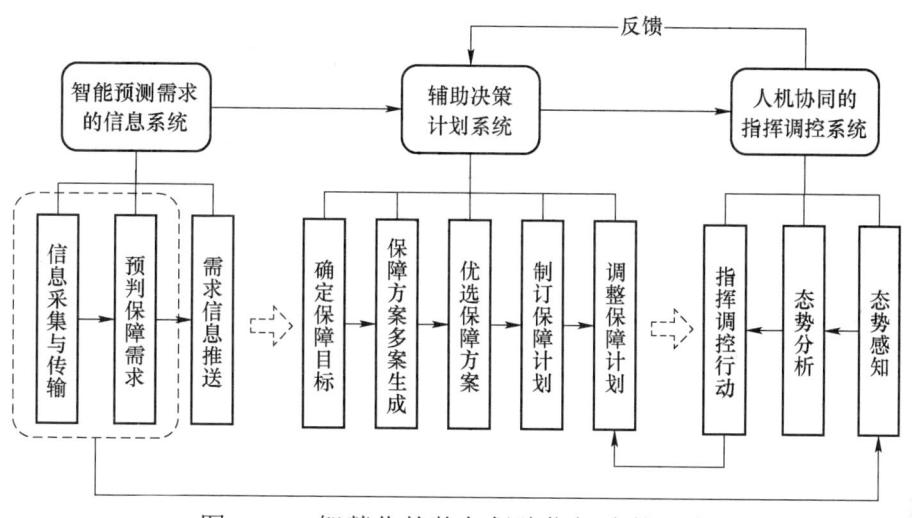

第6章 推进实现智慧城市条件下新型装备保障模式的举措

图6-3 智慧化的装备保障指挥决策示意

6.2.1 装备保障需求智能预测

首先,发挥智慧城市的大数据和云计算优势,借助城市数据中心的数据分析和人工智能系统的专业算法,对装备态势感知得到的海量数据进行分析处理。结合不同任务部队、不同规模烈度的对抗行动,预测战场发展趋势,判断激发需求的可能位置、完成任务的毁伤率,以及可能消耗的弹药器材种类数量。其次,依托城市云计算环境,利用智能物流算法,基于海量装备状态数据和仓储物流数据的大数据挖掘,结合数字地图和装备健康档案进行对比分析,预判武器装备可能出现故障的时间、位置,器材需求的种类和数量。最后,要智能化推送关键信息。合理确定部队执行防卫任务必需的直接消耗物资(弹药、备件等)的安全界限、饱和界限,确定保障峰值,提供临界值报警功能,将需求信息自主推送至装备保障指挥员。装备保障需求智能预测流程如图6-4所示。

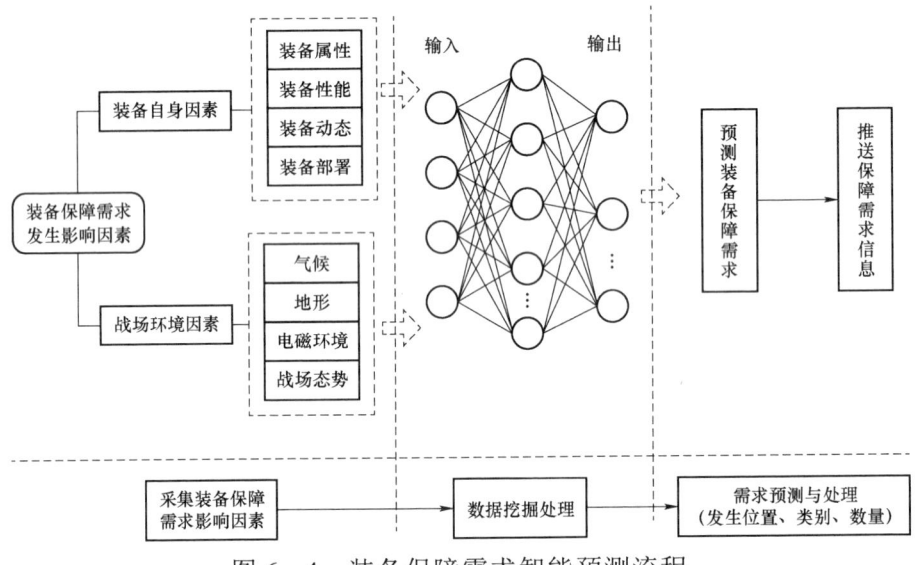

图6-4 装备保障需求智能预测流程

6.2.2 装备保障方案自动生成、评估和优化

将智慧城市广泛应用的大数据挖掘技术引入装备保障指挥决策系统，研发基于知识发现的辅助决策模型，提高决策的效率和科学性。一是形成多案生成能力。利用智慧云脑强大的信息处理、分布式计算能力以及系统的自学习、自进化、逻辑思考和推理判断等功能，实现保障任务分解、保障资源规划的智能化，自动生成多个可供装备保障指挥员参考的辅助决策方案；二是对保障方案评估优化。结合数字孪生城市建设，对城市空间进行3D建模，在虚拟城市战场模拟装备保障部署、推演装备保障行动，

对装备保障方案实施评估、遴选和优化调整；三是根据保障进程适时调整和再优化。在方案执行过程中，依托数据中心的数据分析服务、AI 系统的专业算法服务，预测未来的发展趋势，及时调整和优化装备保障部署。

6.2.3 装备保障调控人机协同

充分借助智慧城市人工智能强大的分布式计算及事件快速应对和反应能力，通过合理进行人机分工和人机协同，对城市综合防卫装备保障行动实施精准调控。一要合理进行人机分工。将部分调控权向人工智能让渡，在层级低的简单任务中，充分发挥人工智能的自主调控能力，在层级高的复杂任务中，突出人的调控作用。区分任务前—中—后不同阶段，分别采取人主机辅、人辅机主和人机混合的调控模式。二要大力推进人机互学。将人工智能的调控指令集固化为条令和教材供指挥员进行学习，同时借助人的发散思维构设复杂不确定的战场对人工智能进行训练，提高其创造性辅助调控的能力。三要创新人机协同方法。一方面，利用数据可视化技术，如基于地理信息系统和建筑型模型的全维战场态势图，采用手势式调控、菜单式调控、平行调控等新型手段，使调控更加高效、便捷。另一方面，积极应用电竞产业成果以及混合现实、数字孪生等技术，开发兼容游戏手柄、体感操控设备及脑控设备的调控平台，对城市防卫战场进行深度仿真，使装备保障指挥员置身于逼真的战场环境，像打游戏一样进行身临其境的调控。

6.3 依托高新技术提高无人智能化装备保障能力

在人工智能、数字孪生等技术的推动下，智慧城市中智能制造机器人、无人驾驶、互联网医院、智慧交通和智慧物流等新兴应用发展迅猛。可借此推进无人智能化装备保障力量建设，依托智慧城市完备的基础条件，实施线上—线下的实时故障诊断、现场—远程的高效修复和按需定制、精准配送的立体供应。无人智能化装备保障示意如图6-5所示。

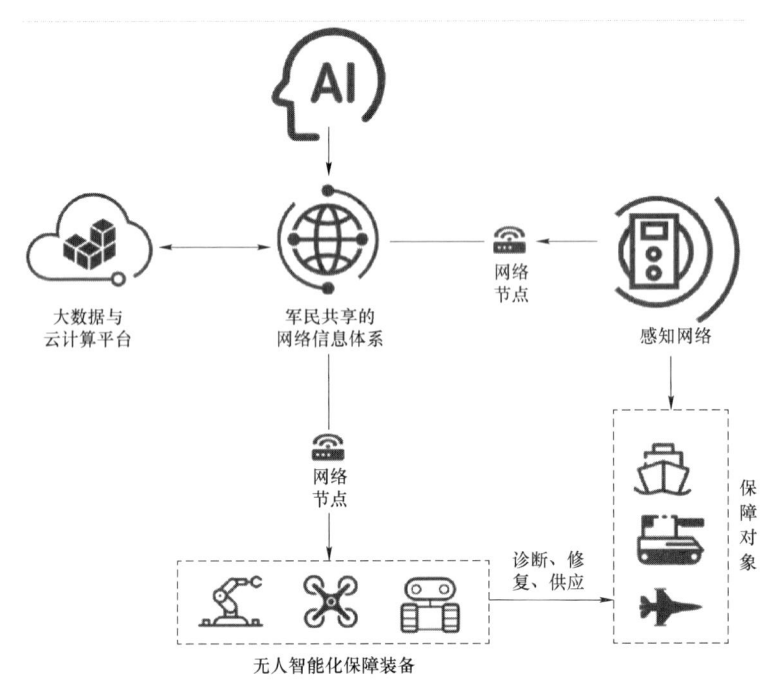

图6-5 无人智能化装备保障示意

6.3.1 发展无人智能化诊断力量

无人智能化诊断就是改变眼、耳、鼻、手等传统的判断故障的方式,对武器装备发生故障实施智能检测、分析和判断。

一是智能自主诊断。研发智能检测机器人等无人平台,与作战力量混合编组,利用蓝牙、WiFi、NFC等近场非接触式通联技术,实时检测并评估装备状态;依托城市大数据中心,基于专家知识和故障诊断经验,建立装备故障"处方库",利用装备交互式电子手册实现装备故障的自主诊断。

二是远程线上诊断。开发可接入智慧城市 5G 等高速网络的远程专家会诊系统,对复杂难辨的装备故障通过远程通信传送至后台,进行专家线上会诊;运用知识图谱、智能识别技术,依托城市摄像头、音频采集器等监控设施,进行全要素、全时空自动智能轮巡,及时定位受损装备,借助声音、图像与视频分析工具,自动识别、评估装备伤情。

三是云端智能诊断。将多手段采集的装备健康状态数据传输至云端数据中心,利用神经网络算法等智能算法模型对装备毁伤和故障实施智能定位、分析和评估,根据装备消耗、损伤和堪用情况确定优先级,并生成维修方案。

6.3.2 发展无人智能化修复力量

一是运用新技术、材料提升武器装备自主恢复能力。开发自修复系统，采用自愈材料、形状记忆材料、可逆高分子材料设计制造武器装备，当部分系统或单元失能后自动进行功能性调节，实现非致命性损伤自修复、自愈合。

二是借鉴"小行动、大支撑"的互联网医院模式，建设武器装备"网络医院"系统。在车（机）载或便携式移动终端中，安装类似手机 App 的客户端软件，进行网络预约挂号，提出维修需求。由实体维修机构支撑的网络医院后台根据故障情况进行故障分析，并根据当前的任务、出现故障严重程度进行自动筛选排序，生成维修业务清单，自动调配支援维修力量。

三是利用数字孪生技术，搭建远程虚拟"手术台"。在赛博空间对维修现场进行仿真和模拟，利用脑控技术、体感设备、游戏手柄等远程操控手段，控制混编在作战力量中的机械臂等手术机器人对受损武器装备实施远程维修。无人智能化修复力量作业流程示意如图 6-6 所示。

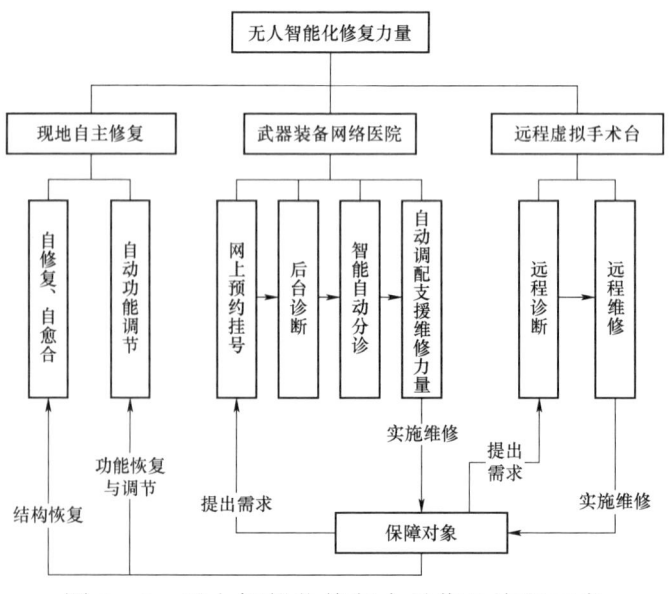

图 6-6 无人智能化修复力量作业流程示意

6.3.3 发展无人智能化供应力量

以智慧城市强大的交通物流体系为支撑，储—运—发全链条发力，更新技术设备，确保城市综合防卫装备物资供应的稳定、持续和精准。

一是构建"原料运输—现场制造—按需改造—原料复用"的现地供应保障模式。部队只需携行专用打印耗材，编配 3D、4D 打印等增材制造设备，采用标准化封装技术，按照预设图纸现场制造维修部件，提升装备使用分队现场制备能力。

二是构建军民一体的智慧仓储体系，统筹调配保障资源。应用 RFID、签名 DNA 标识、自动识别等技术，对传统军用仓库实施升级改造，开发智能仓储管理和控制系统，利用自动引导车、搬运堆码垛机器人、自动分拣机等智能化设备，实现装备物资统一调配、库存动态盘点、无人化收发转运。

三是借鉴电商模式，开发军民互通的装备物资网络订单系统。基于网络实现城市综合防卫装备保障力量与保障对象之间实时高效地订货、收货、发货管理，提供对账管理、物流信息查询、订单通知等全方位、高效的订单服务。

四是借助自动驾驶、远程遥控、脑控等先进技术，编配融入智慧交通系统的无人车、无人机、无人艇等运输力量。利用交通运行监测、应急事态处置、路况预测分析、运输服务和可视化等业务，精细调度运力、科学规划配送路径，实施地上地下和空中多种途径的端对端配送。无人智能化供应力量作业流程示意如

图6-7所示。

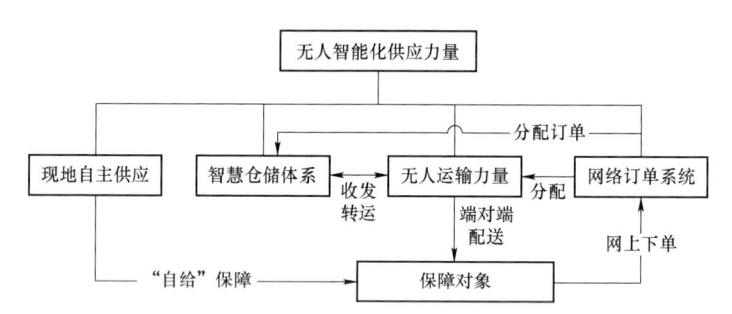

图6-7 无人智能化供应力量作业流程示意

6.4 健全完善法律法规确保装备保障有法可依

为规范高速发展的智慧城市建设,近年来中央、省、地市级的相关政策法规密集出台,但均主要围绕经济发展领域,鲜有涉及服务作战以及装备保障等军事需求的内容。智慧城市作为未来战争的主要战场,必须将军事需求作为城市发展建设的重要内容,通过健全完善顶层法规、专项法规以及行动法规,构建上下衔接、系统配套的法规体系,依法明确权责、完善配套、规范秩序、强化管理,提高城市综合防卫装备保障规范化、法制化水平。

6.4.1 健全智慧城市军地联合共建保障设施顶层综合性法规

智慧城市的顶层法规建设,要在军地联合国家战略指导下,以《中华人民共和国国防法》为基本遵循,以《中华人民共和国国防动员法》为具体指导,让军队深度参与国家和省级层面主导的智慧城市建设规划、指导意见、行动计划和路线图等顶层政策制定工作中。对与智慧城市防卫作战装备保障关系密切的经费来源、项目设施建设、军品研制与采购、产品管理与维护、专业保障队伍建设及后备力量征召、民用资源征用与补偿以及国防和战备资源的储备与调用等内容加以规范。从总体架构到具体应用等角度对智慧城市的建设进行规划设计，明确军地职责权限、规范任务分工及完成时限、严格奖惩措施和协同推进机制。

6.4.2 健全智慧城市防卫作战装备保障专项法规

专项法规包括装备动员类法规和专项配套法规，要由全国人大依据立法规程制定或由地方政府会同军队联合制定。装备动员类法规主要明确地方装备保障资源建设和战时动员等内容。需要出台涵盖智慧城市作战内容的《装备动员条例》，并以此为指导修订完善《中华人民共和国公司法》《中华人民共和国私营企业暂行条例》等法规。贯彻"全系统、全寿命"保障理念，从科研动员、生产动员、技术保障力量动员以及军民通用装备征用等方面，规范地方在武器装备全寿命周期内应提供的服务。使地方力量成为智慧城市防卫作战装备保障力量的重要组成部分，提高部队武器装备平时的维护保养水平和战时重生能力。专项配套法规主要从安全保密、知识产权和技术标准等方面，规范智慧城市防卫作战装备保障体系建设标准，修订完善《中华人民共和国专利法》《中华人民共和国保密法》以及相关行业技术标准。本着"军民通用、能融尽融、应融尽融"的原则，完善军地联合共通的通信协议、数据格式、数据接口和算法模型等技术标准，提高军民技术体系的兼容性，对军队装备保障数据、核心算法、密码密钥等进行严格管控，确保信息安全。

6.4.3 健全智慧城市防卫作战军民一体化装备保障行动法规

城市防卫作战装备保障行动法规是由军队、政府和相关行业制定的执行性法规、实施细则及其他规章。遵循权威、完整和可操作的原则，主要对智慧城市防卫作战军民一体化装备保障行动及其相关内容做出明确规定。主要规范：城市防卫作战各级装备保障机构的编成及指挥领导关系，装备保障活动各环节行动流程和任务清单，装备保障行动中军地各个单位、机构及人员的职责和权益，征用民用装备的时机、权限和程序以及补偿和奖惩措施，装备保障地方支援力量的使用与指挥，对地方支援人员补助、医疗、税收的补偿措施等。为智慧城市防卫作战装备保障，达成军民协调一致行动提供具体指导和依据。

本章着眼有效利用智慧城市的发展建设成果，从提升装备保障态势感知效能、提高装备保障辅助决策能力水平、提高无人智能化装备保障能力和健全完善法律法规等方面，提出了实现城市综合防卫装备保障模式创新的方法举措。

第 7 章

总结与展望

城市作为战略核心，在未来军事冲突中遭受打击的风险在加大。在遂行未来城市综合防卫任务中，部队面对新的战场条件、新的编成体制、新型武器装备、新的使命任务和更高的保障标准，要求具备新的保障装备、新的保障条件和新的保障模式与之相适应。本书按照任务分析、需求分析、模式构建、提出对策的步骤，在战争形态向智能化转变的时代背景和智慧城市战场条件下，研究了遂行城市综合防卫装备保障任务相关问题，前瞻性地提出了一体化自适应装备保障模式，并就如何借助智慧城市基础条件推进实现该模式进行了有益探索。

7.1 主要工作总结

（1）本书系统研究了城市综合防卫装备保障模式相关的基本问题，界定了智慧城市和城市综合防卫装备保障模式等相关概念，研判了城市综合防卫面临的多重安全威胁，在总结城市综合防卫任务特点、形态的基础上，梳理了城市综合防卫陆军可能担负的任务，为开展城市综合防卫装备保障模式研究提供了前提条件。

（2）进行了城市综合防卫装备保障需求分析。总结了城市综合防卫装备保障的现状及面临的挑战，分析了城市综合防卫装备保障面临的外部环境，基于SWOT矩阵描述了对城市综合防卫装备保障的需求，得出了城市综合防卫装备保障的发展策略。

（3）确立了智慧城市条件下城市综合防卫一体化自适应装备保障模式。明确了城市综合防卫装备保障模式设计的基本目标和指导原则，在分析智慧城市对城市综合防卫装备保障带来机遇的基础上，提出了智慧城市条件下城市综合防卫装备保障模式并进行了详尽的阐释。

（4）探索了实现一体化自适应装备保障模式的方法途径。着眼发挥智慧城市的基础建设优势，从提升装备保障感知效能、提高装备保障辅助决策水平和无人智能化保障能力、完善配套法规制度等方面，探索提出了实现智慧城市条件下的城市综合防卫一体化自适应装备保障模式的具体举措。

7.2 主要创新点

（1）首次提出了城市综合防卫"一体化自适应"装备保障模式。从城市综合防卫装备保障现状和需求出发，综合分析部队转型建设和外部环境变化装备保障模式转型的可行性，合理确定了模式创新的设计目标和指导原则，从装备保障活动"感—思—行"的角度系统阐释了这种模式的基本内涵。

（2）运用系统工程思维进行了城市综合防卫装备保障需求分析。通过构建SWOT矩阵，在综合分析城市综合防卫装备保障的现状、面临的挑战以及智慧城市外部环境的基础上，运用态势分析法描述了城市综合防卫装备保障的需求，得出了城市综合防卫装备保障模式创新的发展策略。

（3）立足当前、适度超前，筹划了一体化自适应装备保障模式的实践对策。基于对战争形态向智能化演变和战场环境向智慧城市发展的判断，首次将城市综合防卫装备保障问题置于智慧城市场景下开展研究，从利用城市智慧城市建设的成果和先进技术出发，提出了提升装备保障战场态势感知效能、提高装备保障辅助决策水平、无人智能化装备保障能力水平以及完善装备保障法规体系的具体举措。同时，为军队提前融入智慧城市规划，提供了智慧城市在基础设施建设中兼顾军事需求方面的指导。

7.3 研 究 展 望

本书通过对城市综合防卫装备保障问题进行深入研究，立足未来战场前瞻性提出了适应未来智慧城市综合防卫军事任务的装备保障创新模式——"一体化自适应"装备保障模式，并进行了内涵阐释和实现途径的探索。考虑到智慧城市建设以及战争形态演变都是处在不断发展变化过程中的，相关资料获取不一定全面，个人理论素养和研究水平也很有限，在相关研究上还不够系统、深入，需要在今后做进一步研究和完善。

本书提出的保障模式主要是在理论上对城市综合防卫装备保障的方式方法进行探索，在具体实践层面，还需要进行更加深入、系统的研究。无论是智慧城市系统与军事系统融合对接的技术实现的细节，还是以无人智能化装备列装后人机混编、人机协同为代表的编制体制的细微落实，又或是军地协调运行机制的设计制定和装备保障效能评估方式方法的论证，都需要在后续阶段做大量细致的工作，使研究成果加快从理论研究向实践落地。

随着新时代军队现代化进程的不断加快，以及国际安全局势的剧烈变化，城市综合防卫作为军队主要战略任务之一，任务的紧迫性不断提升，装备保障问题研究也成为摆在我们面前的现实性关键问题。我们必须乘势而上，抓住军队转型建设和外部环境变化带来的机遇，不断加强城市综合防卫装备保障领域的理论研究和实践探索，从容应对各项风险挑战。

参考文献

[1] 邓中豪. 住建部公布首批智慧城市试点名单［EB/OL］. （2013-01-29）［2020-04-23］. http://news.xinhuanet.com/fortune/2013-01/29/c_114543509.html.

[2] 路永华，朱晓荣. 智慧城市建设中有关问题研究［J］. 物联网技术，2019，9（7）：83-86，90.

[3] 赵大鹏. 中国智慧城市建设问题研究［D］. 长春：吉林大学，2013.

[4] 尹丽英，张超. 中国智慧城市理论研究综述与实践进展［J］. 电子政务，2019（1）：111-121.

[5] IBM商业价值研究院. 智慧地球［M］. 北京：东方出版社，2009.

[6] 杨正洪. 智慧城市：大数据，物联网和云计算之应用［M］. 北京：清华大学出版社，2017.

[7] 国家发改委，工信部，科技部，等. 关于促进智慧城市健康发展的指导意见［EB/OL］.（2014-08-27）［2020-04-23］. http://www.sdpc.gov.cn/gzdt/201408/t20140829_624003.html.

[8] 军事科学院. 中国人民解放军军语［Z］. 北京：解放军出版社，2011.

[9] 张根亮. 信息化条件下城市防卫作战研究 [M]. 北京：军事科学出版社，2011.

[10] 石志远. 首都核心地区防卫作战指导应注意把握的若干问题 [J]. 华北军事，2009（5）：42-44.

[11] 靳刚. 首都安全防卫战略指导相关问题的思考 [J]. 国防大学学报，2018（1）：21-23.

[12] 蒋跃庆. 中国军事百科全书：军事装备保障 [M]. 2版. 北京：中国大百科全书出版社，2007.

[13] 卓名信，厉新光，徐继昌，等. 军事大辞海（下）[G]. 北京：长城出版社，2000.

[14] 余源培. 邓小平理论辞典 [Z]. 上海：上海辞书出版社，2004.

[15] 郝金磊. 基于区域差异的中国农村养老保障模式研究 [D]. 咸阳：西北农林科技大学，2011.

[16] 郭正朝. 关于管理模式的理论探讨 [J]. 广播电视大学学报，2004（1）：66-70.

[17] 王翔. 首都防空联合战役油料保障力量建设研究 [D]. 北京：中国人民解放军后勤学院，2013.

[18] 刘秀峰. 首都防空联合作战装备保障问题研究 [D]. 北京：中国人民解放军装备指挥技术学院，2008.

[19] 王揆政. 首都地区反恐维稳装备保障问题研究 [D]. 北京：中国人民解放军联合勤务学院，2019.

[20] 初航. 北京卫戍区反恐维稳行动后勤保障研究 [D]. 北京：中国人民解放军后勤指挥学院，2008.

[21] 王林东，吴俊辉. 首都地区联合防暴行动联勤支援保障力量运用 [J]. 后勤学术，2013（12）：111.

[22] 马苏峰，赵宝利，李国强. 首都联合防空作战车辆装备保障问题研究 [J]. 军用汽车，2015（3）：30-31.

[23] 邱玉杰，邓仕峰. 装甲部队首都地区综合防卫作战装备保障问题研究 [J]. 通用装备保障，2013（12）：14-15.

[24] 阎小杰. 首都防空联合作战集团军装备保障难点与对策研究 [J]. 通用装备保障，2006（6）：18-19.

[25] 韩建军. 机械化集团军首都防空作战军械保障刍议 [J]. 雷达兵，2000（1）：24-26.

[26] 刘进忠，林日峰，赵春生. 首都地区地面防空作战装备保障研究 [J]. 地面防空兵，2015（1）：47-49.

[27] 张文宝，李继东，韩立学. 大规模作战首都防空雷达装备保障研究 [J]. 空军装备，2014（3）：32-34.

[28] 单超美，汪爱民. 首都地区非战争军事行动装备应急保障问题初探 [J]. 华北军事，2009（6）：69-72.

[29] 卢建学，林长军. 首都防空作战装备保障对策 [J]. 信息对抗学术，2007（6）：62-63.

[30] 张仁新，刘德强，张守庆. 首都防空联合作战车船工化装备维修器材保障对策研究 [J]. 通用装备保障，2007（4）：13-14.

[31] 袁强. 信息化条件下的首都防空作战装备保障 [J]. 空军装备，2005（8）：19-21.

[32] 杨文哲. 陆军战役军团参加首都防空作战装备保障问题研

究[J].通用装备保障,2007(9):19-20.

[33] 陈晓东.首都防空联合作战装备保障对策研究[J].军械维修工程研究,2007(3):26-28.

[34] 沙云松.首都防空作战装备保障指挥体系建设研究[J].空军装备,2014(1):11-13.

[35] 董怀堂,魏美亮.首都地区地空导弹装备抢修保障研究[J].地面防空兵,2003(3):32-34.

[36] 毛辉,郭彧,郭风.美"全球公域进入与机动联合"对我首都防空作战装备准备影响及对策[J].空军军事学术,2016(5):84-86.

[37] 陈维强,李润.美韩首都防空体系介绍[J].中国人民防空,2003(3):48-49.

[38] 马光宇,曹巨辉.美国防卫态势与展望[J].国防,2016(3):56-58.

[39] 美国总参谋部情报部.美军联合出版物《联合反恐行动纲要》[Z].总参谋部,2009.

[40] 胡晓峰,荣明.智能化作战研究值得关注的几个问题[J].指挥与控制学报,2018,4(3):195-200.

[41] 美国陆军战争学院国家安全与反恐怖主义研究所.美国陆军大城市作战准备分析[J].国际防务译文,2016(24):16-30.

[42] 赵虎辰.美陆军研究利用智慧城市基础设施提供通信支持[J].无线电工程,2019,49(7):644.

[43] 张书坤,蒋雯雯.城市作战[M].重庆:电脑报电子音像

出版社，2010.

[44] 周璞芬. 外军后勤社会化保障的主要做法及启示［J］. 装备信息参考，2019（4）：12-19.

[45] 周璞芬，商世民，李佳. 美军阿富汗反恐战争后勤保障［J］. 外国军事后勤，2013（2）：22-29.

[46] 邵世纲，杨泽萱，张欣. 国外武器装备综合保障发展态势及启示［J］. 航空标准化与质量，2019（3）：52-56.

[47] 许骥，郭华杰. 美军联合作战装备保障特点及启示［J］. 海军军事学术，2018（3）：73-76.

[48] 保障前沿. 美军后勤装备发展趋势［EB/OL］.（2019-05-16）［2020-09-05］. https://mp.weixin.qq.com/s/2InGISDWozeSdFbPb05cA.

[49] 管慧珏，王谦. 俄罗斯首都莫斯科的防空正在被削弱［J］. 外国空军军事学术，2015（1）：16-20.

[50] 郝强，高俊伟，崔广军. 俄罗斯首都防空体系分析［J］. 防空兵指挥学院学报，2006，23（5）：77-79.

[51] 吕琳琳. 俄罗斯构建多层密集防空火力系统［J］. 军事文摘，2019（7）：23-26.

[52] 阳亮. 装甲装备城市战适应性发展现状与趋势［J］. 国外坦克，2018（10）：22-33.

[53] 知远防务. 城市作战环境下侦察的特点［EB/OL］.（2019-11-25）［2020-09-05］. https://mp.weixin.qq.com/s/IF-zuuzVj7-rF5vY9UiWwQ.

[54] 张禄彭.《俄联邦反恐构想》评介［J］. 武警学院学报，2012，

28（1）：92-96.

[55] 布罗格登.俄军叙利亚反恐后勤保障[R].美军国防报告，2017.

[56] 李灿.陆军全域机动作战装备保障方式创新研究[D].南京：中国人民解放军陆军工程大学，2019.

[57] 司学慧，何元骅，杨建文.周边国家首都防空体系现状及发展趋势[J].飞航导弹，2015（9）：56-68.

[58] 东森军事研究部.日本首都地区已被打造成"战争基地"[J].世界核武军工，2015（45）：36-37.

[59] 东森军事研究部.韩国部署萨德又想买铁穹系统[J].国际军事研究，2016（16）：28-30.

[60] 杜彦平.伊朗首都空中保卫者米格-29的艰难岁月[J].外国空军训练，2016（2）：59-62.

[61] 东森军事研究部.以色列开发"地下铁穹"专攻哈马斯地道[J].世界核武军工，2016（11）：35-36.

[62] 张黎呐，张旭清.新加坡的全面防卫系统与城市建设[J].国际城市规划，2016，31（2）：138-142.

[63] 张文军.战区联合作战后勤聚合保障研究[D].天津：中国人民解放军陆军军事交通学院，2019.

[64] 李春佳.智慧城市内涵、特征与发展途径研究：以北京智慧城市建设为例[J].现代城市研究，2015（5）：79-83.

[65] 周蕊.智慧城市建设对信息城镇化发展的推动作用研究[D].荆州：长江大学，2016.

[66] 宋刚，邬伦.创新2.0视野下的智慧城市[J].北京邮电大

学学报（社会科学版），2012，19（4）：53-60.

[67] 中国电子技术标准化研究院. 中国智慧城市标准化白皮书[R]. 北京：中国电子技术标准化研究院，2013.

[68] 上海浦东智慧城市发展研究院. 智慧城市评价指标体系2.0[EB/OL]. （2013-01-09）[2020-06-10]. http://www.chinacity.org.cn/csph/pingjia/99582.html.

[69] 李德仁. 数字城市+物联网+云计算=智慧城市[J]. 中国测绘，2011（20）：43-46.

[70] 中兴通讯. 智慧城市3.0时代要来了，你准备好了吗？[EB/OL]. （2014-03-29）[2018-06-09]. http://tech.hexun.com/2014-03-29/163484331.html.

[71] 陈柳钦. 智慧城市：全球城市发展新热点[J]. 全球科技经济瞭望，2011，26（4）：8-16.

[72] 姜德峰. 智慧城市：内涵、规划与评估体系[EB/OL]. （2011-06-08）[2020-06-10]. http://www.im2m.com.cn/107/09163623187.html.

[73] 李海俊，芦效峰，程大章. 智慧城市的理念探索[J]. 智能建筑与智慧城市，2012（6）：11-16.

[74] 逄金玉. "智慧城市"：中国特大城市发展的必然选择[J]. 经济与管理研究，2011（12）：74-78.

[75] 李林. "信息栅格"技术在智慧城市中的应用[C].//新疆维吾尔自治区人民政府、中国科学技术协会、中国科学院、中国工程院. 第四届信息化创新克拉玛依国际学术论坛论文集. 北京：国防出版社，2016：15-34.

[76] 吴余龙,艾浩军. 智慧城市:物联网背景下的现代城市建设之道[M]. 北京:电子工业出版社,2011.

[77] 王奕程. 智慧城市建设研究[D]. 合肥:安徽大学,2014.

[78] 吴胜武,闫国庆. 智慧城市:技术推动和谐[M]. 杭州:浙江大学出版社,2010.

[79] 毕治方,孙斌,王路路,等. 国内外智慧城市群研究与实践述评[J]. 科技和产业,2018,18(5):21-26.

[80] US ARSTAF. Joint Publication 3-06 Joint Urban Operations[Z]. 2013-5-12.

[81] 李晓军,张东栋,杨益,等. 浅析城市作战主要特点及未来发展[J]. 防护工程,2019,41(6):64-68.

[82] 宁凌,张怀璧,赵宗谦. 城市游击[M]. 北京:军事谊文出版社,2010.

[83] 卢虎行,汪鸿雁,简红星,等. 城池烽烟:中外军队城市攻防作战纪实[M]. 济南:黄河出版社,2004.

[84] 郑守华. 从巴士拉到提克里特:伊拉克战争城市争夺战回放[J]. 环球军事,2004(11):4-7.

[85] 陈航辉,邓秀梅. 是新瓶旧酒还是别开生面:浅析混合战争理论的特点[N]. 解放军报,2019-05-16(07).

[86] 兰盾. 美制定新战略升级混合战争[J]. 国际军工研究,2019(7):28-30.

[87] 杨勇,朱安石,路明磊. 无人智能化装配建设与运用研究[J]. 无线电工程,2020,50(5):418-422.

[88] 顾俊. 智能化战争的产生、主要特点及对策思考[J]. 西部

学刊，2019（13）：142-144.

[89] 何雷. 智能化战争并不遥远［N］. 解放军报，2019-08-08（7）.

[90] 孙龙海. 研究近期城市作战特点 预测城市作战发展趋势［J］. 数字国防，2011（6）：9-10.

[91] 姚旺，王湘江. 城市作战：从斯大林格勒到费卢杰［J］. 现代军事，2006（1）：66-70.

[92] 潘倩昀. 浅析美军"心理战"在伊拉克战争中的运用［J］. 南方论刊，2017（12）：28-29.

[93] 王鹏. 把握智能化战争特点规律，推动智能化训练创新发展［J］. 国防科技，2019，40（1）：1-4.

[94] 张元涛，李宪港. 探究未来智能化作战的基本样式［N］. 光明日报，2019-10-10（07）.

[95] 罗旭. 控脑技术发展及军事应用预测研究［D］. 重庆：第三军医大学，2016.

[96] 槐泽鹏，龚旻，陈克. 未来战争形态发展研究［J］. 战术导弹技术，2018（1）：1-9.

[97] 范瑞洲，郭凯. 对无人智能化装备保障基本问题的思考［J］. 军事交通学院学报，2019，21（7）：37-40.

[98] 李恒锐，王海元，樊明，等. 未来智慧城市联合作战［J］. 国防科技，2019，40（5）：117-121.

[99] 杜燕波. 现代城市作战：老话题，新面目［J］. 世界军事，2017（6）：47-51.

[100] 武永乐. 陆军部队级装备维修保障作业模式研究［D］. 南

京：中国人民解放军陆军工程大学，2019.

[101] 石全，王立欣，史宪铭，等. 系统决策与建模［M］. 北京：国防工业出版社，2016.

[102] 刘典，鹿传国，韩照. 空军远海作战体系建设规划SWOT分析［J］. 空军军事学术，2019（3）：126.

[103] 余高达，黄成林. 战役装备保障学［M］. 北京：国防大学出版社，2002.

[104] 光明军事. 实现智能化后装保障要处理好四种关系［EB/OL］.（2019－02－11）[2020－09－07]. https://mp.weixin.qq.com/s/J5Ke46EEAN FCT0Nn5tldmg.

[105] 杨文哲，李学军. 现代联合作战后装保障特点分析［EB/OL］.（2019－06－25）[2020－09－07]. https://mp.weixin.qq.com/s/rdKdOstkWye 5eS－11nXttQ.

[106] 徐存贵，钱宝锟，佟宝寅. 战区联合作战一体化装备保障模式探析［J］. 管理与维修，2017（4）：8－10.

[107] 刘铁林，李三群，张成. 基于活动本质的装备保障创新研究［M］. 北京：解放军出版社，2016.

[108] 李建光，崔东民，张伟. 首都联合防空作战运输投送保障问题［J］. 空军后勤，2017（4）：16－17.

[109] 吕博云. 数字图像处理技术及应用研究［J］. 科技与创新，2018（2）：146－147.

[110] MAITI A, CHAKRAVARTY D, BISWAS K, et al. Development of a mass model in estimating weight-wise particle size distribution using digital image processing［J］. International

Journal of Mining Science and Technology，2017，27（3）：435－443.

[111] 孙永福. 集团军智能化建设面临的挑战及对策 [J]. 军事学术，2019（11）：36－39.

[112] 郑启. 基于精确保障思想的装甲机械化部队智能化装备保障系统构建 [J]. 国防科技，2019，40（4）：30－34.

[113] 袁艺，曹士信，史慧敏. 人工智能技术对未来作战指挥的影响 [J]. 军事学术，2019（11）：31－33.

[114] 李梓，谢汶姝，贾丽. 基于信息物理系统的无人智能化后装保障体系研究 [J]. 科技前沿，2019（12）：1－3.

[115] 赵志宏，郭志潘，洪岩. 揭秘美军武器装备自修复技术 [J]. 军事文摘，2016（9）：43－46.

[116] 李宪港，张元涛，王方芳. 颠覆性技术如何改变后装保障 [N]. 解放军报，2020－01－09（7）.

附录一

现代城市作战教训
——1980年至今城市作战的经验教训
Modern Urban Operations: Lessons Learned from Urban Operations from 1980 to the Present

2016年11月　美国非对称作战小组
Asymmetric Warfare Group

2017年，为了更好地总结归纳美军在伊拉克城市战中的经验教训，非对称作战小组（AWG）对1980年至2016年世界上发生的现代城市战进行了深入考察和研究。该研究主要回答的问题是，"美国陆军如何才能在现代城市地形环境下击败智商较高、作风顽强、装备精良的敌人，同时确保己方部队或盟军部队付出的伤亡代价、平民附带损伤以及基础设施受到的毁伤在保持在可接受范围内。"总的来看，非对称作战小组主要考察了如下案例：

① 英军在北爱尔兰的军事行动（1980—1998年）；

② 以色列国防军（IDF）在黎巴嫩的军事行动（1982—2006年）；

③ 围攻萨拉热窝、波斯尼亚与黑塞哥维那（1992—1995年）；

④ 发生在索马里首都摩加迪沙的战斗（1993年）；

⑤ 俄罗斯军队在车臣首都格罗兹尼的军事行动（1994—

1995 年、1999—2000 年）；

⑥ 美军在伊拉克巴格达、费卢杰的军事行动（2003—2004 年）；

⑦ 黎巴嫩武装部队在巴里德河难民营的军事行动（2007 年 5—9 月）；

⑧ 俄格战争（2008 年）；

⑨ 以色列国防军在以色列西海岸的军事行动（2014 年）；

⑩ 发生在乌克兰顿涅茨克的第二次战斗（2014—2015 年）。

1. 英军在北爱尔兰的军事行动（1969—2007 年）

1）背景

"旗帜"军事行动（Operation Banner）爆发于 1969 年 8 月。当另一场新教徒发起的游行示威遇上天主教徒反对者后，直接导致伦敦德里发生暴力事件。随后，暴力事件扩展至贝尔法斯特（北爱尔兰首府）以及北爱尔兰的其他城市。面对此情形，北爱尔兰皇家警察部队（RUC）缺乏必要的人力和经验控制事态。结果，不得不派英国陆军介入镇压，从而开始了长达 38 天之久的"旗帜"军事行动。

在整个"旗帜"军事行动期间，英国陆军主要用于帮助当地警察部队管理敌对状态下的民众、蠢蠢欲动的恐怖组织和爱尔兰共和军（IRA）。

2）经验教训

（1）战役方面：

① 从一开始，政府军在兵力运用方面就要谨慎，避免敌过

度反应。在军事行动的前 100 天内,民众的认识将形成,而这对军事行动十分重要。

② 反叛乱活动(特别是在城市环境下)需要政府各部队展开积极的、前摄性活动。要找准可能引发动荡的原因,防止其演变为反叛乱活动、反恐行动甚至国内战争。这不仅需要政府部门的广泛努力,而且需要一个卓有成效的协调和组织。

③ 城市战需要开发一流的情报架构、程序与能力,需要更加突出情报引导作战行动。

④ 与环境相关的部署前训练是很有必要的。应当建立与依托一支高质量教员队伍,确保部队得到合适的训练,并对其准备工作保持信心。此外,对指挥军官和参谋人员进行针对性教育也十分重要。

2. 以色列国防军(IDF)在黎巴嫩的军事行动(1982—2014 年)

一、"加利利和平"军事行动(1982 年)

1)背景

20 世纪 70 年代,随着一系列相关事件的发生,黎巴嫩在政治上四分五裂,受叙利亚和巴勒斯坦解放组织(PLO)的影响越来越大。于是,以色列决定出面阻止。

由于不想与叙利亚产生直接对抗,因而以色列政府决定采取有限军事行动,仅向黎巴嫩推进 40 公里,在 3 天内完成作战行动。然而,以色列国防军(IDF)却直接开进到黎巴嫩首都贝鲁特,以破坏叙利亚对黎巴嫩的影响,并将巴勒斯坦解放组织赶出去。从而，导致持续 3 个月的军事行动以及后续对黎巴嫩长达 1 年之久的占领。1982 年 6 月 5 日，"加利利和平"军事行动（Operation Peace for Galilee）正式拉开帷幕，以色列空军对黎巴嫩展开轰炸。翌日，以色列国防军突破以色列与黎巴嫩之间边境。总体而言，地面进攻包括三个方向：一是沿着地中海海岸进入贝鲁特；二是越过黎巴嫩山脉侵占贝卡谷地西部高地；三是占领黎巴嫩东北部贝卡谷地。其中，仅西线通往贝鲁特的部队经历了激烈的城市战。

2）经验教训

（1）战略方面：

① 城市战可能带来战略上无法令人接受的伤亡率——特别是对以色列这样的小国而言尤为如此。在此次战争中，以色列国防军（IDF）遭受了非常大的伤亡。在持续三个月的战斗以及后续占领期间，以色列国防军共伤亡 3 316 人——按照军民规模同比例放大，这相当于美军伤亡 195 840 人。其中，绝大多数伤亡来自城市战。例如，以色列国防军在围攻贝鲁特期间的死亡人数占总丧生人数的 24%，受伤人数占总受伤人数的 32%。

② 由于不太在意平民伤亡，因而敌人更易于获得相对于我军的优势。由于知道以色列国防军不愿意造成平民伤亡，因而巴勒斯坦解放组织（PLO）故意将其军事资（如火炮、弹药、射击阵地等）源藏匿于人口稠密的民用设施（如难民营医院、学校等）附近。这必然会减缓、干扰甚至阻止以色列国防军的军事行动。

（2）战役方面：

① 适当的条令对于城市战非常重要。以色列国防军曾基于

20世纪60—70年代的城市战实践，开发出城市战条令。该条令重点关注在城市战中如何使用装甲兵的问题，包括如何为步兵开道、如何支援步兵等。然而，以色列国防军更倾向于在步兵之上运用装甲兵——这就意味着，以色列国防军无法根据任务调整作战编队，以便为实施城市战提供足够的步兵。

② 适当的城市战训练有助于提高部队城市作战的成功率，有利于提高士兵的生存性。尽管以色列国防军开发出极好的城市战训练方法，但并非所有的以色列士兵接受过这样的训练。"接受过城市战训练的分队，能够更好地理解在城市地形环境下作战面临的危害，因而比那些没有接受过此类训练的分队更有信心。"然而，仅仅常规陆军接受过城市战训练，而后备部队（占参与"加利利和平"军事行动作战的绝大多数）没有接受过此类训练。结果，后备部队在实际作战中表现较差，并遭受更多的伤亡。

③ 根据交战规则（ROE），应当在最大限度减少平民伤亡、最大限度减少己方部队伤亡以及完成使命任务间寻求平衡。然而，由于城市战的性质使然，以色列国防军（IDF）在作战中很难做到平衡兼顾。随着战斗继续，随着以色列国防军丧亡增加，人们关于平民丧亡的担忧减少了。后来，地面指挥员决定，在维持快速作战节奏的同时，通过运用火炮与近距空中攻击等手段减少国防军丧亡——很显然，这必然以附带损伤为代价。

④ 城市战是快速的、暴力的，也是非常折磨人的。由于在城市环境下作战的强度之大、节奏之快，导致以色列国防军许多士兵长期处于高压之下。后来统计发现，参与作战的10%～24%士兵均遭受心理问题的折磨。

⑤ 非战斗人员成为城市环境下特别的障碍。首先，从战略上讲，由于必须最大限度地减少平民伤亡，因而常常使军事行动受到影响。第二，非战斗人员常常做出不明智的行为。例如，以色列国防军发现，大量平民宁可忍受身边持续发生的战乱，也拒绝离开自己的家园。第三，当非战斗人员不逃跑时，他们往往会对军事行动造成干扰。例如，曾有 30 000 名非战斗人员逃到拥挤的堤尔古城（Tyre）公路上，从而妨碍了以色列国防军对巴勒斯坦解放组织（PLO）据点的攻击。同样地，非战斗人员逃离贝鲁特，也曾对以色列国防军进入贝鲁特展开军事行动构成迟滞效果。

⑥ 飞机在城市战中能够承担多种支援角色：近距空中支援、精确轰炸（清除巴勒斯坦解放组织据点）、空中遮蔽（阻止叙利亚作战人员介入）、空运部队与装备、空中医疗后送、散发心理战传单。

（3）战术方面：

① 城市战常常需要部队编制表中所没有列出的一些装备（或设备）。除授权用于在城市战中使用的标准装备（或设备）外，以色列国防军还需要一些专业化装备。例如，需要高音喇叭、狙击装备，并需要为坦克附加装甲。

② 在城市作战环境下，狙击手常常被敌用作抵挡以色列国防军进攻。巴勒斯坦解放组织（PLO）曾用狙击手阻滞以色列国防军的军事行动。此外，巴勒斯坦解放组织狙击手还可作为针对以色列国防军的心理战武器。城市地形有利于狙击手藏匿，并展开突击与射击行动。

③ 爆炸物处理组（EOD）在城市作战中非常重要。以色列

国防军的爆炸物处理组主要用于清理巴勒斯坦解放组织构设的爆炸物陷阱。

④ 如果没有徒步士兵的支持，装甲部队不能在城市环境下展开作战行动。作战之初，以色列国防军喜欢只用装甲车辆清理城区。但是，他们很快就发现，如果没有步兵的支援和掩护，仅用装甲战车作战的代价是十分高昂的。尽管如此，由于强大的火力与防护力，坦克仍然被列入以色列国防军城市战条令的重要位置——特别是在合成部队战术中。

⑤ 在不用担心附带损伤的情况下，直瞄炮火在城市作战环境下是很有用的。在贝鲁特，以色列国防军曾用155厘米口径直瞄火炮攻击敌据点。当然，这种方法必然会导致整栋建筑物倒塌。

⑥ 城市战有赖于分队领导力。以色列国防军授权连及连以下小分队展开独立作战。

在没有得到上级命令的情况下，下级军官要发挥积极性、主动性与判断能力。

⑦ 即使在晚间，城市战也不一定会停止。在此次作战行动中，以色列国防军采取的夜间行动有限。首先，他们带的夜视仪数量有限。其次，白天奋力作战、备受煎熬的士兵们在晚上需要休整。

二、黎以战争（2006年）

1）背景

2006年7月12日，黎巴嫩真主党向以色列多个军事据点和城镇发射火箭弹攻击。同时，他们从黎以边境渗透到以色列一方，攻击以色列国防军（IDF）巡逻队，杀死3名以色列士兵，伤2

人，抓捕 2 人。真主党以抓捕到的以色列士兵为要挟，要求换取之前被以色列抓捕的黎巴嫩俘虏。对此，以色列政府将责任推到黎巴嫩政府头上。

于是，以色列国防军对黎巴嫩多条重要道路、桥梁、军事基地与火箭炮、导弹存储地实施炮火攻击和空中打击。作为回应，黎巴嫩真主党向以色列境内发射约 4 000 枚火箭弹（其中，大部分为 122 毫米"卡秋莎"火箭炮）。有意思的是，当以色列停止对黎巴嫩的空中打击时，真主党便停止发射火箭炮攻击；如果以色列恢复空中打击，那么真主党也恢复对以色列发动火箭弹攻击。

此外，以色列还向黎巴嫩南部发动地面侵入。对此，真主党利用小型部队展开游击战——这些游击战大都发生在城市地区。可以说，真主党游击队是受过良好训练的，装备也很好，因而在城市环境下作战更为有效。一名参战的以色列士兵回忆说，"真主党战士受过良好训练，具备较高战术素养，远远不是哈马斯、巴勒斯坦人可比，因而给以色列国防军带来很大麻烦。" 另外，黎巴嫩真主党的主要目的就是要杀伤以色列国防军士兵，以打击以色列民众的意志。

2006 年 8 月 11 日，联合国安全理事会第 1701 号决议生效，黎以战争结束。该协议要求：真主党裁军，以色列国防军退出黎巴嫩，黎巴嫩部队和一支联合国安全部队部署于黎巴嫩南部地区。到 2006 年 10 月 1 日，以色列国防军大部分撤离黎巴嫩。在此次冲突中，1 200~1 300 名黎巴嫩人（大部分为平民）和 165 名以色列人（含 44 名平民）丧生。2008 年 7 月 16 日，2 名以色列被俘士兵最终以换俘的形式，重新回到以色列。

2）经验教训

（1）战略方面：

① 在城市作战中，作为防守一方的敌人占有战略性优势。黎巴嫩真主党的战略目标很简单："保持己方战斗力的完整性，同时对敌（以色列国防军）造成尽可能多的伤亡。"在城市作战环境下，黎巴嫩真主党能够轻易地藏匿于复杂地形环境下和民众间，并选择有利的时间、地点对以色列国防军进行打击。

② 过度破坏或毁损往往有悖战略目标。正是由于有悖其战略目标，以色列国防军占领与控制城区的做法最终被终止。正如一位美军高级军官评论的，"在黎巴嫩这个总面积仅4 000平方英里[①]的国家，约100座桥梁和立交桥遭到轰炸。贝鲁特整个南部城区陷入瘫痪，超过30万居民的生活受到影响。"如此大规模破坏活动不仅没有摧毁真主党，反而使更多黎巴嫩人转而支持该组织。当黎巴嫩真主党（而不是以色列政府）安抚受到战争影响的黎巴嫩民众时，这种情况更加突出。

③ 如果敌不太在意平民伤亡，那么他们可能获得更大的相对优势。由于知道以色列国防军设法避免造成平民伤亡，因而黎巴嫩真主党故意将武器存储点、战斗据点以及武装人员藏匿点安置在黎巴嫩南部的一些村庄中。此外，真主党还"在城镇及民众聚居区构筑设施，并将武器弹药存储于民事设施或市民家中。"

（2）战役方面：

① 敌人会利用城市作战环境抵消对方的优势。例如，真主党常常利用城市地形，构筑坚固的战斗据点。这必然会限制以色

---

① 1英里=1.609 3千米

列国防军武器与技术方面的优势。

② 电报计划以及不必要的行动延迟，往往会为敌做好防御准备留出足够时间。例如，在对利塔尼河方向发起攻势之前，以色列国防军由于停火协议问题推迟两周。结果，真主党利用这两周时间，沿着以色列国防军可能的进攻线路构筑了许多伏击点，从而给前来进攻的以色列国防军带来重大伤亡（其中，34名士兵丧生）。

③ 空中轰炸与近距空中支援行动可以支援城市战，但仅仅靠空中轰炸和近距空中支援是无法获得胜利的。战争初始，以色列国防军曾认为，能够仅仅依靠空中力量便达到战略、战役目标。然而，事实并非如此——尤其是在城市作战环境下。对于真主党之类的不对称威胁而言，是没有多少值得动用空中力量发起攻击的目标的。以色列国防军通常致力于打击真主党领导人、作战部队及其武器补给，而这些目标通常藏匿于人口聚居区——尤其是在城市作战环境下。对于真主党之类的不对称威胁而言，是没有多少值得动用空中力量发起攻击的目标的。以色列国防军通常致力于打击真主党领导人、作战部队及其武器补给，而这些目标通常藏匿于人口聚居区——从减少附带伤亡的角度考虑，这必然会影响以色列国防军空中力量的使用。

④ 在城市环境下，敌人会利用平民获取优势。例如，黎巴嫩真主党常常以平民身份隐匿其踪迹和行动，以至于以色列国防军很难辨识真正的敌人。

（3）战术方面：

① 适应城市战环境，敌人通常采用面向任务的编组方式以

及任务式指挥模式。真主党往往将作战人员编组为具有自我维持能力、能够独立作战的小分队,在没有得到高层直接授权的情况下便可以迅速采取行动。这与人们在中东看到的层屋叠架的指挥结构完全不同。

② 由于了解坦克在城市战中的有效性,敌人会用反装甲武器予以摧毁。黎巴嫩真主党惯于使用反坦克导弹,对付以色列国防军的坦克和集群步兵。他们甚至善于运用"蜂群战术",即在相同时间从不同方向对同一目标展开打击。在复杂的城市地形环境下,采用这种战术是有条件的,也是很奏效的。

③ 敌人善于利用自然的、人造的地下通道隐藏其踪迹。开始时,真主党利用地下通道运送武器及其他补给;后来,他们甚至利用地下通道,直接对以色列国防军发动攻击。例如,真主党曾利用地下隧道,对以色列发起跨境袭击,绑架以色列士兵。2002年,为探测与摧毁这些隧道,以色列国防军组建了专门的"隧道部队"。

3. 围攻萨拉热窝(1992—1995年)

1)背景

随着总统铁托的去世,南斯拉夫分裂为数个共和国。由于这些国家都要发展,种族矛盾开始激化,最终演化为武装冲突。与克罗地亚、塞尔维亚不同的是,在波黑地区,没有哪个种族占有绝对优势进而能够控制政局。而在波斯尼亚的冲突中,萨拉热窝由于是国家中心的象征和大交通枢纽,因为成为冲突之焦点。

在现代战争史上,围攻萨拉热窝可以说是攻打首都城市持续时间最长的战例了,甚至是斯大林格勒战役时长的三倍。在1 419个战斗时日里,萨拉热窝的市民以及驻扎在城市里的波斯尼亚政府国防军(ARBiH),同时成为塞尔维亚军队不分青红皂白攻击炮击的对象。1996年2月29日,当围攻结束时,数以千计的建筑物被毁,基础设施几近瘫痪。作为巴尔干地区的文化中心,波黑国家图书馆和大学图书馆也未能幸免——其理由是为了摧毁藏匿其中的敌人。战争中死伤人数更是骇人听闻,总共达到13 952人,其中平民5 434人。平均每天有10人因战丧生。

经验教训

(1)战略方面:

城市中心往往被敌用于战略传播。塞尔维亚领导人不仅将萨拉热窝看作一个军事目标,更将其看作接受国际支持的重要工具。因此,在战争期间,塞尔维亚人为萨拉热窝打开一条通道,允许该城市获得国际援助,从而博取国际社会的支持。

(2)战役方面:

城市环境的规模决定了城市战实施起来非常困难,而且会耗费大量资源。在萨拉热窝的城市地形环境下,由于需要控制的建筑物及其他重要地形非常多,导致维和行动几乎无法展开。国际社会无法提供所需的大量维和人员。

(3)战术方面:

① 城市战往往会导致较高的伤亡比,敌人可能诉诸不加区别的、高毁伤性的间瞄火力。其中一个重要原因是:由于城市作战需要大量步兵,塞尔维亚部队不能承受逐街逐巷战斗的高丧亡率。

② 装甲车辆在城市中作战,必须得到步兵的支援,否则敌

人会利用城市地形轻易予以击毁。可以说，在城市作战中，装甲车队在敌步兵面前是很脆弱的。敌步兵可以利用地形隐蔽潜入我装甲战车侧翼或后方，用普通的反坦克武器予以致命打击。

③ 在城市作战中，被毁的道路或建筑物会对部队行进造成阻滞。塞尔维亚人发现，被毁的建筑物和车辆坍塌或横行在街道上，而又没有足够的工兵力量予以及时清理。

4. 发生在索马里首都摩加迪沙的战斗（1993年）

1）背景

20世纪90年代初，索马里开始陷入混乱状态。不同派系之间内斗，再加上持续干旱，造成严重的人道主义危机。1992年，联合国授权在索马里展开人道主义补给行动，并监控有关各方停火情况。尽管联合国做出很大努力，但由于当地军阀对停火要求置之不理，甚至将联合国的食品补给据为己有，因而造成补给车队运输极为困难。面对索马里不断恶化的局势，美国决定做出更强硬的反应——派出部队，确保人道主义物资补给能够及时送达到平民手中。

为保证人道主义物资补给的安全，美军开始向索马里派驻更多军人。1993年，由于数名美军士兵死于索马里内战，美军决定派遣突击特遣队，以挫败大军阀穆罕默德·法拉赫·艾迪德（Mohamed Farrah Aidid）带领的军事组织。同年10月3日下午，发起一项军事任务，旨在抓捕艾迪德手下的两名中尉军官。而在此次军事行动中，索马里民兵武装通过发射火箭弹，成功击落两架UH-60"黑鹰"多用途直升机。面对如此突发事件，突击特遣队的使命任务不得不做出调整——他们必须设法营救被击落直升机上的机组人员。因而，一场原本仅需 1 小时就能完成的任务演变为一整夜战斗；约 100 名突击特遣队员不得不面对数千索马里民兵组织及其他武装分子的缠斗。最终，突击特遣队以丢掉 18 名士兵性命为代价，造成 1 500～3 000 名索马里民兵伤亡。第 160 航空团飞行员迈克尔·杜兰特（Michael Durant）被俘，在敌营被关押 11 天时间。

2）经验教训

（1）战略方面：

在城市作战中，一些战术行动也可能很快带来不利的战略性影响。尽管美军突击特遣队在摩加迪沙战斗中取得战术胜利，然而战况结果（特别是关于索马里民兵亵渎美军已战死士兵的画面）的电视转播，最终促使美军在强大的国内舆论下结束在索马里的军事行动。与之前的城市作战相比，并未造成美军大量伤亡。然而，由于美国国内民众对美军的有限伤亡反应强烈，从而导致美国政府不得不改变既有战略。

（2）战役方面：

① 尽管空中力量可用于支援城市作战，但敌人也将直升机等目标看作高价值、高回报目标予以打击。在摩加迪沙，丧心病狂的索马里民兵武装设法击落美军"黑鹰"多用途直升机——他们知道，击落美军"黑鹰"直升机，不仅可以快速改变突击特遣队的战术计划，还可以带来更广泛的社会影响。事实也是如此：两架"黑鹰"直升机被击落后，美军总体作战计划不得不做出改变。

② 在城市作战环境下，装甲分队可以提供强大的火力与防护力，支持徒步士兵作战。按照突击特遣队原来的作战计划（即对敌两名中尉军官实施突然抓捕），是不需要装甲分队的。行动开始前，美军驻索马里军队指挥员事先向上级申请 M1 "艾布拉姆斯"坦克和 M2 "布雷德利"步战车，用于作为支援突击特遣队的快速反应部队。然而，该请求被上级以政治理由驳回——理由是，动用装甲战车会给人留下美军部队有悖维和角色的印象。最终，在发生交火事件后，还是巴基斯坦的坦克和马来西亚的装甲人员输送车营救了美军突击特遣队。

（3）战术方面：

① 在城市作战环境下，武装直升机可以为地面部队提供更为精确的近距空中支援。为将索马里士兵困在海湾，突击特遣队士兵有效呼叫 MH-6 "小鸟"直升机支援。特遣队士兵们使用发射射频激光信号（夜间）与 M203、M79 榴弹发射器的方式，为直升机标识位置信息。这使支援直升机能够有效识别哪儿是友军、哪儿是敌军。在同一场支援突击特遣队的战斗中，OH-58D "基奥瓦"直升机和 AH-1 "眼镜蛇"攻击直升机也使用发射激光射频信号的方法标记目标，在交战前获得敌我认证。

② 在城市作战中，沿用固定的作战模式是危险的。事实上，在此次突击行动之前，突击特遣队曾对索马里武装人员成功实施过多次突击，屡试不爽。然而，这却使索马里武装人员成功预见到突击特遣队可能采取什么样的行动。这也成为美军此次军事行动失利的根本原因。

5. 两次车臣战争（1994—1995年、1999—2000年）

一、第一次车臣战争（1994—1995年）

1）背景

1991年苏联解体后，处于俄罗斯核心地带的车臣共和国图谋脱离俄罗斯控制，成为一个独立国家。于是，俄罗斯出动约2.5万人的部队，前往镇压车臣起义。其最终目标是，占领位于车臣共和国首都格罗兹尼的"总统府"。根据作战计划，俄军采取三路进攻的方法：来自北方的一路为主攻方向，而自东、西方向发起的进攻为辅助攻击。其中，主攻的目的是，运用装甲部队、机械化部队与摩托化部队，以较慢但强有力的态势镇压车臣起义，同时解决路上可能遇上的较小的武装反抗。

由于路上遇到的车臣抵抗阻力强度不大，自北攻入格罗兹尼的主攻部队便在东、西线辅攻力量尚未到位的情况下，提前向车臣"总统府"推进。而就在此时，车臣分裂分子开始采用"猎歼组"策略，对俄军发起攻击——所谓"猎歼组"，指由携带火箭筒、机关枪与狙击步枪的徒步士兵所组成的一支支小分队。在复杂的城市地形环境下，这些猎歼小组利用熟悉地形的优势，神出鬼没，出其不意地对俄军战车发起致命打击。对此，俄军不得不改变既定战术，为在城区行进的装甲编队提供更多的步兵支援和火力支援。最终，俄军推进至车臣"总统府"，擒获车臣领导人焦哈尔·杜达耶夫（Dzhokhar Dudayev）。然而，在随后的两年中，俄军一直陷入车臣武装发动的决定性的游击战中。直到1996年，俄罗斯时任叶利钦才宣布此次战争胜利，结束了俄军对车臣的占领。不过，在后续三年中，车臣地区一直处于半自治状态，车臣问题并未从根本上得到解决。

2）经验教训

（1）战略方面：

① 在城市作战环境下，信息战（IO）对于影响本国、战区及全球民众尤为重要。在第一次车臣战争中，俄军对信息战重视不足。俄罗斯媒体直接对俄军遭受的惨重伤亡情况对外报道，大大削弱了国内对此次战争的支持。同时，在打击目标选择方面不加辨识，进而造成大量平民伤亡，也使俄军声誉败坏。试想，如果俄军更好地运用信息战，那么车臣平民可能更多地将俄军看作"解放者"，而非"镇压者"。

② 军事指挥员应当根据作战重心原理，识别适当的目标进行打击，而不至于将城市战演变为冗长的围攻战。俄罗斯战略家没有能够识别那些对于打击反叛分子意志非常必要的重要目标。莫斯科曾认为，占领车臣"总统府"就可以达到立即平叛的效果，清除反叛组织头目就可以打消反叛组织的战斗意志。然而，事实证明，这是错误的。

（2）战役方面：

① 军队必须考虑城市地形对指挥、控制与通信行动的影响。俄军在通过格罗兹尼街道时，并没有对行进车队维持适当的指挥与控制。尽管俄军占据格罗兹尼南部的高地，并在通道沿途建立了必要的指挥节点，但仍然不能解决复杂城市地形环境给通信带来的压力。

② 军队必须根据城市战的特点，做出适当的编组调整。俄

军在遭受重大损失（包括士气与装备）后，才紧急调整作战编组，以适应车臣武装分子的战术。

③ 在城市作战环境下，需要动用侦察资产识别敌人，但这些侦察资产必须受到很好的保护。俄军曾试图通过侦查员和侦察小组画出车臣组织防御图，但却疏于对他们的保护，经常使他们暴露在直接冲突中。

（3）战术方面：

指挥员必须承认，城市游击队往往更熟悉地形，因而要做好艰苦战斗的准备。俄军战术指挥员忽略了这一点，结果为他们的自大与傲慢吃尽苦头。士兵们对可能遭遇的抵抗没有充分准备，在进攻期间的态势感知能力和警惕性不足。在城市地形环境下，许多装甲车车组人员缺少地图和必要的导航措施，以致于常常一头扎进敌伏击圈。

二、第二次车臣战争（1999—2000 年）

俄罗斯宣布第一次车臣战争胜利并撤出后，车臣境内的不稳定活动依然继续。于是，莫斯科不得不作出发起第二次车臣战争的准备，以镇压那里的反叛分子。无论是时任总统叶利钦，还是新任的副总统普京，都计划更多地依靠空中力量、地面炮兵（减少对坦克、机械化步兵的依赖），控制车臣首府格罗兹尼。这种战术上的变化以及地面部队的增加（从 1995 年约 2.5 万人增加到超过 10 万人），都体现了第一次车臣战争的经验教训。其他大的变化还包括：修改攻击计划，更好地控制媒体报道与信息战，在作战中控制停火与暂停时间。俄军采取的这些适应性变化，是卓有成效的。车臣武装分子纷纷逃离格罗兹尼，而且在随后的两年内，发生在车臣境内的暴力活动明显减少。此外，在进入城市中心作战之前，俄军已经控制了郊区态势。

1）经验教训

（1）战略方面：

① 如前所述，在城市作战环境下，信息战（IO）对于影响本国、战区及全球民众尤为重要。在第二次车臣战争中，俄军从各个方面控制信息战，以保证地面部队拥有更多的机动自由、火力自由与战术自由。为最大限度地减少附带伤亡，在每次发动打击前，俄军都会提前要求格罗兹尼的平民撤离。有效控制媒体口径，有助于增强国内与前线的团结，共同形成对那些发动恐怖袭击、威胁俄罗斯人民生命财产的车臣武装分子的同仇敌忾。

② 如前所述，军事指挥员应当根据作战重心原理，识别适当的目标进行打击，而不至于将城市战演变为冗长的围攻战。在第二次车臣战争中，俄军对重要与胜利的判别标准有很大改变。俄军作战策略围绕摧毁车臣部队展开，而不是围绕控制那些标志性建筑而展开。甚至在进入格罗兹尼遂行城市作战之前，俄军已经控制了捷列克河（Terek River）和郊区。

（2）战役方面：

① 在城市作战环境下，间瞄火力和空中打击能够有效支援地面作战行动，控制人员伤亡。第二次车臣战争中，俄军开始广泛运用炮火与空中优势，使地面部队能够在一定距离上对敌发起攻击，从而有效减少己方部队伤亡。有鉴于美军在科索沃战争中使用"精确"火力，俄军在进入格罗兹尼之前，便运用火力与空中打击手段，对车臣部队实施大量杀伤。

② 在城市战中，通常需要向战术层次部队倾斜更多作战资源。在第二次车臣战争中，俄军根据任务需求，将必要的火力要素部署至连一级，从而能够实施更敏捷的火力控制，并使大范围散布作战更为有效。

③ 为有效识别敌人，必须适当运用侦察资源。在第二次车臣战争中，俄军在攻击格罗兹尼前，首先动用侦察资源进行侦察。前线狙击手和侦察小组能够更为有效地跟踪车臣武装分子的行踪，并实时或近实时向后方指挥所报告。此外，侦察小组可以有效呼叫火力，对敌据点实施打击。

（3）战术方面：

适当的城市战训练不仅能够提高部队作战的成功率，还可以有效提高士兵在战场上的生存率。在第二次车臣战争中，俄军士兵事先接受过在城市街区机动作战的良好训练，并增补了适当的专用装备。因此，他们能够更好地理解城市战场环境及其面对的敌人。

6. 伊拉克巴格达战斗（2003 年 3—4 月份）

1）背景

发生在 2003 年 4 月上旬的巴格达之战，也称"巴格达陷落之战"，是美军入侵伊拉克战争的一部分。3 月 19 日，美军展开对伊拉克领导人及其他战略目标的大规模空中打击行动。与此同时，四支地面部队也开始从地面发起攻击行动，包括 1 个装甲师、1 个机械化师、1 个空降师、1 个海军陆战队大队（师一级）。当美军地面部队攻势到达巴格达时，空军对巴格达重要目标及共和国卫队据点的空中打击也异常激烈。联军部队迅速占领巴格达机场，然后用两个"雷霆行动"（Thunder Runs），对伊拉克军队的防御体系展开快速装甲突袭。首次"雷霆行动"，美军用机械化步兵营向北佯攻巴格达，突然掉头向西进攻巴格达机场。第二次"雷霆行动"，一个地面旅向北佯攻巴格达，突然掉头向西攻击伊政府地区。该旅很轻松地占领政府地区（也成为所谓的"绿区"）——这极大地加速了伊拉克常规地面部队的灭亡。于是，入侵伊拉克仅仅三周后，由美国陆军第3机步师带领的联军地面部队挺进巴格达。4月14日，美国宣布取得对伊作战胜利。在此次战争中，数千伊拉克士兵阵亡，而联军部队仅有少量士兵伤亡。

2）经验教训

（1）战略方面：

① 城市战需要胆识。"伊拉克自由"军事行动的计划是创造性的，空前地综合运用了速度、精确性、突然性与灵活性战略。

② 在城市作战中，需要发起突然行动，阻止敌进行充分的防御准备。伊拉克政府原以为，美军会以持续的轰炸行动拉开进攻巴格达的序幕。而事实是，美军地面部队早于空中打击便展开攻势行动。联军部队仅仅利用几周时间，便绕过许多城市和伊拉克部队，直抵巴格达城下。随后，解放伊拉克首都并推翻萨达姆政权，也仅仅用了不足一个月时间。

③ 城市战需要足够的适应性。美军的作战计划是灵活的、具有适应性的，美军部队善于将困难转变为作战机遇。

（2）战役方面：

① 在城市作战环境下，需要及时的、相关的情报。部队必

须具备根据情报快速行动的能力——这些情报应当按分钟计算，而不是以天、小时计算。

② 在城市作战环境下，为控制附带损伤，需要运用精确火力。美军使用精确火力，对敌据点进行致命毁伤。

③ 火力规模比兵力规模更重要。过去，人们通常用兵力规模衡量一支部队强大与否。而到 21 世纪，兵力规模已经不再是冲突中部队的重要衡量依据了。

④ 在城市作战环境下，需要运用多种能力才能达到目标。正如美军在巴格达战斗中所显示的，战役目标需要通过综合运用地面机动、特种作战、精确致命火力与非致命效果达成。

（3）战术方面：

① 在城市作战环境下，如果用作合成部队的一部分，那么装甲兵是有用的。

② 在城市作战环境下，无人机可用于探测、捕获目标并为部队提供实时态势感知能力，从而起到保护士兵的目的。

③ 徒步士兵可以用 M203 榴弹发射器或 M–16 步枪等标记性火力，为坦克提供目标引导，减少打击错误目标的风险。

④ 考虑到城市作战环境的复杂特性，需要一套用于刻画城市地域的单一的、通用的、非保密态势感知工具。

⑤ 军队必须开发一种用于将敌人从民众中区分出来的有效工具。

⑥ 应将媒体作为进攻性信息战的重要因素。千万不要低估媒体的效力与重要性。

⑦ 在城市作战环境下，人力情报至为重要。其中，当地民

众本身就是最好的情报源。

7. 伊拉克费卢杰战斗（2004年）

1）背景

2003年入侵伊拉克后，多国部队（MNF）承担起伊拉克国内安全以及推动伊拉克政府转型的重担。然而，数量有限的多国部队分散部署在巴格达南部、费卢杰、拉马迪等城市，城市与城市之间的广袤土地却防守薄弱。于是，费卢杰的反叛组织图谋将多国部队赶出该市，在首都外围维持一个据点。在此背景下，联军于2004年发起"警惕决断"（Vigilant Resolve）军事行动。由于是在城市环境下展开的，因而此次军事行动受到民事因素的严重干扰。战斗开始一个月内，在伊拉克当地人的建议下，组建费卢杰旅——这是一个民兵武装，目的在于将外国作战人员赶出费卢杰。遗憾的是，由于遭遇连续不断的腐败问题，该策略最终宣告破产。结果，美国海军陆战队不得不领导接管费卢杰，占领该城市，以便下一步将该市的安全与管理移交"友好的"伊拉克人管理。此为第一次费卢杰战斗。第二次费卢杰战斗发生在2004年末，其中吸取了首次费卢杰战斗的经验教训。在激烈的城市战斗后，海军陆战队对费卢杰进行了清理，巩固了美军对巴格达以西地区（包括通往伊拉克西部和叙利亚的交通要道）的控制。

2）经验教训

（1）战略方面：

① 在费卢杰这样的城市地形环境下作战，信息战对于作战成功十分重要。实现从计划到执行环节军事与民事行动的集成，

有助于控制外界对这场战斗的舆论口径。美军的信息战先于战斗展开,从而使许多市民提前离开城市,减少了战斗对民众和进攻部队可能带来的影响。此外,有效的信息战行动还可起到分化反叛组织的作用,削弱其斗志与战斗力。

② 将民事人员集成至攻击部队,有助于海军陆战队维持对当地社会的控制。

(2)战役方面:

① 在城市环境下集成火力,可以放大攻击效能。尽管第 1 海军陆战师仅有 1 个榴弹炮连和 1 个"帕拉丁"榴弹炮连,但实践已经证明:在城市作战环境下,较好的目标识别、训练有素的部队以及受到良好控制的火力有助于减少己方部队面临的风险。

② 装甲兵在城市作战中有较高价值。如果运用得当,装甲部队不仅可以使反叛组织陷入恐慌,而且能够加速突破敌阵线。在费卢杰战斗中,美国海军陆战队用装甲兵为攻击行动开路,并突破敌在城市周围用简易爆炸装置(IED)构筑的防御地带。作战表明,在徒步步兵的支持下,装甲部队实现了重型部队与轻型部队之间的平衡。

③ 城市作战应当是一种合成作战——其中,尤其要运用东道国部队。实现东道国部队和指挥节点的集成,可以放大海军陆战队领导的作战行动的功绩。此外,将伊拉克军队的某些将军安排到联军部队,有助于鼓励伊拉克部队服从联军的意志,有助于使联军部队从攻势行动尽快过渡至稳定行动。

(3)战术方面:

① 在费卢杰城市作战中,某些班战术得到改进。在之前的

训练中，海军陆战队并没有接触过沿着四面高墙的街道机动作战；然而，在作战过程中，他们能够快速适应，并有效控制人员伤亡，提高作战效能。此外，美国海军陆战队员学会由顶至下、由下至上的建筑物清剿技术。事实上，美国海军陆战队从此次城市战中学到的分队战术已经体现到过去十年来部队训练中。

8. 黎巴嫩武装部队在巴里德河难民营的军事行动（2007年5—9月）

1）背景

巴里德河（Nahr al-Bared）巴勒斯坦难民营位于特里波利（Tripoli）以北16公里处，共收容约3万名流离失所的巴勒斯坦难民。2005年5月，来自该难民营的武装分子宣称对黎巴嫩境内的爆炸事件和其他犯罪活动负责。5月20日，特里波利的一处房子遭到袭击。这一事件导致一系列枪战，并进一步引起巴里德河营地附近发生冲突。武装分子攻击了巴里德河难民营门口的一处黎巴嫩军事据点，并屠杀了那里的士兵。作为惩罚性报复，黎巴嫩武装部队（LAF）包围了难民营，并拔出法塔赫在难民营附近的据点。在整个6月份，黎巴嫩武装部队共发起三起攻击行动，以便将武装分子驱除出去。黎巴嫩武装部队最终取得胜利，但却承受了较重的伤亡——这些伤亡主要发生在实施建筑物清剿行动期间，士兵们遇到许多陷阱（或饵雷）、地堡和地下网络。进入7—8月份，随着新威胁出现，特别是武装分子从难民营向邻近村庄发射"卡沙秋"火箭弹时，黎巴嫩武装部队又向营地发起进攻。最后，到9月7日，以整个营地被毁为代价，难民营内最后的武装分子被清剿，共造成超过 50 位平民被杀，3 万人流离失所。而黎巴嫩武装部队方面，共有 170 人阵亡，400 人受伤。所有这些，发生在不超过 600×800 米的地域。

2）经验教训

（1）战役方面：

① 部队在参与城市战前，必须做好充分准备。在作战的前几周内，黎巴嫩武装部队（LAF）在火力的数量与质量方面都欠佳。

② 在城市作战中，适当的情报非常重要。然而，黎巴嫩武装部队缺少关于敌人和难民营的足够的情报。

③ 为尽可能扩大城市战效果，必须在整个政府框架内综合展开民事与军事行动。

（2）战术方面：

① 敌人可能使用非常规战术发起攻击。在巴里德河难民营，所有房子都设有陷阱（或饵雷）；而这些陷阱（或饵雷）导致美军许多训练有素的士兵们死亡。

② 在战斗后期，难民营周边的黎巴嫩士兵遭到敌从警戒线外发起攻击。

③ 在城市作战环境下，工兵可用于减少障碍。在巴里德河难民营，美军将装甲战车与重型工程装备用于拆毁设有陷阱（或饵雷）的房子。

④ 敌人可能会采用欺骗手法获得战术优势。在巴里德河难民营，武装分子穿上陆军制服，以欺骗黎巴嫩士兵和民众。

⑤ 敌人可能会使用非战斗人员和设施来获得战术优势。

在巴里德河难民营对抗期间,武装分子曾将平民和宗教设施用作盾牌。

9. 俄格战争（2008年）

1）背景

1991年苏联解体后,格鲁吉亚宣布独立,并声称对阿布哈兹（Abkhaz）和南奥塞梯地区拥有主权。然而,这两个地区都有分裂势力谋求半自治政治——特别是在2003年亲西方政府执政后,分裂势力的活动更为猖獗。到2008年,冲突终于爆发。南奥赛梯的分裂分子开始攻击格鲁吉亚村庄和据点。格鲁吉亚军队前往镇压。此时,俄罗斯看到夺取这两块领土的机会已经到来,旋即以反对格鲁吉亚对南奥塞梯侵略的理由,发起"强制和平"（Peace Enforcement）军事行动。整个冲突仅持续5天时间,俄军压制住格鲁吉亚军队的攻势,并正式承认这两个地区独立。

在此次战争中,发生在茨欣瓦利（Tskhinvali）的战斗属于城市作战。这座城市本来由南奥赛梯分裂分子占领。格鲁吉亚军队地面部队发动进攻,试图重新夺回这座城市。然而,他们的进攻受到分裂分子和俄罗斯"强制和平"人员的狙击。其中,俄罗斯援兵能够通过罗基隧道（Roki Tunnel）渗透至该城市。大约1万名俄罗斯士兵的部队很快到来,阻挡住格鲁吉亚军队前进的步伐,并接连拿下数座格鲁吉亚边境城镇。此次战争是俄军自1999—2000年车臣战争以来参与的第一场战争,同时也被许多人认为是21世纪首场欧洲战争。尽管俄军取得决定性重大胜利,但莫斯科以此为契机,通过在这场五日战争中学到的许多经验教训,对俄军现代化计划进行了重新评估和调整。

2）经验教训

（1）战略方面：

① 俄军以 2008 年俄格五日战争为契机，借鉴从中获得的经验教训，对俄军现代化改革进行重新调整。自此之后，俄军所有作战部队都处于恒久战备状态——而在俄格战争之前，这并非后备部队、某些常规部队及所谓"架子部队"的优先事项。其他改革包括：

⊙提高指挥控制系统的效能；

⊙改进军官训练、教育与军事科学；

⊙武器系统现代化，开发精确弹药；

⊙改善军人住房、薪酬待遇。

（2）战役方面：

① 在城市作战环境下，导航是很困难的——尤其是当导航工具不能使用时更是如此。在格鲁吉亚，"格洛纳斯"（GLONASS）全球定位导航系统发生故障，从而影响了部队导航效果。于是，俄军部队转而尝试运用美国 GPS 全球定位导航系统，但是 GPS 全球定位导航系统在战时也被阻塞禁用。后来，俄军部队不得不重新依靠地图和 20 世纪 40 年代以来配发的指南针进行有效导航。此外，还要指出的是，"格洛纳斯"全球定位导航系统故障，同样限制了精确制导弹药的实战效能。

② 在俄格冲突中，俄罗斯军队在电子战系统运用方面的表现不尽如人意。俄军指挥员认为，电子战平台不能有效压制格鲁吉亚军队的防空系统。因此，他们希望低层战术部队指挥员能够

更方便地运用电子战系统。

③ 军队必须在总结经验教训的基础上，不断改进与提高。八年前在格罗兹尼城市战中表现不佳的通信系统，改进后在此次俄格战争中已经得到很好的运用。此外，指挥员还使用了商用卫星电话和非保密通信平台。

④ 城市战通常需要分布式执行。与美军模块化地面旅类似，俄军部队也由以师为基础向以旅为基础转变。这使营及营以下部队指挥控制更为通畅高效。

（3）战术方面：

俄军部队武器平台和战车的生存性存在问题——即使在俄格五日战争这样的短期冲突中也表现得十分明显。例如，俄军地面战车缺乏必要的反应装甲。此外，其他武器装备还暴露出制造质量不高、维修不善等问题。

10. 以色列"护刃"军事行动（2014年）

1）背景

2014年6月12日，在以色列占领的西海岸地区一个公交站，三名以色列青年被绑架。以色列政府认为这一定是哈马斯组织所为，于是发起"兄弟守护者"（Brother's Keeper）军事行动。6月30日，被绑架青年在西海岸地区希布伦（Hebron）北部找到。2014年9月23日，两名嫌疑人被以色列国防军（IDF）杀害；2015年1月6日，第三名嫌疑人被以色列指控犯有谋杀罪。

作为对以色列袭击与抓捕巴勒斯坦人的回应，加沙地区的哈马斯组织开始向以色列城市发射火箭弹。从6月12日至7月5

日，哈马斯共发射 117 枚火箭弹。到 7 月 7 日，又发射了 100 枚火箭弹。为阻止哈马斯组织的火箭弹骚扰，以色列空军对加沙地区的哈马斯目标发起大约 80 次空袭。

7 月 17 日，双方达成临时停火协议。然而，以色列国防军发现哈马斯武装组织修筑的从加沙地区通往以色列边境的地道。摧毁这条地道后，以色列国防军又对加沙地区发动地面攻势，以识别与摧毁跨以色列边境的其他隧道。8 月 3 日，在摧毁哈马斯组织的 32 条隧道后，以色列国防军大部分地面部队撤出加沙地区。在整个 8 月份，尽管双方几次试图达成停火协议，但总是被哈马斯组织持续不断地火箭炮发射以及以色列的报复性空袭所打破。直到 8 月 26 日，以色列与哈马斯组织才最终达成最后的停火协议。

2）经验教训

（1）战略方面：

敌人可能更多地利用信息战手段以及国际公众的意见为己渔利。由于知道以色列国防军对黎巴嫩打击违反国际法，哈马斯善于利用国际谴责达到其目的。平民伤亡似乎对哈马斯更有利，于是他们常常利用非战斗设施或地点隐蔽其行动，有时还装扮成黎巴嫩平民保护者的角色。事实上，以色列军事行动造成的任何平民伤亡都会受到国际社会谴责，从而对以色列国防军的进一步军事行动构成压力。此外，哈马斯武装组织设法拍下以色列国防军打击的视频并适时发布，同时却减少对哈马斯打击以色列国防军的报道。

（2）战术方面：

① 敌人会运用复杂的伏击，辅以多种武器系统，迟滞、阻碍或击败我部队。哈马斯组织通过综合运用简易爆炸装置（IED）、反坦克火力、迫击炮和狙击手，阻止以色列国防军进入加沙地带。在人口密集区域，哈马斯武装部队往往采用直瞄火力近战的方法展开打击行动。

② 敌人会越来越多地使用自然与人造地下通道隐藏他们的踪迹。如前所述，哈马斯武装组织总是善于通过地下通过在别人无法探测的情况下悄无声息地机动，并选择有利时机发起进攻，甚至会穿过以色列边境防御系统对以色列境内目标发动攻击。在城市作战环境下，他们还会利用隧道在不同建筑物、不同战斗阵地间机动。此外，哈马斯武装组织还将地下通道用作对付以色列国防军（IDF）的心理战武器。

③ 敌人会采用欺骗手段追求实现其目的。哈马斯会假扮成以色列国防军，激起城市环境下人们的恐慌。例如，在基布兹（Kibbutz），哈马斯武装人员穿上以色列士兵的服装，杀死5名以色列国防军士兵，从而引起以色列当地群众的恐慌。

11. 乌克兰第二次顿涅茨克战斗（2014—2015年）

1）背景

2014年2月，乌克兰"颜色革命"导致亲俄的乌克兰总统维克特·亚努科维奇（Viktor Yanukovych）出走境外。很快，到2月27日，克里米亚半岛被未佩戴明显标志的俄罗斯军队占领。随后，该半岛被俄罗斯吞并，成为俄罗斯联邦的一部分。俄罗斯声称，这是为了保护海外俄罗斯少数民族。一波未平，一波又起。紧接着，在俄罗斯正规军的支持下，顿巴斯（Donbass）和卢甘斯克（Luhansk）的分裂分子开始谋求在乌克兰范围内的高度自治。这导致事实上的城市战——一方面是俄军支持下的顿巴斯人们共和国部队和卢甘斯克人们共和部队，另一方则是试图继续控制这两个地区的乌克兰部队。在近两年的战斗中，最激烈的城市战发生在顿涅斯科市。其中，该市机场成为双方交战核心地带。这些城市战是决定性的，最终迫使乌克兰部队撤出城外。尽管乌克兰军队在一开始对于公开的军事冲突准备严重不足，但总体而言，双方在战术上均表现出很好的适应性。特别是俄罗斯军队及其支持的分裂组织，创造性地展开一场现代混合战。同时，将新的俄罗斯技术融入其作战中，并对新式武器系统和新战术进行了检验。当前，尽管冲突仍在继续，但2014年发生在顿涅斯科机场的第二次战斗已经为世人呈现出现代城市战场环境下的混合战模式。

2）经验教训

（1）战略方面：

信息战在任何城市作战中都十分重要。在俄罗斯介入乌克兰的军事行动中，控制媒体口径与运用社交媒体显得很关键。例如，俄方不断声称自己介入乌克兰是为了"保护境外俄罗斯人"，并以此为其军事行动正名。

（2）战役方面：

① 在城市作战环境下，导航是很困难的——特别是导航设备无法使用时。俄军采用的 GPS 诱骗技术对乌克兰军队产生了很大影响，限制了导航精度，一度使乌克兰军队迷乱。

② 军队应将无人机平台用于侦察和火力支援任务。自 2008 年以来，俄军无人机平台有了很大改进，能够对乌克兰军队阵地实现实时侦察，并可用于协调火力。俄军无人机通常两两结伴飞行；其中，较低高度的无人机用于校射火力，较高高度的无人机用于威慑探测。

③ 为提高部队在城市环境下的作战效能，通常需要专业化装备。俄军提供的先进光学器材、重装甲车、火炮与空中平台，对于增强乌克兰反叛分子的作战效能发挥了很大作用。

（3）战术方面：

分队战术在现代城市作战环境下受到很大挑战。乌克兰军队将航空站终端用于城市防御作战，而俄罗斯军队用强大的火力和来自坦克的直瞄火力予以打击。

12. 摩苏尔战斗（2016 年）

1）背景

在被"伊斯兰国"恐怖组织控制达两年后，在美军的支持下，伊拉克军队终于进入摩苏尔市，解放那里的人民。这显然是一场城市消耗战。"伊斯兰国"恐怖组织采用各种非常规、非对称手段阻滞伊拉克军队的推进，其中包括车载简易爆炸装置（VBIED）、简易武装直升机、常规防御工事以及不道德的人体盾牌等。

2）经验教训

（1）战役方面：

① 敌人会利用复杂城市作战环境隐藏与存活下来——即使

在我方部队貌似取得战术胜利之后,有时仍会发现这一现象。"伊斯兰国"恐怖组织维持有强大的地下支持网络,这成为他们长时间作战的重要原因。

② 在城市作战环境下,情报(特别是人力情报)对识别与捕获敌人至关重要。美军制订了影响民众的计划,并致力于通过当地民众获得对"伊斯兰国"恐怖组织地下作战能力及其支持地带。"伊斯兰国"恐怖组织的重要领导很少现身,但却协调着该组织的情报、安全、财务与指挥能力。这些行动有赖于当地民众主动与被动支持。因此,美军部队综合采用可能的情报收集手段,渗透与破坏"伊斯兰国"组织背后的运作网络。

③ 为维持广泛的民众支持,需要重新建立对城市的有效管理,其中要特别关注基本的民生服务。为了重建民众对伊拉克政府的信心,伊拉克部队收容流离失所的难民,为他们重建生活基础设施,给他们安全保障。

附录二

《美国陆军大城市作战准备分析》
美国陆军战争学院国家安全与反恐怖主义研究所研究论文

2016年4月　帕特里克·凯恩

摘要

美国陆军参谋部的研究组织提出,大城市作战将成为对未来安全环境的一种挑战。正是由于大城市的复杂性,带来了未来作战环境的脆弱性和挑战性。然而,当前的美国陆军并不具备顺利完成大城市作战任务的能力。美国陆军必须要通过加强合作来进行深入地思考和学习,达成对作战思想的一致理解。要深入总结历史经验教训,使其能够推动大城市作战相关概念及能力的进一步发展。

随着联合作战思想日益深入人心,联合想定必将影响未来军队的编制结构和力量运用,同时陆军更要利用好条令、编制、训练、装备、领导、教育、人事与设施(DOTMLPF)框架,加强对大城市作战能力的建设和准备。在作战准备过程中,美国陆军"思考—学习—分析—实施"的思维范式也会发挥重要作用。

附录二 《美国陆军大城市作战准备分析》

引言

"当今世界的权力重心正在主权国家之间发生转移……虽然这一趋势总体上是正面的,但同时也会滋生暴力组织、挑起动荡事端,特别是在那些政府羸弱不堪或几近瓦解的国家更容易出现,甚至还会遭到极权政府的强烈抵制。"——《2015 国家安全战略》

从历史上来看,美国国家安全一直非常依赖陆战力量。陆战力量作为联合部队的重要组成部分,对于避免冲突、改善国家安全环境都极为重要,能够为解决冲突问题提供多重选择方案。美国陆军(US Army)作为国家首要的陆战力量,专门负责组织、训练和装备相应的部队,从而保卫国家领土、守护公民财产、增强国家安全利益,确保联合部队的行动自由。

尽管当前无法准确可靠地预测未来的冲突,但美国陆军参谋部的战略研究组织(CSSG)已经指出,大城市作战将会成为未来作战环境中的一个挑战因素。美国国家安全委员会在《全球趋势2030(Global Trends 2030)》中指出,大城市不仅仅是经济发展的机遇中心,从另一个层面来看,正是由于大城市对于安全、能源、水资源保护、资源分配、垃圾处理、灾难管理、建筑及交通的内在需要,其潜在的脆弱性也是十分严重的。

澳大利亚战略家和反叛乱专家大卫·基尔卡伦(David Kilcullen)针对大城市的发展趋势提出了如下观点:人口增长速度快、城市化进程蔓延快、沿海地区发展潜力大、城市连通性强。

根据定义来看,所谓大城市,是指常住人口超过 100 万的都市环境。随着城市化进程加速及人口的不断增长，美国陆军必须要加紧备战，使自身能够具备大城市环境下的作战能力。

一些分析家还认为大城市是一种挑战，因为各国的大城市都在面临着人口和地域的不断扩张，很多城市根本无力应对这些挑战，甚至不愿意去管控出现的问题，听之任之。帕特里克·利奥塔（P. H. Liotta）曾经撰文指出，如果极端分子在稠密人口的掩护之下采取各种恐怖行动，那么大城市"将会彻底崩溃、极端危险且无法控制"。

除了城市规模与安全问题之外，到 2030 年，大城市在全球经济中的战略地位更加重要，因为届时这些城市的产值将接近 30 万亿美元，约占全球 GDP 的 65%，将会产生 600 个这样的城市，并且有 1/3 分布在发展中国家。

不仅如此，大城市的复杂性常常会导致资源利用效率的低下，很多城市难以保证为居民提供可靠的生活资源服务。同时许多城市的自然灾害应急响应能力也是非常粗放的，常常难以应对大规模的灾害和人员伤亡事件。

从历史上来看，军事力量在城市环境下应对挑战的案例不胜枚举。当然，美国陆军发展史上也有几次在复杂城市地域作战的典型案例。尽管如此，美国陆军从来不将大城市选为军事干涉行动的作战地域，也极少针对大城市作战展开作战准备。

因此，陆军必须要能够适应未来任务发展的需要，积极加强备战工作。美国联合部队司令部（JFCOM）在其"2006 作战实验"一文中就专门总结提出了这个问题，即"针对城市作战问题，我们应当采取哪些作战概念、物资、战术、技术和流程呢？哪些作战思想是最高效的呢？"虽然大城市仅仅是未来联合部队可能会面临的作战环境之一，但是由于大城市自身在规模、复杂性及人口密度方面的特性，导致其安全环境充满了挑战性和脆弱性，更需要引起足够的重视。

美国陆军参谋部战略研究组织（SSG）经过研究得出了慎重的结论，即应当在美国陆军的主导下，开展联合性、跨机构的合作来应对大城市作战带来的挑战，履行好陆军的职责和使命。

战略研究组织还得出结论，"陆军当前的适应能力还不够。陆军开始着手研究作战地域和面临的挑战，利用好陆军的条令、编制、训练、装备、领导、教育、人事与设施（DOTMLPF）框架，现在正当时。"

依托条令、编制、训练、装备、领导、教育、人事与设施（DOTMLPF）方案框架，利用"思考—学习—分析—实施"的思维范式，美国陆军就能够构建一支胜任大城市作战任务的部队。

通过调整，在职业军事教育（PME）中增加大城市作战方面的内容，美国陆军就能够提高对大城市的分析水平，在作战筹划方面也能够优先考虑。如果能够照此发展，经过调整之后，职业军事教育就可以融合历史发生的经验教训，进而为参训部队提供最贴近需要的作战概念和相关技术。此外，美国陆军必须要继续开展战争模拟、开发作战想定，研究作战行动背后的部队编制和运用问题。

但是，某些分析人员对美国陆军备战大城市作战行动的举措也产生了质疑。还有一些理论家，如斯蒂芬·格拉汉姆（Stephen Graham），指出这一举措是错误的，不应当将大城市定位为行动目标。他写道,"美国军队及其附属的复杂研发机构都极为中意开展超级武器的研发,因为他们认为只有这样才能彰显其研发实力和优势。"他还提醒要防止出现植根于美国政治和军事文化中的"技术狂热"现象。近期还有军事专家提醒美国海军陆战队的任务越来越单一,要防止海军陆战队陷入单一化境地。

当然也有其他的高级战略分析家指出:"向城市作战任务转变,需要各军种在编制、装备和训练方面实现整体性的大转变。"城市作战需要在机器人、无人系统、城市峡谷地区特殊通信系统、新型传感器、简易爆炸装置检测系统、装甲车辆、非致命性打击能力和近战武器系统等方面进行巨额投资。

美国陆军既需要在条令、编制、训练、装备、领导、教育、人事与设施(DOTMLPF)框架内加强改革,以适应全域冲突带来的挑战,还要能够应对常规对抗和非常规对抗。实现这一目标,难度很大、要求很高。迈克尔·埃文斯(Michael Evans)指出,"某些专家认为,需要专门针对城市作战探索作战方法,以实现对城市地域全面控制行动的最优化……另一方面,一些专家坚持传统的观点,认为军事力量的通用性更加重要,不能仅朝着优化某一特定作战环境去发展。"

当前的战略环境和未来发展趋势是美国陆军备战大城市作战的客观原因。但是,怎样才能既突出备战大城市作战又能平衡利益竞争并保障国家安全利益呢?

本文认为,美国陆军应当加强装备编配、改善部队结构,使其能够适应多种战场环境要求,与此同时,还应当采取兼容并包的态度,以构建小巧型、灵活型联合远程作战部队为目标,来应对大城市作战任务带来的战略挑战。

通过采取这种方式，美国陆军需要将大城市作战分析列为2025建设规划的一部分，明确部队最佳的运用方式和体系结构。第一，美国陆军需要分析在大城市开展军事干涉行动的原因和行动方法。第二，需要以多种不同类型的大城市为作战背景，筹划发展更多的训练任务和想定。第三，这种联合研发方式需要进一步精细化，明确哪些关键技术需要予以重点发展。

思考与学习大城市的相关知识

美国陆军参谋部战略研究组织（SSG）指出，"大城市不会是陆战力量唯一的可能作战地域，但它一定是最具挑战性的作战环境。"为扎实开展未来安全环境下的备战工作，美国陆军必须要建立一套行之有效的学习制度，从而使部队理解可能会面临的挑战，并分析出应当采取的对策措施。

另外，在未来几年紧缩金融环境的影响之下，美国陆军要针对那些未来最有可能出现冲突的大城市，开展作战筹划优先排序，认清面临的需求。对于大城市作战筹划而言，美国陆军必须要加强与国防部门的合作，包括要与联合部队、盟国、私人部门和学术界加强集成。在陆军自身开展转型或装备配备之前，甚至在陆军思考大城市作战方法之前，首要工作就是要对大城市进行学习、理解和分析。

那么，为什么美国陆军会将大城市视为潜在的安全挑战呢？2014年，据联合国统计，全球共有28个大城市，总人口为4.53亿，并且预计到2050年人口总数将会高达65亿。人口的快速增长，城市的不断扩张，使得原本就比较脆弱的地区变得更不稳定，更容易遭受恐怖分子的暴力袭击。大城市环境更容易滋生犯罪、疾病及政治暴乱。

学者金世杰（Jack Goldstone）曾经指出，在非洲和亚洲的低收入国家中，城市化进程和青年人口"膨胀"问题已经成为滋生恐怖主义的温床，"由于网络化和数字技术带来的便利……为招募、维持、隐藏恐怖主义网络提供了绝佳的机会。"

城市及都市圈给违法乱纪者们提供了一个成熟的环境，这也会使城市一步步成为无政府主义的地带。

非政府主义者们能够在大城市内寻找可利用的非政府地带，对其加以控制进而开展恐怖活动。基卡伦（Kilcullen）在其竞争性控制理论中对这些条件进行了分析，并指出"在非常规性冲突中，本地的武装分子最有可能构建起常规的控制体系，从而主导该地区的民众及居住地域"。

考虑到大城市自身的管控难度，及城市管理居民的能力，可以发现，"城市安全受到了非国家组织的挑战，如恐怖分子、叛乱分子、犯罪分子及极端组织，等等。这些非国家武装分子很可能会发展成为大城市真正的统治者。

为使大城市作战研究更加的制度化，美国陆军必须要对不同地区的城市进行分类研究，并将成果融入作战筹划。

如果仅基于人口规模来看，美国陆军很难为潜在或实际的大城市提供合理的资源应急计划。在发展中国家的大城市管理方面，多米尼克·洛兰（Dominique Lorrain）以上海、孟买、圣地亚哥和开普敦为研究案例，分析了各个城市的历史、经济基础、社会组织及相关的联系。

该项研究得出结论,大城市的规模并不是导致复杂性的决定因素,"最重要的一点是政府是否具有合法权威和法律认证"。而且,还有研究表明,政府对城市的治理方式决定着这个地方的发展模式……治理方式还影响着当地违法者可以利用的犯罪条件和资源,决定着通过军事干涉行动进行局势调整的必要性。

美国陆军的作战筹划人员必须要注重相关的社会、政治和经济数据,依据这些数据来分析大城市内潜在的冲突爆发区域。例如,联合国经济和社会事务部(UNDES)《世界城市化展望(WUP)》就提供了一套2030年城市人口增长和城市群集聚发展趋势的预测数据。其中预测,截至2030年,世界人口60%将会定居在城市。

不仅如此,最新的一项人口研究项目指出,在34个大城市中,有67%位于亚洲和非洲。和平基金会(FFP,位于美国华盛顿的非营利性研究和教育组织)提出的动荡地区索引表(Fragile State Index),就是一个非常管用的、全面的社会科学分析结论,对于发现不稳定因素非常有效。

并且,和平基金会还开发了专用的冲突评估系统工具(CAST)分析平台,用来确定存在脆弱和动乱的地域。总之,这些工具有助于推测风险地区,当然也包括大城市。这些数据有助于辨识处于危险状态的城市,有利于分析这些城市在政治、军事、经济、社会、信息、基础设施、自然环境及时间(PMESII-PT)等方面的特征。

除了运用上述分析工具进行应急筹划和想定制定之外,美国陆军需要将大城市视为一个单元来进行分析,并提出一套实在管用的作战方法。贝利(Bailey)等人提出了一套卓越的战略框架,有助于战略筹划家分析大城市的背景、规模、密度、联通及流动能力。该框架提供了一种能够在复杂作战环境下揭示关键性细微特征的有效方法。

但这并不能说明该框架能够替代所有的模型或分析工具,比如冲突评估系统工具等等。另一种分析模型(METT-TC),包括任务、敌方、地域/天气、部队/相关保障、时间、犯罪条件等因素,为大城市进行战术分析提供了智力工具。

正如一位美国海军陆战队条令方面的高级研究人员指出,近些年在战争模拟及实验方面,美国和北约基本没有开展大城市内出现战役与战术级冲突的项目,目前的差距非常之大。要填补这一鸿沟,美国陆军必须提出相应的作战分析模型,并将其纳入到已有的军事教育体系之内。

《美国陆军统一探索2014》中指出,需要从条令的角度描述大城市的特征及各种条件下作战行动的实施方式。

通过将时间表设定为2030—2040年,该文档重点强调了需要跨越多重领域(包括空中、表面、地下、民众、信息等)实施作战行动的需求,这些都构成了大城市的子系统,这就需要我们深刻理解其对作战行动产生的影响,提前做出判断和预测。

区分这些领域,有助于系统性地分析大城市在物理层、信息层和人类认知层三个方面的具体特征,为其提供了相应的逻辑方法和系统方法。不仅如此,美国陆军和联合部队还能将这些特征进行吸收与合并,形成相应的变量,为大城市分析奠定条令方面的基础。

这种针对大城市的新型理解方式应当纳入职业军事教育（PME）之内，重点突出模糊环境下的批判性思维和决策制定能力的培养。拓宽针对大城市作战的研究渠道，需要美国陆军在深入研究当地社会政治现实问题的基础上开展跨学科研究项目。

正如一位美国陆军能力整合中心（ARCIC）的高级领导者曾经指出，这些研究渠道应当包括两个方面，一方面要搞透当前的作战地域，另一方面还要为未来做准备，研究未来潜在的冲突城市。

不仅如此，分区域驻防的部队应当建立一支周期性的战斗小队或设置一位联络军官，从而与城市专业应急管理组织建立专门的联系，互通有无。这些机制有助于建立联系、增进了解，进而益于掌控导致动荡局面的民族和文化因素。

美国陆军必须要将大城市作战的相关学习内容纳入到军官训练课程之中，并且，在职业军事教育（PME）体系中，也应当针对各级军官加入关于大城市作战的新内容。战斗研究学会（CSI）在课程设置方面所做的工作很具有代表性，他们在教学中就吸收了费卢杰（Fallujah）和巴格达（Baghdad）作战行动中的许多要点。

在训练中，与私营企业进行合作也是大有裨益的，如IBM公司提出的"智慧城市计划"就可以加以运用。该项目（智慧城市计划）包括：研发不同机构间的云计算协作模式，利用移动技术来收集数据，注重从源头上发现问题，研发社交技术促进市民间更好地沟通交流。

不仅如此，不管是中等教育（ILE）还是高级军事研究学院（SAMS），都为大城市作战研究提供了机遇，并将其视为一种战术或战役级的挑战，甚至改变了世界大战期间形成的早期课程框架。战术、技术及作战程序（TTPs）和"经验教训总结学习"工具有助于推动合作，尤其是条令制定人员和指定大城市相关作战部队之间能够借此开展密切的协作。

正如一位安全问题分析专家指出，"美国陆军必须要加强城市地区的研究项目，要加强跨学科的理论研究和跨部门的实践协作……从系统的角度出发，整合市政管理、城市地理和城市规划等多个相关方面，从而形成一整套军事成果。通过这种方式，美国陆军就能够形成一套研究大城市相关问题的整体方法。"

大城市作战行动相关概念分析

在对大城市问题增进理解认识的同时，美国陆军必须要探索未来作战力量最佳的运用和配置方式，而这就需要对相关作战概念、能力与技术进行分析研发。无论是历史上的经验教训和近期的武装冲突，还是联合部队司令部（JFCOM）和陆军的相关倡议，都有利于探析高密度城市环境下作战行动的基本概念。

这些作战理念必将推动相应装备技术的快速演进。然而，随着任务种类的增加和部队规模的小型化，未来的美国陆军必须要注意避免将全部财力都投入到大城市相关领域，而是要探索更为高效的投资方式，寻求发展那些既能用于大城市作战又能用于其他领域的作战技术。

事实上，随着美国陆军对于大城市相关的知识积累日益丰富，从历史上城市战斗经验中总结提炼经验教训，也有助于完善现代复杂城市作战的相关概念。一位美国陆军能力整合中心（ARCIC）的领导者观察发现，大城市内的军事行动具有复杂性、危险性和高强度性。城市环境具有独特的作战优势，能够使防御方的实力大规模扩大，还能够减损进攻方在火力和机动能力方面的优势。因此，美国及其结盟国家在进攻大城市时可能会陷入更大的圈套。

在此需要指出，美国陆军从未在大城市开展过军事行动，但其以往的很多军事经验能够运用于大城市环境。总而言之：从斯大林格勒（Stalingrad，现为伏尔加格勒）到伊拉克（Iraq）爆发的城市战争，路易斯·迪马科（Louis Dimarco）对其进行了总结，美国陆军从亚琛（Aachen）、首尔（Seoul）、顺化（Hue）、拉马迪（Ramadi）所获得的经验表明，"城市作战并不需要大规模的步兵。但是，我们仍然还要以总体计划为指导，针对其中的特定目标来开展步兵的训练"。

正是由于小型、精干的编制结构特点，美国陆军2008年在萨德尔城（Sadr City）实施的作战行动展现了重要的城市贫民窟地区作战能力，其中包括贯穿全程的情报、侦察与监视（ISR）能力，应急响应与精确火力打击能力，快速机动能力，战斗班生存能力，与特种作战部队（SOF）的集成能力，基于态势感知共享的分散任务式指挥能力，及当地武装的作战能力。

2008年，以色列国防军（IDF）在加沙地带（the Gaza Strip）的作战行动就极具代表性，时至今日，这仍是在平民中展开城市作战的典型案例。这次"铸铅行动"（Operation Cast Lead，2008

年底至 2009 年初，以色列以哈马斯向以南部发射火箭弹为由，对加沙地带发动持续三周的军事打击报复行动，也被阿拉伯世界称为"加沙大屠杀"），成功展现了以色列国防军出色的作战能力，汲取了 2006 年黎巴嫩（Lebanon）战争失利的教训，此次军事行动的重点在于整体性联合地面机动、精确 GPS 定位火力打击、行动情报、从低强度到高强度行动的快速转换、减缓附带损伤。

举例来说，在减缓附带损伤方面，技术因素对于降低目标房屋附带损伤的作用非常明显。以色列国防军（IDF）或以色列秘密警察"辛贝特"（Shin Bet，以色列国内安全局）的一位情报军官就能够利用电话来通知当地的居民，提醒他们以军的火力打击计划，要求他们在 10～15 分钟之内撤离预定打击区域。

在某些情况下，以色列空军（IAF）还会向目标房屋屋顶拐角处投掷一些小型化、前兆性的军需品，目的就是向当地居民给出撤离的"敲门式"提醒。

某些分析人员也在质疑以色列作战行动的成功性，因为战后哈马斯和真主党军事组织（Harnasand Hezbollah）还有残留人员，并且以军的军事行动并未区分"占领"和"建设"阶段的行动计划。没有这两个阶段的行动计划，美军指挥官就很难照其模式展开相关的准备工作。

但是，在大城市规模庞大和美国陆军现行编制结构之下，"美国陆军真正需要研究的问题是：如果目标城市的战略地位非常重要，那么在没有攻入市中心的状况下，如何实现对其有效影响与控制？"

从 2004 年到 2006 年，联合部队司令部（JFCOM）也开展了一项联合作战实验,名为"城市问题解决(Urban Resolve)",目的也是要为上述问题寻求答案。但是联合部队司令部重新考量了问题的提法,具体如下:

当城市地域的作战对手反应机敏、行动坚决、装备精良的时候,既要避免我方伤亡和平民伤亡,还要避免基础设施遭受破坏,又要实现快速夺取作战胜利,那么我方该如何开展作战行动呢?……对于在城市地区作战而言,我们又该怎样去确定哪些作战概念、物资、战术、技术和过程是最为有效的呢?

将近十年过去了,在《美国陆军机动能力 2025》中,美国陆军还在努力寻求相同问题的解决方法。《美国陆军统一探索 2014》给出了以下 6 项作战行动必备条件:(1)实施联合空对地机动,从而夺取并保持大城市作战优势;(2)部队各领域作战行动按照小型化、分散化部署展开;(3)涵盖网络空间相关能力;(4)构建联合指挥部;(5)在作战地区各相关部队之间建立联动机制;(6)确保各作战机构和多国盟友之间的互操作性。

之后,联合部队司令部"城市问题解决"和《美国陆军统一探索 2014》都进行了更深一步的阐述,为复杂城市地域作战提出了更具体的作战概念和能力需求。这两项研究所产生的能力需求基本相同,主要包括"城市作战情报、侦察与监视,电子战,信息作战,精确打击,非致命性武器攻击,城市化作战后勤保障,城市居民保障,跨军种、跨机构、跨国家及非政府组织(NGO)间的协调与合作"。

最终,美国陆军训练与条令司令部(TRADOC)指挥官对此进行了展望,"这将是一支分散配置、分布式行动、整体集成、区域相关且远程作战能力不断加强的作战力量"。

2003年联合高级战斗项目（JAWP）还开展了一系列的战争演习，验证大城市作战的相关概念。该项目与联合部队司令部（JFCOM）提出的"城市问题解决"试验比较类似；其研究重点是对伊拉克首都巴格达的进攻作战行动。

然而，这些新概念已经成为美国国防部（DoD）提升联合城市作战（JUO）能力的方向标。这些演习所产生的6个概念与《美国陆军统一探索2014》中的成果非常相似，可以证明，这些成果对于《美国陆军机动能力2025》具有重要的意义。

支撑这些概念的基础是"在火力投送和地面机动能力的配合下，连续实施情报、侦察与监视的能力"，这些能力可以依托特种作战部队或传统地面部队来组织实施。这些作战概念还包括精确打击、重点目标夺控、重点目标夺控与扩张、软目标夺控与扩张、分段隔离、重点目标隔离。虽然这些概念主要针对以传统力量为中心的联合部队，但简要讨论一下其实用性也有助于能力和技术的进一步发展。

1. 精确打击

精确打击包括从安全距离以外对敌作战力量的间接和直接打击，从而达成预期的作战效果……在不使用地面作战力量的情况下，精确打击需要预先掌握敌方部队重要结点的精确位置，及敌方部队间的联络方式。联合部队指挥官通过使用远程火力和特种部队直接行动，并将二者确立为主要的攻击机制，从而最大程度减少了地面部队出现的比例。

因此，就这些作战概念而言，大城市作战行动需要树立一种

"联合、跨机构、跨政府、多国合作（JIIM）"的作战模式，还应当采用"轻足迹（Light Footprint，奥巴马政府认为，愚蠢的战争侵略已经过时，美国应利用科技优势，通过无人机、网络与特种作战的方式出击，展现美国军事实力）"攻击方式来打击城市极度依赖的现有设施。

当今的大城市对现代技术极为依赖，这也就造成了一种挑战，即"分布稠密的城市基础设施使美军很难全面使用远程传感器和弹药，而且，任何时候都要避免出现城市平民的附带损伤"。总而言之，大城市作战非常依赖现代技术和"连续不断的情报、侦察与监视"。

2. 重点目标夺控

重点目标夺控，"通过控制城市内的关键要点，从而拒绝敌方保障资源的落实"。

这一作战概念需要提前掌握相应的信息，包括"哪些是城市的关键要点，它们之间的联络方式如何及敌方防御方案的总体情况，等等"。

在这一方面，对重点目标的描述能够作为联合介入行动的依据，为联合部队的多域作战奠定基础。文档还叙述了联合部队司令部在此类行动中需落实的21项任务。

3. 重点目标夺控与扩张

重点目标夺控与扩张，需要"在控制城市关键要点的基础上，对城市的剩余部位加以控制"。虽然现在的军事演习还处于使用常规作战力量的阶段，但是重点目标的概念并将会从物理性节点向信息节点、民众节点更新。从《美国陆军统一探索2014》中得出结论，到2040年，"地面部队必须要具备在三域中实施作战行动的能力，即物理域、信息域和认知域"。

在发展这一作战理念及相关支撑技术的时候，第一要务是要发展精确信息作战能力，在不削弱城市整体功能的前提下，实现对敌方目标节点和部位的信息攻击。

4. 软目标夺控与扩张

软目标夺控与扩张是指"夺控城市中未设防的地区，并将这些地区作为下一步实施多重攻击的'桥头堡'"，这一作战概念需要提前掌握"敌方部队的部署位置""敌军未设防的位置"和"敌军的防御行动计划"。

该战法适用于小型分队的分散行动，其作战区域或作战领域也不是连续的。最后一点，"扩张"意指作战范围要扩张到大城市的所有领域，包括空中、地面、地下、民众及信息（网络）领域。

5. 分段隔离

分段隔离是"针对敌军部队实施的一种反机动措施，目的是要使其分散于各地而无法实现兵力集中……"。这一作战概念强调"联合、跨机构、跨政府、多国合作（JIIM）"模式的运用。并且，这一概念需要掌握城市的容量，了解城市日常情况下的运转流程。

6. 重点目标隔离

重点目标隔离是指"封锁重点目标，使敌方无法接触其保障资源，阻止敌方部队之间的行动自由，切断其联系渠道"。除了物理域之外，大城市作战更需要信息作战能力，从而对敌造成精确打击效果，同时又能使我方的网络化情报、侦察与监视系统和任务式指挥平台都能够顺畅地运行。

近期，训练与条令司令部（TRADOC）明确要利用云计算架构保障情报体系运行，"从而保证到2025年实现远程情报和任务式指挥"。从概念的角度来看，这些举措都可以助推大城市作战模拟想定的发展完善。

上述这些作战概念是大城市作战思想的理论基础，能够为美国陆军下一步的发展、改编和试验工作奠定基础，提升联合部队在大城市实施统一地面作战的能力。不仅如此，许多新技术都可以运用于大城市作战能力的发展过程之中。

从本文的目的出发，下面将介绍3个方面的关键技术，分别是网络作战，情报、侦察与监视（ISR），后勤保障。

7. 网络作战

首先就是需要实施网络作战。更专业来说，就是要在"网络空间内进行攻击和防御，产生作战效果，促进战役层面的综合集成……"大城市作战能力需要真正实施专攻精练，从而使联合地面部队能够对城市内的虚拟和物理设施进行精确定位，又不会瘫痪所有民众的生活和当地全盘的商业活动。

8. 情报、侦察与监视（ISR）平台

没有任何一款情报、侦察与监视（ISR）平台是完美的，但是大城市需要能效更强的平台。大城市作战需要信息共享速度更快，需要各种平台具备快速机动能力，能够提供近似实时的情报信息。

而且情报卓越中心也承认，正是由于作战环境的复杂性，需要适应性和创造性兼备的情报保障能力,"从而能够精准地描述问题和作战环境,正确地认识挑战和不足,为下一步拿出能力生成方案奠定基础"。

9. 后勤

后勤保障能力也需要创新,现有后勤保障技术要能够支持各种军事任务,"使部队能够在相应条件下,向大范围地区和难以抵达的点位输送食物、疫苗、胰岛素、血液和血浆制品,尤其是在遇到地震或海啸等突发灾害之后"。此外,任务式指挥还需要能够保持对空间信息的获取能力和技术,特别是"大城市环境中用来放大通信、导航及授时信号的高空技术"。

正如一位高层战略分析家总结道,"美国陆军需要综合运用部队的治安管控、步兵攻防和特种作战能力,并且该分析家还列举了一些其他的需求:高度微粒化的情报搜集能力、知识管理能力……快速组网能力、协作关系构建和创新能力。"目前,在"美国陆军战争挑战(AWC)"中,大城市作战问题已经被列为未来部队将面临的前20个挑战之一。我们有理由相信,未来战争中必将出现这些挑战和问题。

《美国陆军机动能力2025》的分析与应用

城市人口的发展趋势、气候变化及资源枯竭等诸多因素,都会增加未来美国陆军将会在复杂城市地域展开作战行动的可能性。抓好作战准备,就必须首先要理解联合部队开展大城市作战的初衷和方式。

指导原则就在美国政府工作报告《保持美国全球领导力:21

世纪国防建设优先序列》之中，其中指出，"在尽可能的情况下，我们将采取创新性强、成本低、轻足迹式的发展思路，来实现我们的安全目标，这有赖于军事演习、循环驻军、智库咨询等机制的高效运转……而且，美军今后将不会再实施大规模的、旷日持久的作战行动"。这一指导原则指明了未来作战行动的发展方向，即联合、远程、规模有限。

另外，美国陆军还应当充分利用靠前部署的区域性作战力量，着力实施威慑和干预行动。典型情况下，正如澳大利亚战略家和反叛乱专家大卫·基尔卡伦（David Kilcullen）指出，当大城市的"系统"功能崩溃的时候，军事力量必须要加以干预。

戴维森（Davidson）也指出，平民机构是城市系统的一部分，在2011年日本海啸和2005年新奥尔良卡特里娜飓风等情况下，就出现了当地政府或应急组织无法应对的不利局面。不管是应对自然灾害还是极端恐怖组织，各级司令部和指挥官必须要高度重视处于危险之中的大城市，要将其视为战区内安全事务的焦点来对待。

这些工作有助于增进应急响应力量之间的关系，更有助于构建"联合、跨机构、跨政府、多国合作（JIIM）"模式内相关组织间的合作关系。

美国陆军将来还需要发展更多的大城市作战想定，并以此来验证部队运用和编制调整的正确性。坎顿（Canton）针对大城市总结了4种主要的类型，依次分别是"混乱型城市、堡垒型城市、群组型城市和智能型城市"。"混乱型城市"是指"中东和非洲地区那些破乱不堪的地区，这些地方常年处于政治冲突和战乱状态"。

序列的最顶端是"智能型城市",这是一种广泛运用先进技术的城市,其中"计算机技术、神经系统科学、纳米技术和信息科学"得到了广泛利用,"解决着未来城市可能会在能源、健康、安全和商业领域出现的各种挑战"。从本质上来讲,智能型城市是一种未来主义环境,正在发展和构想的高新技术在其中运行。

基于上述几种城市类型区分,有助于构建战略研究(SSG)组织提出的战略框架,从而有效检验联合部队在多种大城市环境(松散型、中等集成型和高度集成型)下的作战能力,其中还可以使用"背景、规模、强度、连通性及流动性"等战略变量。不仅如此,作战筹划人员还可以参考《美国陆军统一探索2014》报告,将城市中的作战行动与反大规模杀伤性武器(WMD)等人道主义使命任务进行结合。通过一系列的作战想定筹划方法,就能够产生独特的、符合实际的、城市化的作战环境。

未来的作战需要涵盖大城市作战中各种可能的任务。例如,在《美国陆军统一探索2014》研究报告中,就假定某次军事演习中涵盖了"联合、跨机构、跨政府、多国合作(JIIM)"模式的运用,该演习背景为,某地区大国遭受了一次毁灭性的洪水灾害,将近50万人遇难,百万人民无家可归,据此,"受灾国家向安全部队提出申请,请求开展联合行动,目的就是帮助该政府渡过难关,展开国际人道主义援助行动"。

梅茨(Metz)在分析未来战争模拟所需的战略和战役级挑战时,提出了5种作战想定:极易出现的危险、对抗直接性威胁、对抗同盟受到的威胁、常规战争,及人道主义援助行动。在《美国陆军统一探索 2014》中，就针对大城市行动给出了许多可行性很强的意见和措施。

然而，其实可以提出的大城市灾难想定有很多，可预想的战略任务也有很多，如墨西哥城遭受了一次毁灭性的地震，恐怖分子利用核武器攻击了尼日利亚旧都拉各斯（Lagos），或者联合部队要对孟买的沿海复杂地区实施安全防御行动。

构建更多有关大城市作战的场景想定，需要美国陆军与联合部队之间增强沟通效率，需要更加高效地验证相关的作战概念。首先，《美国陆军条令——战场手册 3-06 城市作战》应当对大城市作战的相关问题进行解释，其中还包括更新后的联合城市作战概念，总体重心应放在物理域，而不是信息域和认知域。

地面部队，如陆军、海军陆战队，及相关的特种作战部队（SOF）都应着重提升其互操作性和协同效率。

例如，不管是美国陆军还是特种作战部队，都需要使用美国国防部高级研究计划局（DARPA）提供的项目，这些项目正在由海军陆战队进行测试。这些正处于试验过程的作战平台包括自主空中多功能载货系统（AACUS）或空中可重构嵌入式系统（ARES），主要用来实施远程再补给。

最后，通过开发多种不同的作战想定，使美国陆军能够有机会调整其部队结构，这必将有助于尽快形成大城市作战能力。某些人也提出建议，构建城市作战分队（UET），"用于在正规部队进驻之前，对作战环境进行全面的了解掌握，并且，大城市作战环境与传统城市环境不同，大城市环境内部及其本身就是一种威胁"。

诚然，大城市本身就是一种挑战性的作战环境。但是，美国陆军部队结构调整的重点应当针对未来所有的潜在威胁，而不仅仅针对大城市作战。做好未来作战准备工作需要通盘考虑。

但是，构建城市作战分队（UET）的目的仍然有效。某些情况下，一个军事情报旅再加上地区专家就可以承担该分队相应的任务。虽然陆军和海军陆战队都在努力加强大城市作战方面的分析研究，但是两个军种实施统一分析更能促进效率提升。

建议及结论

美国陆军必须要全力备战未来所有的地面作战行动，不仅仅是大城市作战，所以筹划大城市作战不能消耗美国陆军全部的筹划精力，不管怎样，美国军队必须要持续致力于国家战略目标实现，要对我们的敌人采取威慑或压制行动，还要能够为国家高层指挥者提供战略选择。

如果没有做好大城市作战准备，就必然会出现战略脆弱性，麦克马斯特（McMaster）对这一方面的总结最为到位，"一些国家会误以为我们不会选择使用武装力量的方式来解决问题……那么如果西方军队没有应急联合部队，就不可能赢得较大规模、较长持续时间的作战行动"，在这种情况下，"敌国也就会越来越有恃无恐，震慑行动就很可能会走向失败"。

斯蒂芬·梅茨（Steven Metz）就很好地总结了备战大城市作战失败后可能会出现的战略脆弱性：如果没有做好在危险的大城市实施军事行动的准备，就可能会导致未来的领导者失去维护国家利益的战役手段。对于今天的领导者们而言，将日益紧缩的国防资金投入到其他方面,可以说非常容易,但他们必须清醒地认识到,今天努力发展的作战能力将会决定未来的战略选择。美国陆军必须要着重发展大城市作战能力,而不要管这些工作会对现在部队的组织结构和作战能力带来多大的冲击与挑战。

大城市是未来联合部队地面作战很难跨越的障碍。除了规模庞大之外,对于美国国家利益而言,大城市就代表着一种潜在的战略脆弱性。如果不能有效地装备、组织或训练部队提升复杂城市环境中的作战能力,就会给未来的敌人提供机会。

美国陆军必须要在当前作战需求和未来作战需求之间寻求平衡,从而领导联合远程作战力量展开快捷、果断的作战行动,对抗敌对国家和组织。因此对于 2025 年之后的部队而言,大城市就是潜在作战环境的代表。

并且,美国陆军在实施任何改革措施之前都必须要思考、学习和分析。在这种模式下,美国陆军必须要基于通用的思路来实施条令、编制、训练、装备、领导、教育、人事与设施(DOTMLPF)框架,要针对任务和环境的全面性,而不仅仅只针对大城市作战。通过开展学术研究及分析人口发展趋势,美国陆军就能够展开大城市作战的辨别、分析及筹划工作,提前关注那些最有可能发生军事干预行动的高风险城市。

而后,美国陆军必须要与"联合、跨机构、跨政府、多国合作(JIIM)"的相关组织、私营部门及学术界紧密协调,要使广大士兵不仅能够理解大城市作战的实施方法,还要能够主动辩证地思考针对敌人的威慑手段,最终不管是非国家分子还是有国家背景的敌方人员,都能迫使他们不敢相信大城市是他们的避难所。

不仅如此，士兵们还要能够认识到，美国陆军需要领导一支联合部队来实施大城市作战，需要利用该城市的独有特征来实现既定作战目的，因此作战行动的精确性非常重要，只有如此，才能不会破坏城市的服务设施，才不会使其丧失在相应地区的战略重要性。美国陆军必须清醒地认识到，大城市作战问题是2025年前美军建设的重点问题之一，应当着重加强各军种之间协作效率的提升，通过联合协商的方式加强合作。

无论是历史的经验教训还是近年来的作战行动，再加上现在的创新发展和未来的军事演习，都将会有助于陆军实现关键能力和技术的聚焦。

在美国陆军的主导下，"联合、跨机构、跨政府、多国合作（JIIM）"模式仍将推进，这也会促进任务式指挥的顺畅落实，保证地面和空中平台乃至整个联合部队的互操作性。例如，美国陆军能力整合中心（ARCIC）就已经明确指出美国陆军在这方面的需求，即地面装备需要与空军及其他军种作战系统实现同步。美国陆军必须着力发展跨组织、跨国家进行互操作的先进技术，并进行优先排序逐步展开。

最后，还必须要继续开展军事演习，研发能够检验作战概念的演习想定，使新型作战概念能够符合应对大城市风险的特殊环境需要。对这些复杂想定进行军事演习，有助于推动《美国陆军机动能力2025》中未来力撒建设、试验及技术的发展。

其中，"联合、跨机构、跨政府、多国合作（JIIM）"模式的运用是最为重要的，这有助于持续高效地应对挑战，有利于认清大城市作战背后蕴涵的影响。因此，未来的演习想定应当着力促使作战行动转型，使其能够向维持和促进大城市及其郊区的安全稳定发展。同样地，针对大城市实施的战区安全援助（TSA）也可以由战区内相关部队来落实。另一种结构是考虑构建一支教练部队，专门负责援助、建议和训练（TAA），成为大城市维稳的实体力量。并且，通过利用美国陆军预备役部队（US Army Reserve）来构建这一部队是完全可能的。

如果能够在加强军事合作的基础上，依托当地的相关力量来解决大城市安全问题，那么可以证明，这种部队及其工作模式是非常重要的。最后，美国陆军必须要重视那些对军事干预存在脆弱性的大城市，要重视它们的战略重要性及其他相关的挑战。正是由于目标作战地区规模庞大、人口众多、战略地位和经济地位极其重要，在筹划大城市作战行动的同时，美国陆军还必须要将政治政策融入作战意图与目标之中。